前　言

汽车车身是汽车制造厂所生产的最主要产品，在汽车设计过程中投入的人力最多，在新车型开发过程中所投入的资金量也最大。开发一个新车型的投入动辄上亿，其主要的资金都投入在制造白车身的冲压模具和装焊线上。因此，白车身的制造质量一直是汽车制造业所关心的重点问题。随着市场竞争的加剧，新车型的开发周期越来越短，对车身制造质量稳定性的要求也越来越高，汽车行业迫切需要在白车身装焊误差治理方面的系统理论和方法。

本书是在作者多年来从事白车身装焊误差治理的研究和实践基础上，针对解决工厂实际问题而撰写的一部专著。全书以多元统计分析的数学理论为基础，以大型工程软件为工具，以误差区域识别为重点，以装焊夹具补偿误差为手段，提出了两套治理不同阶段白车身装焊误差的诊断与补偿技术，以期解决白车身制造质量方面的多种问题。

全书共 12 章。第 2 至第 7 章介绍了使用三坐标测量机所测得的离散测点误差数据来诊断误差源及进行夹具补偿的技术。这套技术使用聚类分析来识别误差区域，使用主成分分析来分解误差区域，使用小波滤波和主成分滤波的方法来提取系统误差，适用于现生产的白车身。第 8 至第 12 章介绍了使用光学扫描设备所测得的误差点云来进行误差诊断及进行夹具补偿的技术。这套技术使用ANSYS、Geomagic Studio 、Qualify 等大型工程软件来识别和评估装焊误差，并使用装夹仿真计算来调整装焊夹具，进而补偿误差，适用于产前调试阶段的白车身。在多年从事白车身装焊误差治理的过程中，作者的研究团队还自主开发了一套"白车身装焊误差监控系统"软件，书中也一并作了介绍。全书围绕工程实例撰写，实用性和可操作性强。所使用的实例均为作者带领其研究团队治理白车身装焊误差的案例。对从事相关工作的现场工作人员有一定的指导意义。

书中所介绍的工程实例由作者带领其研究生团队共同完成，先后承担了三个单位委托的白车身装焊误差治理工作。表现突出的有郝旭光、张浩、毕磊、刘庆坤、布占行等同学，在此对他们的工作表示感谢。书中所引用的文献资料尽可能地在参考文献中做出了说明，对作者所做的工作也表示衷心的感谢。

由于作者水平有限，书中难免有不足和疏漏之处，敬请读者不吝赐教。

白车身装焊误差的诊断与补偿技术

王灵犀 著

辽宁科学技术出版社

·沈阳·

图书在版编目（CIP）数据

白车身装焊误差的诊断与补偿技术/王灵犀著. —沈阳：
辽宁科学技术出版社，2016.4
ISBN 978-7-5381-9773-0

Ⅰ. ①白… Ⅱ. ①王… Ⅲ. ①汽车—车体—焊接工艺
Ⅳ. ①U463.820.6

中国版本图书馆 CIP 数据核字（2016）第 067813 号

出版发行：辽宁科学技术出版社
　　　　　（地址：沈阳市和平区十一纬路 29 号　邮编：110003）
印　刷　者：辽宁新华印务有限公司
幅面尺寸：210mm×285mm
印　　张：10.25
字　　数：260 千字
出版时间：2016 年 4 月第 1 版
印刷时间：2016 年 4 月第 1 次印刷
责任编辑：刘晓娟
封面设计：杜　江
版式设计：辛　华
责任校对：王玉宝

书　　　号：ISBN 978-7-5381-9773-0
定　　价：48.00 元

联系电话：024-23284365
邮购热线：024-23284502
http://www.lnkj.com.cn

作者简介

王灵犀，辽宁人，生于1956年，1982年毕业于吉林工业大学汽车专业，沈阳理工大学教授，硕士学位，研究生导师。多年来一直从事汽车工程方面的教学及科研工作。曾任沈阳理工大学汽车与交通学院院长，现任辽宁省教育厅交通运输专业指导委员会委员，辽宁省汽车工程协会专家委员会委员，交通事故司法鉴定人。

目　录

第 1 章 绪论

众所周知，1913 年，亨利·福特发明了汽车生产流水线，标志着汽车工业的诞生。时至今日，全世界的汽车制造厂（也称"主机厂"）仍沿用着这种生产方式，其制造过程可概括为"四大工艺"，即"冲"、"焊"、"漆"、"装"。其中："冲"意指冲压工艺，该工艺负责制造汽车车身所需要的全部冲压件；"焊"指的是装焊工艺，负责将这些冲压件组装焊接成白车身、车门等总成；"漆"即为油漆工艺，通过电泳、浸漆、烤漆等工艺完成白车身等的涂装；至此，汽车车身的全部制造工作完成，而最后一道工序"装"则是将汽车上其他上百种总成和零部件逐步组装到车身上，最终调试后出厂。这种生产方式有两个特点：其一是四大工艺均在流水线上完成；其二是前三大工艺只生产车身，最后的组装工艺所需要的所有总成和零部件均为配套厂供货，主机厂并不生产。因此，可以认为主机厂只生产车身。这种分工协作方式通过扩大规模进一步提高了汽车生产的效率，降低了成本和投资风险。

福特的流水线是一个伟大的发明，在此之前汽车是由能工巧匠们单台制造的。几个知识宽泛且手艺高超的高级技术人员从头到尾边设计边制造，最终生产出一辆汽车。这种汽车价格昂贵，堪称工艺品，但绝不能成为商品。与现代汽车制造厂动辄百万的年产量相比，培养数十万个合格的能工巧匠来达到这种生产能力是不可想象的。因此，将亨利·福特称之为汽车工业之父是毫不为过的，他成功地将少数人的高级劳动转化成多数人的简单劳动，提高了效率、降低了成本、创造了就业机会，将汽车从能工巧匠所制造的工艺品变成了平民百姓也能享用的工业品，直至造就了现今如此庞大的世界汽车工业。并为其他制造行业所效仿，有力地推动了现代工业的发展。

值得指出的是，任何一项重大的工业生产方式变革必定对制造水平提出更高的要求，车身的流水线制造方式也是如此。车身的单件生产也需要冲压、装焊、油漆三大工艺，但因其是单件制造，实际上使用的是"配装"工艺，冲压件的误差可在装焊时通过"配作"方法来弥补。而采用流水线生产后，这种方式肯定是不行了，白车身的装焊误差问题就出现了。

理论上讲，拉长生产线可提供更多的工位数，可提高制造效率，更可以降低成本。因此，生产线的规模标志着一个汽车制造厂的实力。但拉长生产线也会导致制造误差的积累，在白车身制造过程中，生产线拉得越长，其累积误差也越大。因此，白车身生产效率的提高必须伴随着误差治理能力的提高。本文所研究的"白车身装焊误差诊断与补偿技术"就是专门解决这方面的问题的。

1.1 汽车的白车身

汽车车身既是驾驶人员操纵汽车的场所，亦是承载乘客与货物的场所；主要包括发动机舱、驾驶舱、乘客舱、行李舱、车门、车窗等。车身主要作用包括实现整车功能、提供安全舒适的环境、运载适量行李货物等[1]。

白车身，英文名称 Body-in-White，简称 BIW，是指四门（前后车门）两盖（发动机盖和行李舱盖）未安装之前并且还没有喷漆的车身骨架，通常由前围、左右侧位、后围、车顶和底板等部分组成，如图 1.1 所示。

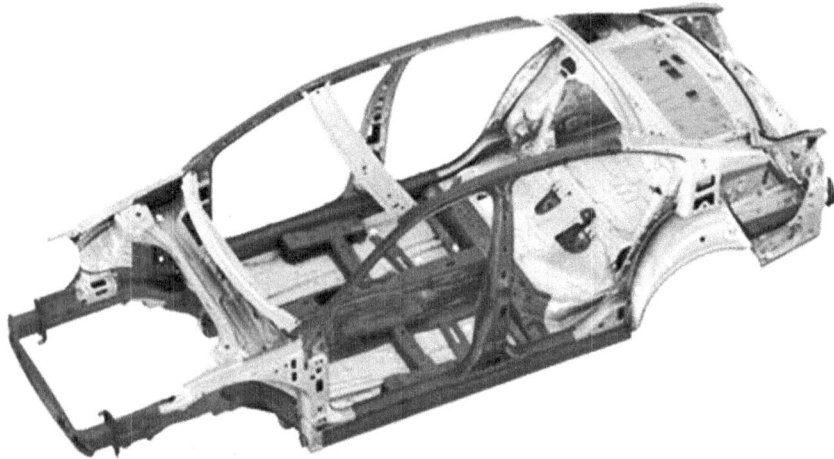

图 1.1   汽车白车身

汽车白车身是汽车发动机、行驶系、电器设备、内外饰等设备的载体，是汽车舒适性、动力性和行驶平顺性等性能的决定性因素，也是汽车外观质量和外在形象的体现[2]。因此，汽车白车身的制造质量直接决定着整车的制造质量，白车身的装焊质量控制在整车制造质量控制体系中尤为重要。

汽车车身按其承载方式可以分为承载式车身、非承载式车身两种[3]。非承载式车身汽车有独立的悬架（又称底盘大梁架），车架是汽车各个总成和各种载荷的载体；承载式车身汽车没有独立的车架，车身是汽车各个总成的载体且直接承受各种载荷。

在汽车白车身生产过程中，来自各冲压过程的冲压零部件首先在车身生产车间分拼线上经各种焊接技术拼焊成分总成、总成，然后在总拼线上经自动焊接再将各个总成和某些冲压件按一定的装焊工序进行装焊，最后再经补焊、打磨等修补工序最终得到白车身。车身的装配结构如图 1.2 所示。

1.2   白车身的装焊误差

典型的汽车车身一般是由 250~500 个薄板冲压件经 55~75 个装配站装焊而成，夹具点、定位点高达 1700~2500 个，焊点多达 4100 个[4]。汽车车身的装配体现为一种多层次的体系结构：若干冲压件首先装焊成合件，若干合件装焊成总成，再将这些总成装焊成白车身。

在白车身的装焊过程中主要会产生四种尺寸误差：零部件自身的尺寸误差、装焊夹具误差、焊接误差、操作误差。在装配过程中这四种误差经耦合、传播和积累，形成了白车身车身的综合误差。图 1.3 显示了这些误差的主要耦合方式。可见，白车身的装焊误差复杂性强、随机性强。针对

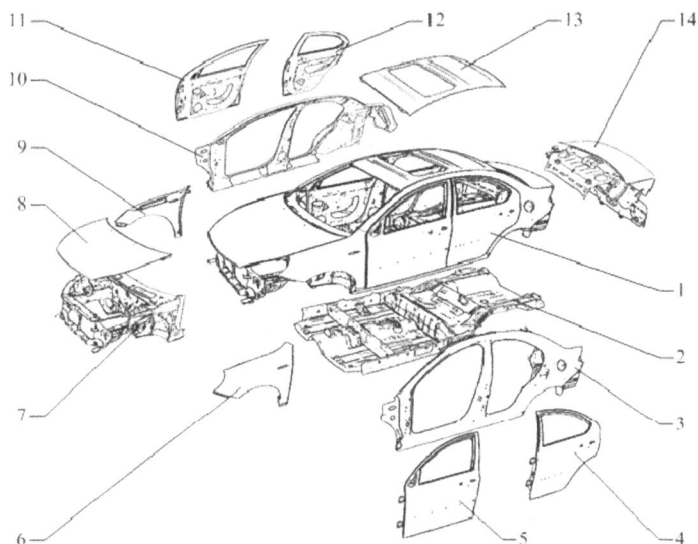

1-白车身总成　2-底板总成　3-左侧围总成　4-左后车门总成　5-左前车门总成
6-左前翼子板总成　7-发动机舱总成　8-发动机舱盖总成　9-右前翼子板总成
10-右侧围　11-右前车门总成　12-右后车门总成　13-车顶盖总成　14-后围总成

图 1.2　汽车车身装配结构图

误差产生的原因及特点寻找行之有效、科学合理的装焊误差治理技术对汽车制造厂意义重大，对整个汽车行业影响深远。

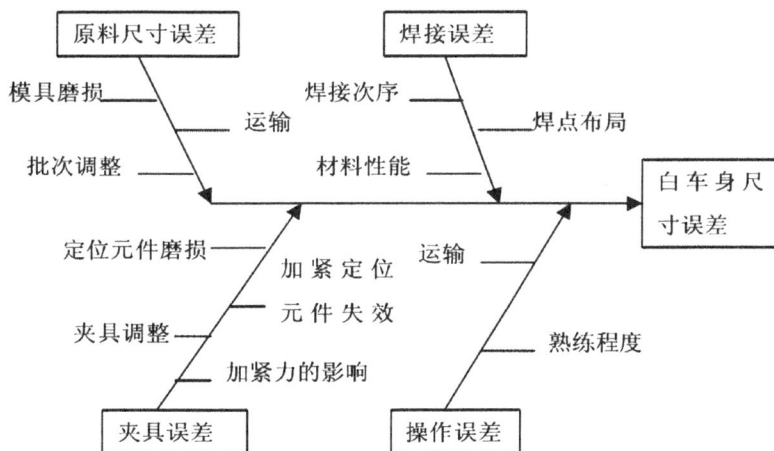

图 1.3　白车身装焊误差的产生及耦合

1.3　白车身制造误差的检测设备

国内轿车制造企业最广泛使用的离线检测、测量、检测和分析车身质量的工具主要分为三类：检具、接触式测量仪、非接触式测量仪。在接触式测量仪中，三坐标测量机（coordinate measurement machine，CMM）是应用最广泛的一种测量设备。在非接触式测量仪中，结构光法是被认为目前最成熟的三维形状测量法。

检具（Hard Checking Fixture）是根据车身冲压件检测的特点设计制作的检测工具，主要用于检测和评价零件尺寸的质量。具有方法简单、效率高、成本低等优点，缺点在于精度低、受操作人员影响大、检测范围有限。目前，检具在冲压件尺寸质量控制、车间现场尺寸检测等方面仍然是一种不可或缺的检测手段。而在总成及整车的尺寸检测中的作用已逐步被先进的在线检测系统所取代[5]。图1.4为发动机盖的检具。

三坐标测量机用于测量车身零件上的特定测量点相对车身坐标的坐标值。它具有测量精度高、柔性大、自动化程度高等特点。CMM对冲压件、总成和车身进行离线检测，是汽车企业目前在车身开发、质量控制等工作中主要采用的手段。由于CMM受零部件从生产线搬到测量地点的运输、定位、测量等操作的制约，当发现制造过程出现质量问题时，存在缺陷的产品已被转移到后续工序中，因此装配过程中缺陷检测和诊断并不是100%有效[6]。三坐标测量机主要由硬件系统和软件系统组成。其中硬件系统可分为主机、测头、电气系统三大部分，如图1.5所示。

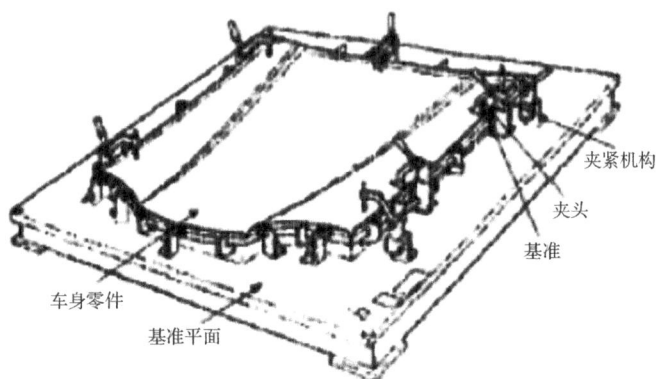

图1.4 冲压件检具示意图

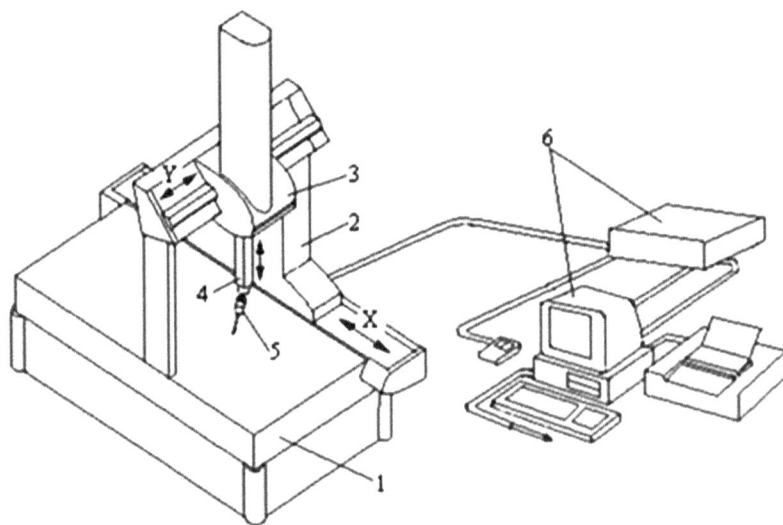

1—工作台　2—移动桥架　3—中央滑架　4—Z轴　5—测头　6—电子系统

图1.5 三坐标测量仪结构图

结构光扫描仪利用激光线扫描表面来完成整个表面的三维测量，获取冲压件表面的点云数据，多用于逆向快速成型。结构光扫描仪的测头由激光器、光学镜头和CCD摄像头组成，测量原理为光学成像的空间三角原理，其基本结构如图1.6所示。结构光扫描仪具有效率高、精度高、柔性强等特点[7]。本课题正是采用北京天远公司的结构光扫描仪扫描华晨A4车型的车身，开展了车身误差扫描检测方面的研究。

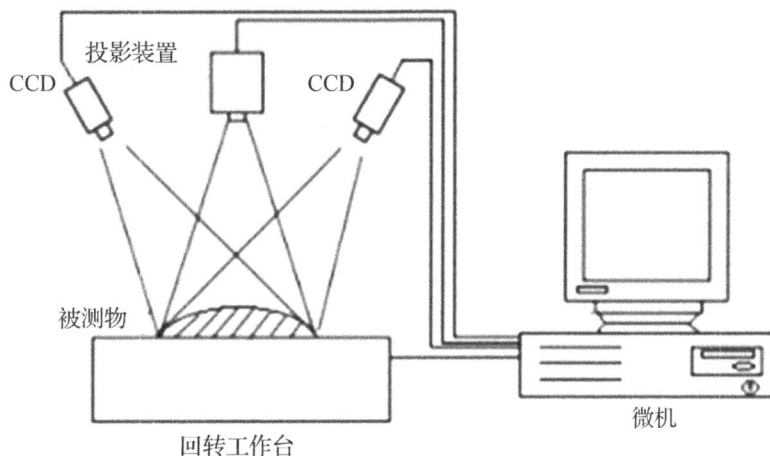

图 1.6 结构光扫描仪结构图

1.4 白车身制造误差控制技术的发展概况

1.4.1 "2mm 工程"

谈到白车身制造误差的控制，总要提到著名的"2mm 工程"。这个概念由美国密歇根大学（University of Michigan）吴贤铭教授提出，由通用（GM）、福特（Ford）、克莱斯勒（Chrysler）三大汽车公司联合实施，其研究内容涵盖了车身装配的在线监测、车身制造偏差的减少方法、零部件的装配公差分析与综合、车身制造的信息管理等方面[8]，是汽车制造业内一场具有划时代意义的技术革命。

"2mm 工程"的最终目标是，在抽检到的白车身上 95% 的关键测点的波动值（6σ）要小于 2mm，即抽检样本的 $\sigma < \frac{1}{3}$mm，其中 σ 为每个测点测量值的标准差。

在三坐标测量系统下，白车身上同一测点一个方向上的一段时间历程的测量数据被认为是一个随机变量，三坐标测量机通过测量关键测点的三维坐标值来得到白车身的尺寸偏差。通常情况下，被测车身或总成上布置 200~500 个测点，有些测点还需测 2~3 个方向，这些测点的测量值构成一组多维随机向量，某台被测白车身或总成的三坐标测量数据构成一组样本，大量的实践经验与分析表明，这种样本服从正态分布。

白车身的公差分为形状公差与位置公差，但在实际测量中为了方便往往将两类公差均转化为位置公差，而公差带则通常在 2mm（±1mm）左右。白车身的装焊误差通过抽检获得，汽车厂每天生产约 200 台的白车身，抽检量为其中的 1~3 台。因此，白车身装焊误差的控制具有小样本特点[9]。

可见，为了能用这 1~3 台抽检到的白车身小样本来评价一天生产的 200 多台白车身的大样本误差，就必须使用正态分布下的"3σ"原则，即：若已抽检到的白车身中 95% 的测点的 95% 值不大于 2mm，则可认为未抽检到的大样本中 95% 测点的尺寸波动被控制在 ±1mm 之间（超差的概率为

0.26%，为小概率事件）。

20 世纪 80 年代末，日本依靠全面质量管理（TQC）使其品牌的车身制造误差控制在 2mm 以内，为日本轿车产品占领欧美市场奠定了基础。然而美国白车身制造误差平均超过了 ±2mm，明显高于日本车身的 ±1mm 水平，导致美国汽车企业丢掉了 30% 左右的国内轿车市场。美国三大汽车公司开始实施了旨在降低白车身制造误差的"2mm 工程"，1996 年美国车体制造质量赶上了世界先进水平，并逐步恢复其原有的市场份额。然而，我国对轿车白车身制造误差控制的技术还不够成熟，平均在 ±3mm 以上，远远落后于世界先进水平[10]。

由于现代汽车更新换代较快，顾客对车身质量越加挑剔，美国通用汽车公司从 1991 年开始研究白车身在车身试制阶段的费用和质量问题。1996 年正式实施了"功能性评估"（FE，Functional Evaluation）项目[11]。功能性评估是一个反复分析和决定的过程，其主要流程就是对白车身进行反复的装配和修改。分总成、总成和白车身在焊装工位上，对总成及白车身的匹配、功能和外观进行测量评估，对不符合功能性评估的冲压件通过修模、重新开模和修改工艺后，重新进行评估，直至满足客户的要求。

20 世纪 90 年代德国大众汽车公司为了提高车身的尺寸精度，开始实施了车身统一基准点系统（RPS，Reference Point System）[12]。RPS 主要思想是实现车身制造过程中设计基准、冲压基准、定位基准等基准的统一。RPS 基准点系统避免了基准的变换，提高了车身的制造精度；RPS 基准点是模具、工装夹具、检具的定位点，使统一基准思想得以在车身制造过程中全面实施。RPS 基准点系统运用到实际生产中以来，产生了巨大效益，它提高了生产效率和车身制造精度，有效地保证了车身的装配精度和制造质量。

1.4.2 国内外发展现状

车身的质量水平，直接反映了汽车制造厂的生产水平，影响着企业市场竞争力，同时也影响着整车的制造质量。因此，控制车身的制造质量，是保证整车质量的关键，也是国内外汽车厂家最为注重的生产环节。

20 世纪 90 年代，美国的汽车业制造质量整体落后于欧洲和日本，若以 6σ 为车身测点指标，当时日本车身制造偏差水平是 ±1mm，欧洲的水平也达到了 ±1.25mm，而美国的车身制造偏差却一般都超过了 ±2mm，美国因此直接导致在国内就失去近 30% 的市场份额。在此情况下，美国实施了汽车业内著名的"2mm 工程"并获得了巨大成功，到 90 年代中期，美国车身质量水平达到世界先进水平，并夺回了原有的市场份额[13]。

在车身误差控制分析研究方面，国外已有了很多研究，Wu 和 Hu[14]以主向量可以比较容易地实现测量数据误差源的直观解释为基础，成功地利用主成分分析（Principle Component Analysis，PCA）通过求解测量数据特征值进行误差模式识别；此后 Wu 和 Hu[15]两人又针对某车型车门的装配过程，采用偏差向量的内积和聚类分析并借助 Mahalanobis 距离分类器提出两级故障模式在线分类法，实现了误差源的定位；Roan、Wu 和 Hu[16]三人在某案例先采用装配过程的特征和相干族分析对车身测点进行分组，再利用 PCA 识别了案例的误差源；Ceglarek[17]借鉴在线模式诊断系统，提出了基于工艺知识的车身装配诊断系统方法；后来 Ceglarek 跟 Shi[18]又进一步提出了将统计知识和夹具 CAD 知识集成的锁定夹具误差源的故障诊断法。

中国的汽车工业起步较晚，但经过 50 多年的摸索发展汽车制造业也已成为我国国民经济的支柱产业，但与发达国家相比在生产资源管理、设计开发能力、制造工艺、工程技术等各方面仍存在着较大差距，车身制造偏差较大而且普遍不稳定，平均在 ±5mm 左右，远远落后于世界先进水平[19]。

由于在线监测的性能价格昂贵，我国又受经济承受能力和单个车型产量所限，所以只能进行离线检测，必须解决小样本检测条件下的误差源诊断问题；由于我国经验不足，员工素质也不及欧洲、日本，因而也不能采用欧日车身质量控制模式。所以，必须寻找适合中国汽车特色的车身制造控制路线。

陈猛[20]等根据测点的相关性分析和车体装配的多层次体系结构利用相关分析寻找产生车体尺寸误差的工位；胡敏[21]等利用主成分分析通过研究相关系数矩阵的特征值和相应的特征向量从众多误差源中判断主要误差源；来新民[22]等基于车身误差的偏差流理论提出车身偏差流库及偏差流检测站概念；此外，国内还在虚拟装配技术和装配结构分析等方面取得了较大进展。

1.5　本书的研究内容

本书共 12 章，分别研究两个方面的问题。其一是研究现生产的白车身的装焊误差诊断与补偿技术，其二是研究产前调试阶段的白车身的装焊误差诊断与补偿技术。

现生产的白车身使用三坐标测量机检测其车身表面的装焊误差，所获取的数据是离散测点的误差数据，但可以有多个样本，故可以使用统计分析的方法来诊断其误差源。而产前调试阶段的白车身无法提供多样本，故使用光学检测设备获取其表面误差，采用有限元仿真的方法来诊断其误差源。使用这两种方法诊断出误差源后，均采用装焊夹具调整的方法来补偿其装焊误差。

本书的第 2 至第 7 章介绍对现生产白车身的装焊误差诊断及控制技术；第 8 至第 12 章介绍对产前调试阶段的白车身的装焊误差诊断及控制技术。

第2章 白车身装焊误差的特点及诊断方法

2.1 白车身装焊误差的定义及表示方法

白车身的装焊误差定义为实际车身相对于标准车身的误差，包括尺寸误差和形状误差。这种误差由冲压件误差和装焊工艺误差两部分组成，但最终都要在白车身上检测，故行业内将这两部分误差统称为白车身的装焊误差。作为误差基准的标准车身一般都使用计算机中的车身标准数字模型。

白车身装焊误差的表示方法与检测方法有关。如使用三坐标测量机来检测白车身，所得到的误差表现为离散测点的误差（图2.1）。

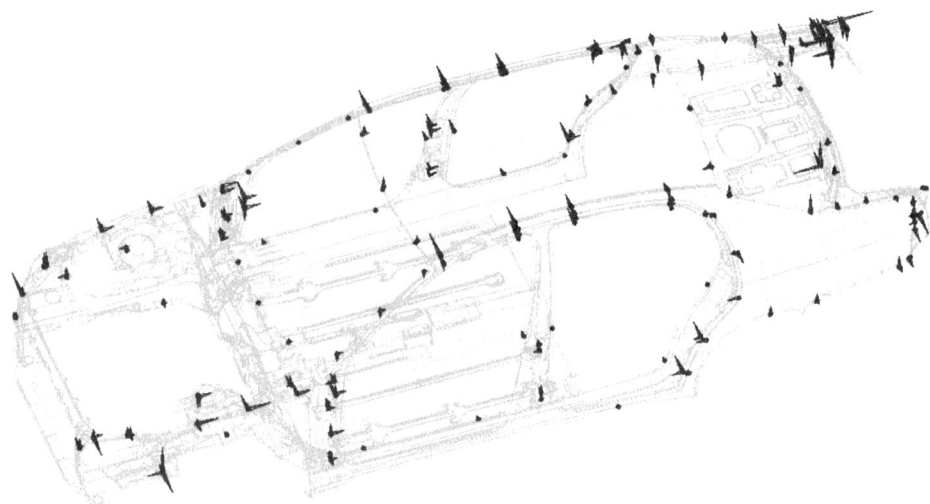

图2.1 使用三坐标测量机检测到的白车身装焊误差

图2.1中用箭头表示白车身上每个测点的装焊误差。箭头的方向代表误差分量的方向，箭头的长度代表误差的大小。可见，离散测点的装焊误差是三维的，且只有尺寸误差。要想识别出白车身的形状误差，则需对这些误差数据进行处理。

如使用光学扫描仪来检测白车身，所得到的误差表现为连续的点云，如图2.2所示。该图显示的为某轿车地板总成的装焊误差，其误差用点云来表示。点云的分布及颜色显示了该总成的形状误差；读取点云上任意点，可知该位置的尺寸误差。故这种装焊误差的点云表示法是最完善的。

上述两种表示方法各有利弊，主要取决于检测手段。三坐标测量机检测一台白车身需要半个小时左右，而光学扫描仪则需一天。因此，对现生产的白车身基本上都使用三坐标测量机来检测装焊

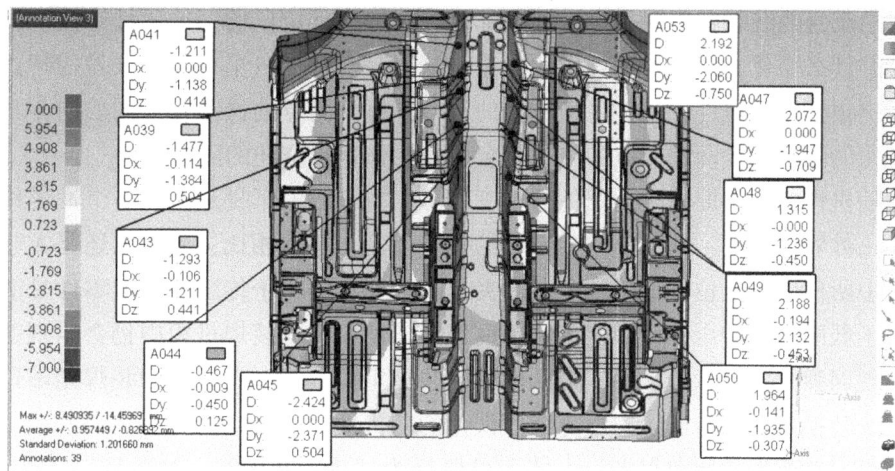

图 2.2　使用光学扫描仪检测到的白车身装焊误差

误差，故其误差的表现形态是离散。对研发阶段的白车身则可使用光学扫描仪，其误差表现形态为连续的点云。

2.2　白车身装焊误差的特点及来源

图 2.3 为某一现生产白车身上装焊误差的变化过程。误差数据使用三坐标测量机检测，在一周之内从生产线上随机抽检了 20 台白车身。图中在白车身上选取了五个重点观测点，这些测点误差的变化过程显示在五个窗口中。观察这五个测点装焊误差的变化过程，有四个测点平稳，但位于右侧围前门窗框处的测点 M1-503002-rp 的误差变化幅度较大，多次突破公差带的上限，并在最后一次测量时严重超标。

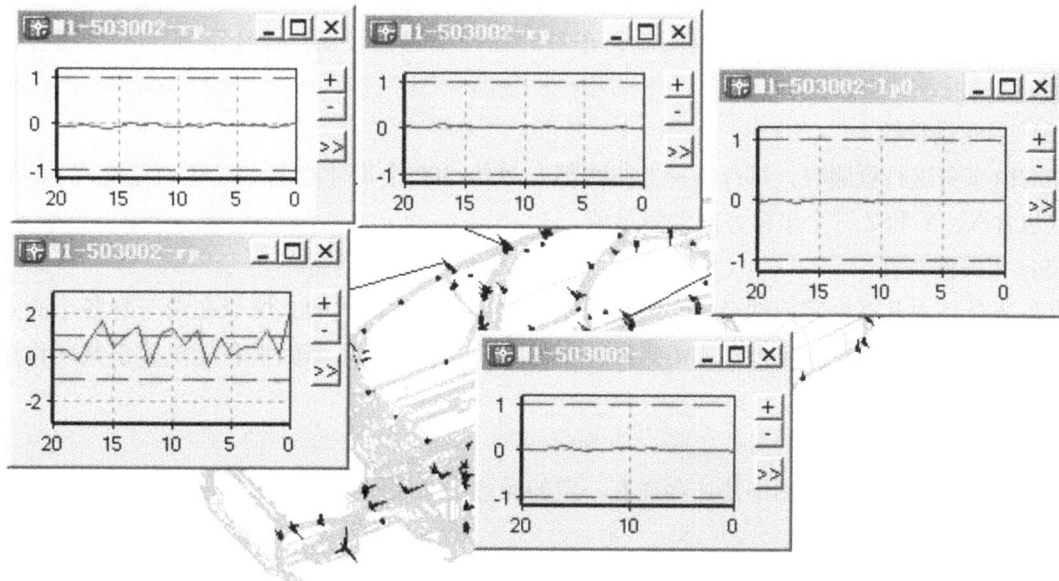

图 2.3　白车身装焊误差的变化过程

注意到在白车身的装焊过程中，每道工序都是有装焊夹具定位的，冲压件是同一批次，工厂的生产环境也没有什么变化，但这种测点误差变化的情况是常态。白车身装焊误差的特点是在时间和空间上都表现出很强的随机性。随着生产过程的进行，每个测点的误差在不同的白车身会不同，体现为随时间变化的随机性；而超差点的位置也会变化，体现出空间的随机性。

造成这种随机性的根本原因是冲压件的刚度不够。轿车的白车身是由上百个冲压件逐步装焊而成的，这些冲压件貌似坚硬，但与机械零件中的轴、齿轮、箱体相比，其刚度还是太小，而在白车身的装焊过程中所使用的定位方法仍是夹具。夹具的定位方法对于传统的机械零件是能够保证加工精度的；但对于低刚度的冲压件，即使定位精度足够，冲压件在装焊过程中仍会出现变形，且装夹解除后还会出现回弹。可见，机械加工中所使用的装夹定位方法对白车身的装焊是不可靠的，但又没有更好的方法替换之，故造成了白车身装焊误差的随机性。

白车身装焊误差产生的原因很多，大体上可概括为"人、机、料、法、环"五个环节。"人"系指人为操作因素，其误差属于随机误差，但在熟练工人的装焊操作中也会呈现出系统性。"机"系指装焊设备因素，如装焊夹具的定位点磨损、装夹变形等产生的误差。该类误差中装焊夹具磨损所导致的误差属于系统误差，但装夹变形产生的误差就带有随机性，两者结合后会增加夹具调整的难度。"料"系指冲压件误差，属于系统误差，可通过修改冲压模具来改善，也可用调整装焊夹具来补偿。"法"系指工艺因素，如冲压件的装焊顺序、工序设置、点焊顺序、操作方法等方面有不合理之处，属于系统误差，但较难确认。"环"系指环境因素，如气温、湿度、振动等，属于随机误差。由于白车身结构复杂、装焊线长，这些误差又相互作用，故使得白车身的装焊误差表现出很强的随机性，且很难用数学模型来完整表达。因此，在现生产中使用单台白车身的检测数据（单一样本）来调整装焊夹具是不允许的。必须使用足够数量的样本进行统计分析，寻找出误差源；然后根据误差源确定所要调整的夹具定位点，再根据统计数据来决定夹具的调整量。

综合考虑汽车车身的产品设计、生产以及检测过程，白车身的装焊误差往往具有以下特点[23]：

（1）小样本特性

由于受测查设备以及检测场地的限制，车身的抽检率通常较低，往往呈现出不会超过产量的5%小样本特性；

（2）多变量特性

在对白车身进行检测时，每台车身上往往都有200~300个尺寸检测点（也就是测点），而且每个测点包含 X、Y 和 Z 三个坐标方向的测量值。

（3）相关性特性

汽车车身是由几百个零部件经数十个装配站一层一层装配而成的，所以在白车身各个测点的三坐标测量值的变化之间存在着多种相关属性，数据间的相关性是系统因素和随机因素共同作用的结果。

（4）大噪声特性

在白车身的尺寸检测数据中往往存在有一定的噪声，必要时需在监测数据处理的过程中进行有效的识别和剔除。

2.3　白车身装焊误差的夹具补偿技术

前已述及，白车身的装焊误差可来源于"人、机、料、法、环"五个环节。理论上讲，在这五个环节中寻找到误差源并给予消除，白车身的装焊误差就可以得到控制。但实际上这种方法只适用于新车型的开发，且在白车身投产前也很难完善。白车身投产一段时间后，其装焊误差会逐步增大，此时再从上述五个环节中去寻找误差源将跟不上现生产的进度。汽车制造厂正常的生产进度是每天生产 200 台左右的新车，而寻找误差源的过程一般都要长达数周，这就意味着有数千台车会"带病出厂"！这种现象是汽车厂所无法忍受的。因此，针对现生产白车身汽车制造厂普遍采用调整装焊夹具的方法来解决装焊误差问题，称其为夹具补偿技术。

夹具补偿技术只考虑两方面的问题：其一是三坐标测量机所检测出的测点误差，其二是白车身的各道装焊工序。其工作流程如下：

（1）首先围绕超差点分析测点误差的分布情况，结合白车身装焊的工序过程来预判产生误差的工序；

（2）测量该工序的装焊夹具定位点，并检查夹紧情况；

（3）如果发现该点有误差则调整该夹具，如没有误差则可反向调整该夹具；

（4）若调整奏效则可判定超差测点的装焊误差对该夹具点敏感，经过逐步调整可将超差现象消除；

（5）若调整不奏效，意味着误差源诊断错误，再重复前四步的过程，直至找到正确的误差源，并通过调整夹具消除超差点为止。

从上述工作流程可看出，夹具补偿技术有两大特点：其一是不再探究"人、机、料、法、环"这五个环节中的具体误差源，而是通过调整夹具的方法将这五个环节中的系统误差一并解决。其技术原理与机械装配尺寸链中的"调整环"相似，从而节省了误差源的诊断时间，加快了对装焊误差的反应速度，减少了"带病出厂"车辆的数量。而且，若夹具调整后装焊误差的表现稳定，则可不必再去深究误差源到底出现在哪里。只要保持"人、机、料、法、环"的当前状态不变（相当于"将错就错"），白车身即可稳定生产一段时间。这也就节省了误差源的诊断成本。

夹具补偿技术是一个反复试错的过程——这是它的第二个特点。该技术的有效性取决于装焊误差对夹具调整点是否敏感，而敏感与否又需要装焊出新的白车身才能得到验证。因此，根据误差分布情况来选取夹具调整点是该技术的关键。选取夹具调整点的工作是一项高技术工作，一般由资深的高级技术人员来完成。

由于白车身的每一道装焊工序都可能产生误差，且在装焊过程中会传播、耦合、积累，所形成的误差分布会很复杂。因此，选取夹具调整点需要对车身结构和整个装焊工序非常熟悉，对误差的分布形态要有足够的敏感性，对其变化趋势要有一定的预见性，是一项经验性很强的工作。

在与这些夹具调整技师的多年交往中，发现他们选取夹具调整点的主要依据是"误差区域"。在他们眼里，白车身上各测点的误差不是孤立的，而是相互联系的。这种相互联系表现出不同的形态，对应着误差产生在不同的工序。遵循这个思路就可能发现所应该调整的夹具点。将技师们的这些经验理论化，本书提出了装焊误差的区域识别方法。

2.4   白车身装焊误差源的诊断

2.4.1   白车身装焊误差源的"区域识别方法"

首先要建立两个概念：其一是"误差区域"，其二是"装焊误差源"。

白车身的"误差区域"被定义为：装焊误差具有空间相关性的测点集所构成的区域。误差区域内的测点都具有空间联动性。白车身的"装焊误差源"则定义为：对"误差区域"敏感的装焊夹具定位点及夹紧机构。

上述定义有三个特点：其一是"误差区域"的定义只依赖于测点误差的相关性，而不依赖于测点分布的具体"形态"。在为三坐标测量机设计测点排布时，总是要围绕总成或白车身的轮廓排布测点，因此所显示出的测点空间总是有"形态"的。哪种形态属于"误差区域"需要一个宏观上的判定标准，而这个标准就是测点的空间联动性。本文用具有空间联动性的测点集来定义误差区域，用测点集中测点误差的空间相关性来识别误差区域。

第二个特点是并不要求"装焊误差源"真的有误差，只要求该处的夹具定位点或夹紧机构对"误差区域"敏感即可。因为根据夹具补偿原理，有时需要将没有定位误差的夹具定位点调整出反向误差，用来补偿由冲压件误差等其他因素所造成的系统误差。

第三，这种定义适合于夹具补偿技术"反复试错"的特点。"误差区域"与"装焊误差源"是互相认证的。操作者通过分析"误差区域"来发现其背后的"装焊误差源"，再通过调整被认为是误差源的装焊夹具来观察误差区域的变化。如果误差区域对夹具调整敏感，则证明所发现的误差区域及其所对应的装焊误差源都是正确的，可通过调整该装焊夹具来治理所对应的误差区域；如果误差区域对夹具调整不敏感，则说明识别失败，需要从头开始新的试错过程。

白车身装焊误差源的"区域识别方法"就是要建立上述"误差区域"与"装焊误差源"之间的关系。其操作步骤如下：

（1）将三坐标测量机所测得的白车身误差数据按测点的空间位置显示，构造装焊误差的空间分布图；

（2）对空间分布图上的测点，使用多元统计分析的方法（如聚类分析、主成分分析等）处理其测点误差，按相应的算法原则构造测点集，并将这些测点集显示在误差空间分布图上；

（3）观察测点集所勾勒出的空间形态，分析其背后的工艺过程。如能发现形成这种空间形态的原因，则该原因就是"装焊误差源"，而与该误差源所对应的当前测点形态就是"误差区域"。

（4）若无法确认测点集空间分布形态的产生原因，则回到第（2）步，调整数据处理的参数，或使用其他算法，构造新的测点集，然后进入第（3）步继续分析。

该区域识别方法解决的是夹具补偿技术中的第一个问题——夹具补偿点的选择。该方法的前两步为人机交互环境下的计算机运算，其发现误差区域的能力远超人工观察，对夹具调整技师的帮助极大。后两步则依靠技师们对装焊工艺过程的了解和经验。两者相互配合可有效地提高白车身装焊误差的诊断效率，不失为一种治理装焊误差的好方法。

2.4.2   误差区域的"空间联动性识别依据"

前述定义中，白车身装焊误差的"误差区域"与"装焊误差源"是互为认证的。这种定义虽然严密，但不利于操作。从误差的区域识别流程可知，误差区域的识别在前，装焊误差源的识别在后。因此必须提出一种事先不依赖装焊误差源的误差区域识别方法，使误差的区域识别能够启动。本节所提出的误差区域的"空间联动性识别依据"就是为了解决这一问题。

图 2.4 为轿车车身的装配结构图。典型的轿车白车身一般有 250~500 个薄板冲压件，这些冲压件经由 55~75 个装配站逐步装焊而成。各装配站中的装焊夹具定位点累计高达 1700~2500 个，焊点大多在 4100 个左右。

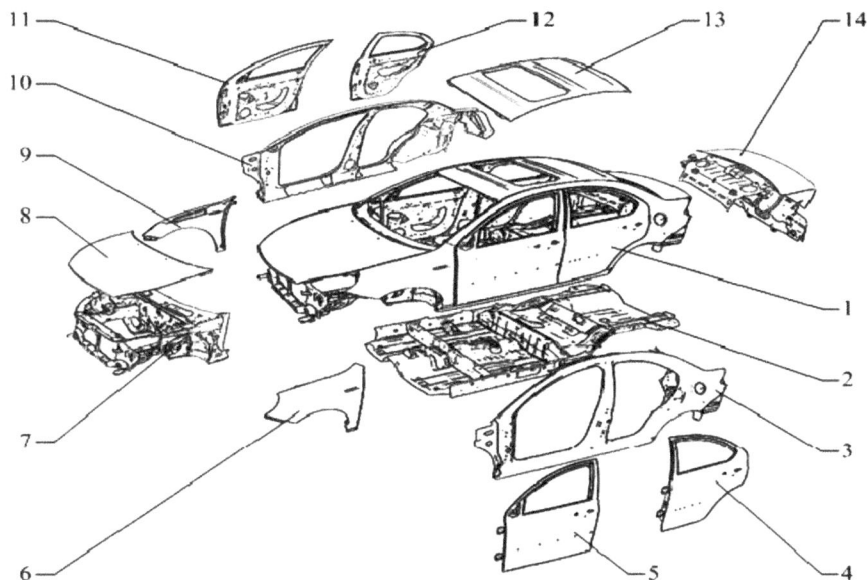

1-白车身总成　2-底板总成　3-左侧围总成　4-左后车门总成　5-左前车门总成
6-左前翼子板总成　7-发动机舱总成　8-发动机舱盖总成　9-右前翼子板总成
10-右侧围　11-右前车门总成　12-右后车门总成　13-车顶盖总成　14-后围总成

图 2.4　白车身的装配结构图

白车身的装焊过程为一种多层次的体系结构。组成白车身的冲压件先在各装配站中由散件装焊成合件，再将这些合件装焊成分总成，这些分总成又被装焊成前围、后围、左右侧围、顶盖、地板六大总成（俗称"六大片"），最后通过合厢工序将这"六大片"装焊成白车身。

前已述及，白车身的装焊误差是复杂的，有各种影响因素、各种误差源，且误差还会随着装焊过程的进展而传递和变化。但有一条规律是不变的：冲压件一旦在某道工序中被装焊成合件后，其上的误差就被固定了；进入下一道工序后，该合件上的误差就会因合件的整体变形而出现联动；这种联动性表现为合件上测点误差的相关性；依据这种相关性筛选出有联动性的测点，这些测点所勾勒出的区域很可能就是该合件的"误差区域"；再分析此误差区域形成的原因，就有可能锁定其背后的装焊夹具点；确认该夹具点对装焊区域的敏感性后，就找到了形成该误差区域的误差源。随后即可使用夹具补偿技术来治理该区域的装焊误差。

现以侧围为例解释一下上述的误差区域识别原理。组成侧围的冲压件很多，主要有 A 柱、B 柱、C 柱和上下边梁等，这些冲压件均存在冲压误差；装焊前各冲压件上的误差是没有联系的，装焊成侧围后，这些误差会发生变化，进而形成了侧围总成自身的装焊误差；注意到装焊后的侧围已成为了一个整体，其上的装焊误差已被固定；下一道是合厢工序，侧围将被装焊到白车身上；此时若合厢工序的夹具定位出现误差，将导致整个侧围总成变形或偏转，侧围上各测点的位移就会出现联动性；这种联动性将表现为各测点误差之间的相关性，通过相关分析的手段可筛选出这些具有联动性的测点，这些联动性测点所勾勒出的区域即为误差区域。可见，测点误差的相关性是在其被固定后才出现的，据此可判定造成误差区域的原因就在本道工序。应该检查合厢工序中侧围的各个夹具定位点，并根据经验或试调整的方法寻找敏感的夹具定位点，进而通过调整这些敏感点来治理侧围上的装焊误差。

根据以上分析，可总结出误差区域的"空间联动性识别依据"的两条理论基础：其一，误差在装焊过程中被固定；其二，被固定的误差在下一道工序中会相关。据此可得出两条结论：其一，具有相关性的测点所勾勒出的区域为误差区域；其二，导致该误差区域的误差源就在本道工序。这就解决了误差诊断中的两个主要问题：其一是误差源的特征；其二是误差源的定位。误差区域的空间联动性识别依据指出：装焊误差源的表现特征是在白车身上形成误差区域，而误差源就出现在误差区域所在的工序。

按照上述观点，白车身装焊误差源的诊断是可以递推的，其过程是"由大到小"。首先处理整车的装焊误差，在前围、后围、左右侧围、顶盖、地板这六大总成上寻找误差区域，并根据所发现的误差区域在合厢工序（本道工序）中寻找误差源。一旦发现对误差区域敏感的夹具点，即可使用夹具补偿技术来治理装焊误差。由于合厢工序是白车身装焊的最后一道工序，如果误差治理奏效，则可不必向前查找误差，节约了时间和成本，同时也能尽快地消除白车身上的超差点，减少"带病出厂"车身的数量。

在最后一道工序治理装焊误差自然是省时省力，但效果只局限于上述的六大总成在合厢时出现整体的偏转和移位。由于车身装焊到这六大总成的阶段，每个总成的刚度已经很大了，如果总成本身超差，靠合厢工序的装夹是无法矫正的。根据误差区域识别原理，误差区域总是产生在本道工序。因此，误差源的寻找工作就递推到了这六大总成自身的装焊工序。以此类推，使用误差区域识别方法可以将误差源的诊断工作一直递推到最初的合件工序，直至最终完成误差治理工作。

本书的后续章节将根据上述误差区域识别理论，使用不同的数据处理方法来进行白车身装焊误差区域的识别，并将介绍多个工程实例。

第 3 章　白车身装焊误差的 时空联合显示技术

　　白车身的装焊误差最终是要靠人来识别的，计算机的作用是尽可能地将误差信息按人的要求来显示。前述的误差区域识别技术实际上是一种"形态学"，需要将误差的各种表达方式在空间中显示出来，由人根据其形态来判断区域进而诊断误差源。白车身装焊误差的"时空联合显示与处理技术"就是因此而产生的。

　　对于白车身的装焊误差来讲，所谓"时"是指误差的时间历程，"空"则指误差的空间分布，两者联合起来构成了装焊误差的"四维空间"（可参看图 2.3）。其中，每一台白车身受检后，其上全部测点的误差值构成了该车的一个空间误差样本，相当于四维空间中的一个时间剖面；随着检车数量的增加，白车身上每个测点的误差就出现了时间历程（其横坐标为车次）。所谓"时空联合显示"就是要在计算机屏幕上将这种四维空间的误差联合显示出来，使观察者既能够看到时间剖面（每台车的误差状态），也能够看到时间历程（白车身上每个测点的误差发展过程）。

　　此外，对误差源的诊断来讲，只显示原始误差是不够的，更重要的是要对误差进行数据处理，并将各种数据处理的结果显示出来。对装焊误差数据的处理方法很多，常用的有小波分析、聚类分析、主成分分析等。使用这些方法处理误差后，所得的结果均为数据。若不能将这些数据形态化地显示在白车身上，单凭测点的数据或曲线来想象误差区域是十分困难的。有趣的是，在时空联合显示技术出现之前，夹具调整技师们还真是只凭借各测点的误差数据曲线来想象误差区域的！一方面我们不得不佩服这些人的空间想象能力，另一方面也能够感受到培养一个合格的装焊夹具调整技师是多么的不容易。

　　本书作者在多年的工程实践中开发了一套"白车身装焊误差监控系统"软件，并使用其完成了本书后续章节所介绍的工作。现结合该软件的开发流程来介绍这种时空联合显示与处理技术。

3.1　"误差时空联合显示技术" 的功能设计

　　根据多年的工程实践，将"误差时空联合显示技术"概括为三大功能：时空联合显示功能、区域数据采集功能、数据处理及结果显示功能。现分述如下。

　　1）时空联合显示功能

　　该功能要求在计算机屏幕上同时显示测点误差的空间分布和时间历程。其效果如图 3.1 所示：

　　图中显示的是某轿车白车身的测点误差。每个测点的误差分解成三个分量，用三个圆锥来表示。圆锥尖指示误差分量的方向，圆锥的高度正比于误差的大小。圆锥的底面中心坐落于测点的标准位置，并以车身造型图作为衬托，便于观察测点的空间位置。要求所有测点及车身造型均为三维

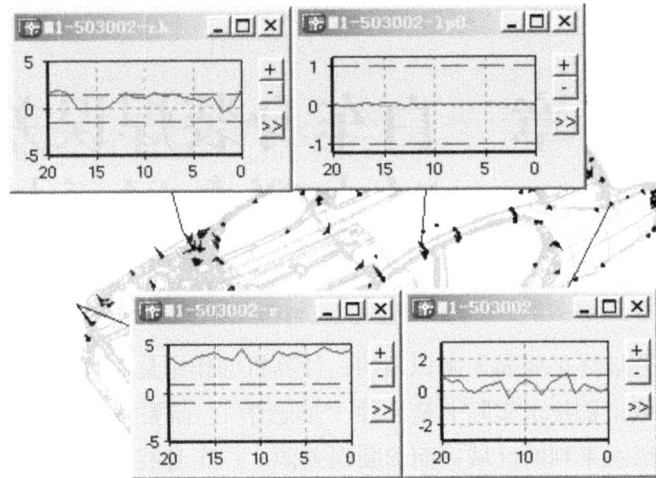

图 3.1   时空联合显示功能效果图

图，可对其进行放缩、旋转、开窗等三维操作，使用者可以从不同角度和范围观察代表误差分量的圆锥体在三维空间的分布状态，从而实现装焊误差的空间显示。

每个测点的时间历程采用开子窗口的方法显示。若要观察某个误差分量的时间历程，可用鼠标点击该圆锥，弹出的时间窗口中将显示该测点误差的历史数据曲线（即时间历程），从而实现了装焊误差的时间显示。

此外，这两种显示方法还必须是联动的。即在时间历程的子窗口中选择误差曲线上的任一点，空间显示马上转换到该点所对应的那台白车身。一方面保证了时、空显示内容的同步性，同时也可以依据误差时间历程上的任一个数据点迅速检索到该点所对应的那台白车身，从而既显示了误差的空间分布又显示了该分布的变化过程。

2）区域数据采集功能

该功能是一种为装焊误差的数据处理工作提供输入数据的功能。前已述及，白车身的装焊误差由三坐标测量机测取，存放于电子表格中。如果对整个表格进行数据处理，输入数据的工作是比较简单的。但在装焊误差的区域识别中，大量的工作是选择白车身上的某些区域（或某些测点）进行处理。若从电子表格中人工选定构成区域的这些点是件非常麻烦的事情，而区域数据采集功能正是为了解决这一问题而提供的。该功能提供了"开窗"和"点选"两种操作，可在白车身上任意位置选取区域或特征点，将所拾取到的这些局部测点的信息输入给数据处理模块，从而有效地提高误差分析工作的效率。

3）数据处理及结果显示功能

对该功能有两个要求：其一是能够提供足够的数据处理功能；其二是对数据处理的结果也能实现前述的时空联合显示。本文所开发的软件为白车身装焊误差的数据处理提供了小波分析、聚类分析、相关分析、主成分分析等功能模块，这些模块的数据输入由区域数据采集功能提供，而输出的数据则提交给时空联合显示功能显示。该软件的使用者只需面对时空联合显示功能的窗口（参看图3.1），从该窗口中选取要处理的测点，调用所需要的处理模块完成数据处理后，仍然在这个窗口中观察数据处理的结果，其优越性是显而易见的。此外，不同的数据处理方法之间还可以交叉使用（如对测点误差先进行小波滤波，再进行聚类分析等），增强了误差诊断方法的灵活性。

3.2 "白车身装焊误差监控系统"软件的技术方案

3.2.1 软件开发平台

为实现上述功能设计所提出的要求，"白车身装焊误差监控系统"软件需要两种基础的软件平台作为支撑。其一是三维显示平台，在此平台上开发时空联合显示功能；其二是数值计算平台，在此平台上开发数据处理功能。本文选定的三维显示平台是通用的 AutoCAD 软件，数值计算平台为通用的 C++和 VB 软件，并使用 EXCEL 作为底层数据库。将 AutoCAD 作为最终的显示界面，使用 C++、VB、EXCEL 联合编程来完成软件开发[13-22]。选用 AutoCAD 作为显示界面主要是利用其三维功能；选用 EXCEL 作为数据库可提供数据库的开放性，使用户可以直接观察到底层的误差数据；程序保障了 EXCEL 数据库与 AutoCAD 底层数据库之间的一对一映射关系，从而保证了该软件的通用性。

3.2.2 软件设计方案

白车身装焊误差监控系统软件的系统流程如图 3.2 所示。一般的操作过程如下：（1）启动 AutoCAD 系统，运行 appload 命令加载本系统；（2）加载白车身模型，CMM 测量数据，建立数据库；（3）在 AutoCAD 的模型空间中观察 CMM 数据，可以根据需要观察测点的时间历程数据或各个分析

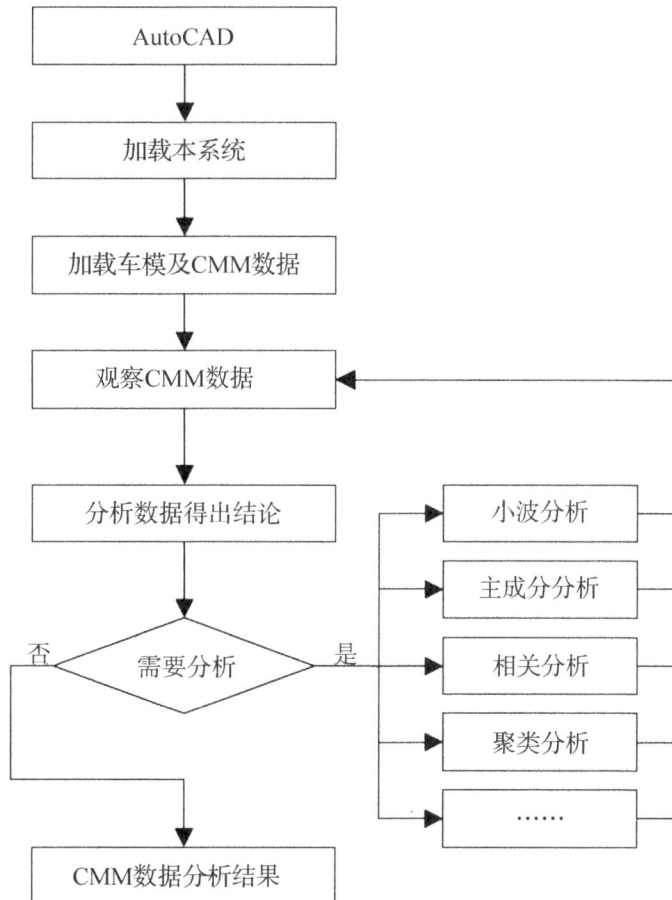

图 3.2 "白车身装焊误差监控系统"软件的系统流程图

模块的分析结果，并结合白车身装焊线的实际情况和装焊工艺等知识得出是否需要进一步分析误差数据；（4）如果需要进一步分析，则调用分析模块执行相应的分析功能，如相关分析、聚类分析等，获得分析结果后，转到步骤（3）；（5）若不需要进一步分析，则可以获得 CMM 数据的分析结果。

3.2.3   软件界面概述

图 3.3 所示为在 AutoCAD 中加载"白车身装焊误差监控系统"后的界面。图中上部的菜单条中保留了 AutoCAD 软件自身的全部功能，而最后两个菜单："2mm"和"时间历程"为本系统的操作菜单。可见，本文所开发的软件已嵌入 AutoCAD 系统，与该软件菜单中的其他功能并行使用。

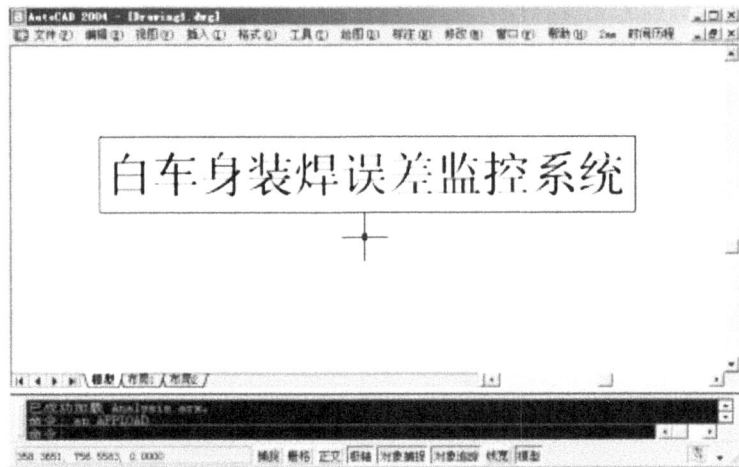

图 3.3   白车身装焊误差监控系统

"2mm"和"时间历程"这两个系统菜单均带有下拉式菜单，其内容如图 3.4 所示。其中，"2mm"菜单的命名取自于汽车车身工程领域中著名的"2mm 工程"，其下拉式菜单中包含了本软件的主要功能模块。"时间历程"的下拉菜单有两个子项：其一是提示操作者在空间中选择测点，然后显示该点的误差时间历程曲线；其二是该功能的反向操作，通过输入测点名称来寻找该测点，然后再显示该点的误差时间历程曲线。这两种功能在实际操作中都是需要的。

点击图 3.4 中的"加载数据到数据库"子菜单，通过对话加载所需要的车身模型及 CMM 测量数据后，出现的界面如图 3.5 所示。此时 AutoCAD 软件则进入了白车身装焊误差的时空联合显示模式，其后对装焊误差的分析、处理、区域识别等工作都将在此界面下进行。如前所述，图中的圆锥体显示了测点误差的空间分布，包括大小和方向；子窗口中显示的是某测点的误差时间历程，并有一直线从子窗口指向该测点。该测点是通过"时间历程"中的子菜单选定的，子窗口的位置可以搬移，而那条直线将一直连接子窗口和该测点。

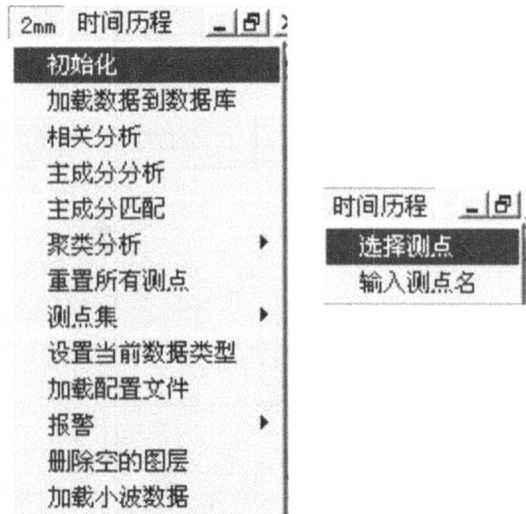

图 3.4   "2mm"和"时间历程"菜单

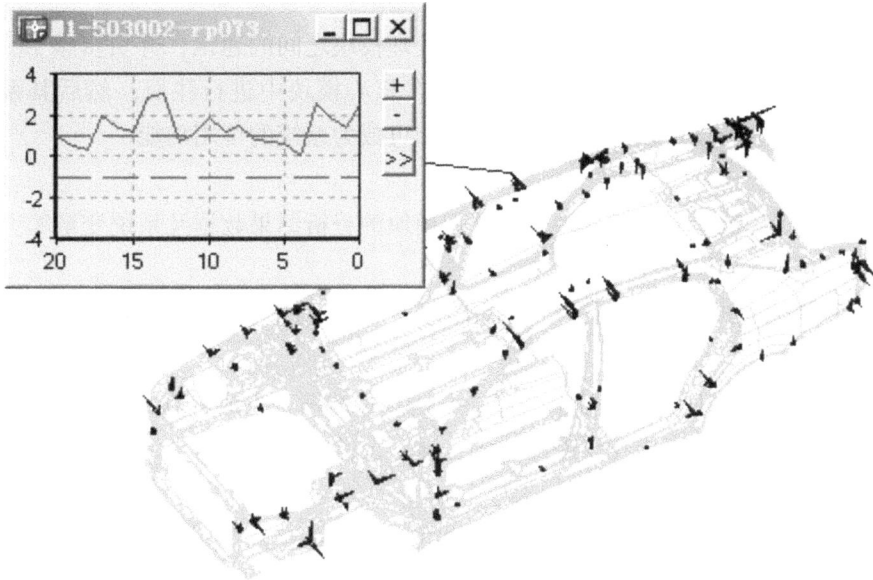

图 3.5　加载误差数据后的操作界面

3.2.4　软件功能模块

白车身装焊误差监控系统的功能模块图如图 3.6 所示，分为核心模块、数据库模块、数据显示和分析处理三大部分。核心模块应用中间件的概念，负责其他各模块间的通讯；数据显示模块包括"时间历程数据"和"横向空间数据"两个子模块，分别负责测点信息的时间历程和空间分布显示；数据分析处理模块包括小波分析、主成分分析、相关分析和聚类分析四部分[24,25]。现简介如下：

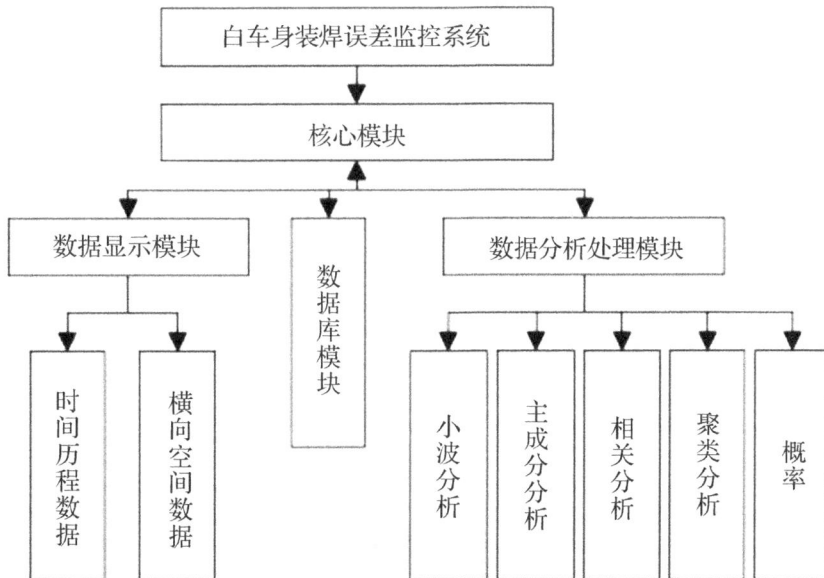

图 3.6　系统的功能模块

1）核心模块

实现数据显示模块、数据库模块和数据分析处理模块之间的通讯，并负责整个系统的初始化和系统退出时的清理恢复工作。所有的模块都需要在核心模块中进行注册，然后其系统功能方可使用。后续工作中加入的新模块只需要简单的注册即可成为系统的可用功能。

2）数据库模块

存储所有的测点的测量数据、各种分析处理模块的分析结果数据及系统变量等。

3）时间历程数据模块

该模块用于实现测点时间历程信息的显示，显示方式为子窗口和连接直线（参见图3.5）。其功能要求如下：

（1）显示当前测点的时间历程数据。包括原始测量数据、主成分修正结果数据、小波趋势项数据、小波一阶波动项数据，还要在误差曲线图上显示公差带。

（2）显示原始测量数据的概率分布。

（3）在横轴上显示误差数据的测量日期，并可通知横向空间显示模块。当操作者点击某一误差点并通知更新时，该误差点的测量日期将通知横向空间模块，令其显示该日期的白车身误差状态，实现"时空同步"。

（4）指定测点误差数据长度，保证数据处理样本等长。

时间历程数据显示模块的显示效果如图3.7所示。在时间历程数据子窗口中还设计了菜单按钮，其功能包括更新日期、概率、主成分修正、原始数据、小波趋势项、小波一阶波动项、设置窗口数据长度共七项功能。用来实现上述四方面的要求。

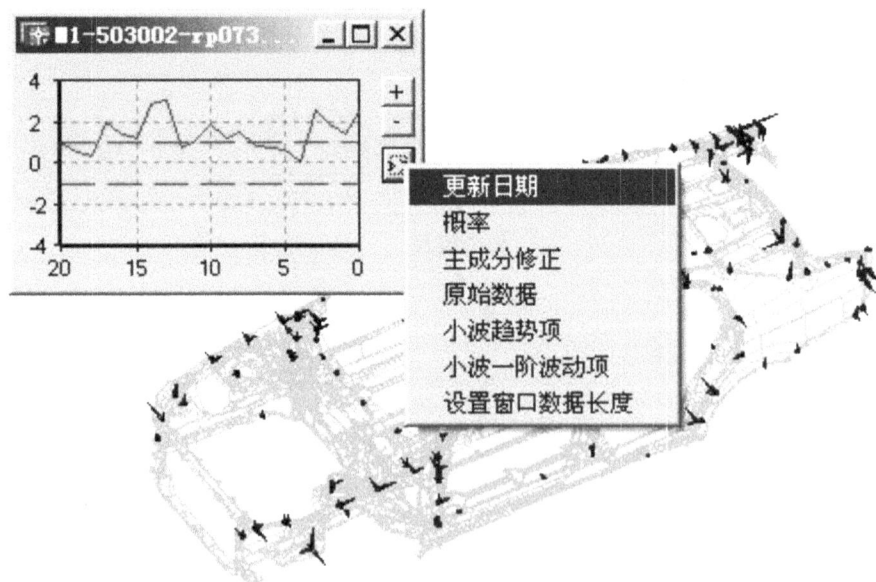

图3.7 时间历程模块的界面效果

4）横向空间数据模块

该模块用于显示测点的空间数据信息。相对于误差的时间历程，该模块显示的是误差的一个时间截面（任一台白车身的全部误差数据），故称其为"横向空间数据模块"。其功能要求如下：

（1）对每个测点误差使用自定义图元。该图元的表象为圆锥体，锥底中心坐落于测点在白车身表面的公称位置，锥尖指向误差的方向，锥体长度等比例于误差的数值。

（2）自定义图元具有分组功能，通过改变圆锥体的颜色可标识出其属性。如：用不同颜色标记超差与非超差的测点，使白车身的装焊误差状态及其分布一目了然；将白车身不同冲压件上的测点标记成不同颜色，或将数据处理结果标记成不同颜色，便于对误差区域的识别等。

（3）建立横向空间数据与时间历程数据之间的联系，接收时间历程数据模块的指令，检索并显示所对应的时间截面的空间数据（该被检车次的白车身误差）。

横向空间数据模块的显示效果如图 3.8 所示，显示的是某一台被检车次的白车身整车误差（时间截面的空间数据）。由于本软件使用 AutoCAD 作为开发平台，自然就享受到了该平台所具有的全部功能。例如：使用 AutoCAD 软件所提供的"三维动态观察器"和放大缩小功能，就可以从任何视角观察白车身，并可观察到其详细部位，如图 3.9 所示。

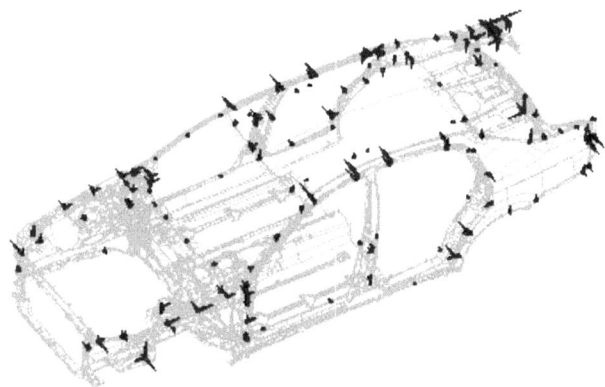

图 3.8　横向空间数据模块的显示效果　　　　图 3.9　测点的详细观察

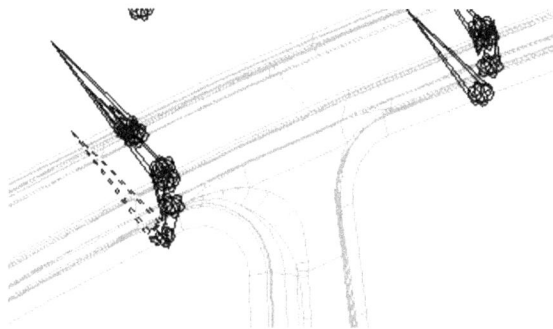

5）数据分析处理模块

该模块由五个子模块组成，分别是小波分析模块、主成分分析模块、相关分析模块、聚类分析模块、概率计算模块。这五个模块使用 VB 和 C++ 语言开发，面向 EXCEL 数据库编程，并内嵌入 AutoCAD 平台，通过"2mm"菜单或"时间历程"子窗口上的菜单调用，通过 EXCEL 数据库与数据显示模块交换数据。

3.3　开发平台及开发工具

3.3.1　选择 AutoCAD 为开发平台

随着 IT 技术的飞速发展，计算机在工程中的应用水平得到了很大的提高。AutoCAD 是目前在 Windows 系统环境下应用最广泛、使用人数最多的 CAD 软件，是国内工程设计行业广泛使用的通用图形平台。目前，国内制造企业的工程制图软件大多采用 AutoCAD 或作为其软件的支撑平台。对白车身装焊误差的时空联合显示与处理技术而言，使用 AutoCAD 软件作为开发平台有如下优点：

（1）不必开发图形引擎，而是直接利用 AutoCAD 自身的强大图形处理功能。只要充分理解这些图形功能，就可将其融入白车身装焊误差监控软件的开发方案中，从而有效地缩短了软件开发周期。

（2）AutoCAD 是一个被广泛使用的通用平台，大部分工程技术人员对其都比较熟悉。以此为平台开发出的软件容易被使用人员掌握，且更具亲和力。

（3）AutoCAD 属于开放性平台，其底层数据库的数据格式和接口是公开的，且内嵌了 AutoLISP 和 VB 两种二次开发语言，并且有丰富的帮助文档，允许使用者对其进行定制性开发。本文的白车身装焊误差监控系统中的时空联合显示技术就是这种定制开发的成果。

3.3.2 AutoCAD 平台的组织结构

AutoCAD 的底层数据库（AutoCAD Database，即 AcDbDatabase）是按一定结构组织的、当前图形全部数据的集合。存储在 AcDbDatabase 中的数据称为数据库对象（AcDbObject），是图形的基本组成部分。包括可见几何实体（如圆、直线等）以及不可见的非几何对象（如图层、线型等）[26]。

AutoCAD 数据库的对外接口格式由九个符号表和一个命名对象字典组成。符号表包含并管理符号表记录。用户不能创建符号表，但可以添加新的符号表记录，在记录中存储对象[27]。图 3.10 是 AutoCAD 数据库的结构示意图。

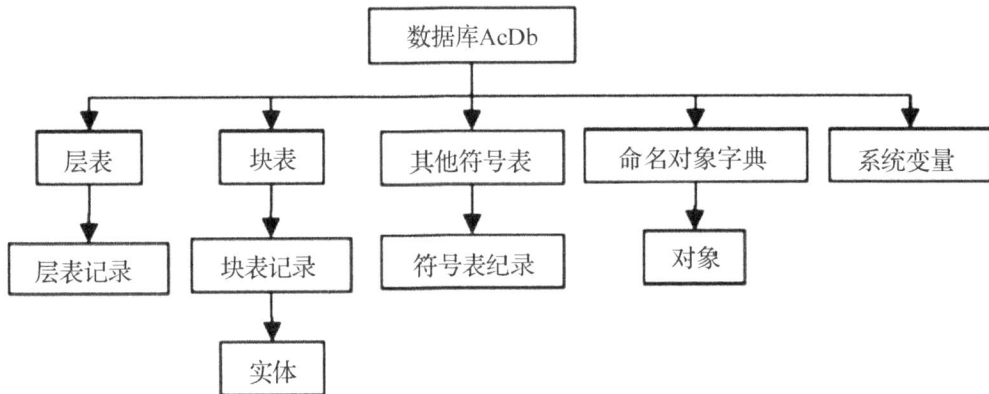

图 3.10 AutoCAD 数据库结构示意图

数据库所有实体都存储在块表记录中。AutoCAD 中创建的所有实体（包括预定义实体和用户自定义实体）均可存放在模型空间或图纸空间。因此，数据库的块表调用会预先包含两个默认的块表记录 * MODEL_ SPACE 和 * PAPER_ SPACE，它们分别代表模型空间和图纸空间。通过这两个特殊的块表记录可以间接地获得模型空间或图纸空间的局柄，从而可以在任何一个空间中创建记录，并存放 AutoCAD 的实体对象。由于本文的误差时空联合显示技术主要是面向 AutoCAD 的底层数据库编程，数据库的结构是所有编程的基础，故将该数据库的对外接口格式简介如下：

1）AcDbDatabase 包含的九个符号表[28]

它们是块表（AcDbBlockTable）、尺寸标注样式表（AcDbDimstyleTable）、层表（AcDbLayerTable）、线型表（AcDbLinetypeTable）、应用程序注册表（AcDbRegAppTable）、文字样式表（AcDbTextStyleTable）、用户坐标系表（AcDbUCSTable）、视口表（AcDbViewportTable）、视窗表（AcDbViewTable）。这九个符号表是 AutoCAD 对外开放的九种数据类型，对应着九种图形操作模式。用户所编的程序只要按这些符号表的格式将数据写入 AutoCAD 的底层数据库，就能在图形界面上看到自己所开发的图形功能。这就是 AutoCAD 提供给用户的"定制"功能，允许用户通过二次开发将通用的 AutoCAD 软件开发成自己需要的"定制软件"。

上述符号表中有的已经包含了一个或多个默认记录。层表有一个初始的 0 层；块表包含了三个

初始记录：＊MODEL_ SPACE，＊PAPER_ SPACE，＊PAPER_ SPACE0，

即模型空间和两个图纸空间；线型表有三个记录：CONTINUOUS，BYLAYER 和 BYBLOCK；应用程序注册表有一个 ACAD 表记录；文本样式表有 STANDARD 记录，等等。

2）命名对象字典[29]

命名对象字典是个容器对象，用来存放其他的对象。它包括三个部分：组字典、多线样式字典和用户定义的对象字典。其中组字典和多样式字典是 AutoCAD 的默认数据库缺省对象。现概述如下：

（1）组（AcDbGroup）是实体等数据库对象的有序集合容器，是组字典中的成员，是一个有名的常驻对象。当组中的一个实体被删除（erase）时，该实体自动地从组中移出。当恢复（unerase）被删除的实体时，该实体又自动地加入到组中，这些都是由 AutoCAD 内部自动维护的。使用组可以简化一批对象的管理和操作，容易实现对颜色、层和线型等属性的统一修改。

（2）多线（AcDbMultiline）是指多条互相平行的直线或曲线，各条线的线型、颜色和它们的间距等属性可互不相同。多线的这些属性由多线样式定义，多线样式作为一个数据库对象存储在多线样式字典中。

（3）在 AutoCAD 数据库中，对象字典（AcDbDictionary）是字典类数据库对象的总称。按层次关系可分为两类：一是由 AutoCAD 数据库直接管理的第一层对象字典；二是通过第一层对象字典管理的第二层对象字典。一般把第一层对象字典称为命名对象字典，用户在应用程序中定义的字典称为用户对象字典。组字典、多线样式字典和用户对象字典均属于第二层对象字典；第三层为字典中的对象。用户对象字典中可以包含任何类型的对象，如实体对象、自定义对象和字典对象等。

3）对象的句柄（HANDLE）和 ID[30]

在 AutoCAD 的图形文档中，每个对象都有独一无二的句柄和对象 ID。两者都与特定的对象关联，但有一定差别。在单个数据库内对象句柄能唯一地标识一个对象，通过对象句柄可以找到该对象。但同时打开多个数据库时，则同一个句柄可能对应多个不同的对象，这些对象分属于不同的数据库。此时就不能使用句柄来标识对象。而对象 ID 则不同，即便在多个数据库同时打开的情况下仍能唯一地标识一个对象。对象 ID 是指向数据库对象的指针，只要获得对象的 ID 就可以对其进行操作。对象 ID 只存在于图形所在的文档的编辑时期，当文档关闭后，对象 ID 也就释放了。而句柄则同图形一起保存到文档中。对象的句柄和 ID 可以相互转换，若已知对象的 ID，可以通过 acdbGetAdsName（ ）函数获得对象的句柄；反之，通过 acdbGetObjectId（ ）函数可获得对象的 ID。

4）对象的创建[31]

AutoCAD 通过在数据库容器对象中加入数据库对象的方法来记录新数据，数据库对象的特性（如实体的显示特性）可以在 AutoCAD 主窗口中显示出来。在块表（AcDbBlockTable）中加入实体对象的方法如图 3.11 所示。

首先打开数据库的 AcDbBlockTable，然后打开 MODEL_ SPACE，再打开其中的 AcDbBlockTableRecord，在此块表记录中添加一个实体，最后一定要关闭所有数据库对象，否则系统会出错。这样一个实体就加入了 AutoCAD 数据库中，此时该实体默认的层为 0 层。

5）图块

在 AutoCAD 数据库中，图块是 AutoCAD 管理几何实体的一种方式，被称为"块表记录"（Ac-

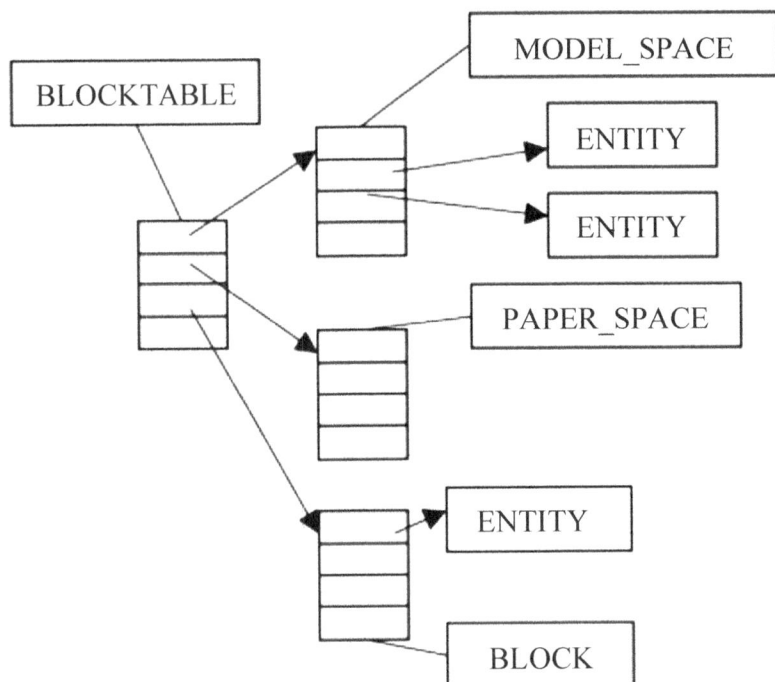

图 3. 11   添加实体的过程

DbBlockTableRecord），用来存放 AutoCAD 数据库中的实体（AcDbEntity）。每个图块从一个 AcDb-BlockBegin 对象开始，紧接着是一个或多个 AcDbEntity 对象，最后以 AcDbBlockEnd 对象结束。示意图如图 3. 12 所示。

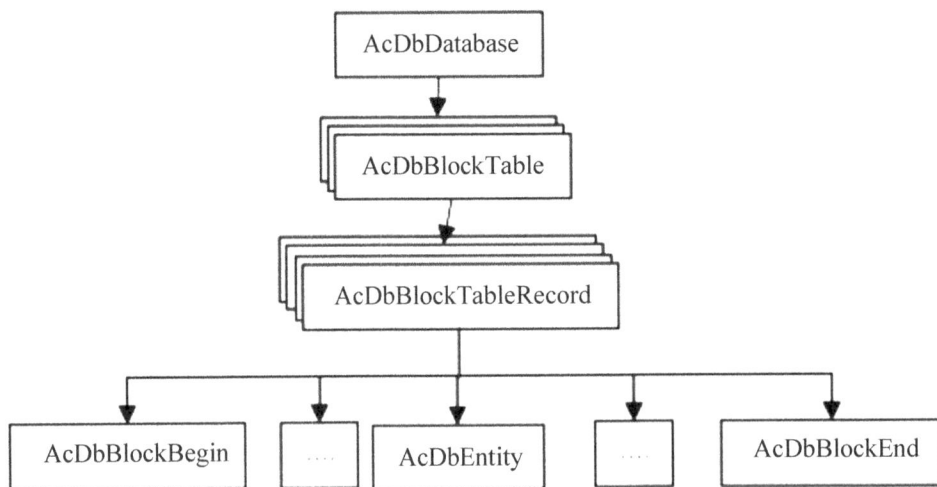

图 3. 12   图块的结构

图中的从属关系分为三层：第一层为块表（AcDbBlockTable），是属于数据库管理的根对象；第二层为块表记录（AcDbBlockTableRecord），是属于块表管理的对象；第三层为组成图块的实体对象（AcDbEntity），是块表记录管理的基本对象。在 AutoCAD 数据库中，定义图块（BLOCK）的第一个过程是向块表中加入一条新的块表记录，然后将组成图块的实体对象写入该块表记录。这一过程和在模型空间中加入实体的方法是相同的。不同点是模型空间 MODEL_ SPACE 是 AutoCAD 数据库缺省建立的块表记录，而块是需要自己定义并添加的。

3.3.3　AutoCAD 二次开发工具概述

到目前为止 Autodesk 公司已经相继推出了多种二次开发工具，主要包括 AutoLISP、VisualLISP、VBA（包括 VB. NET）、ADS、ObjectARX（包括 ObjectARX. NET）等。现简介如下。

1）AutoLISP

AutoLISP 是一种专用的由 LISP 扩展的编程语言，内嵌于 AutoCAD 中。AutoLISP 程序以 ASCII 码格式存储于后缀名为 . lsp 的文本文件中，每当运行时，AutoCAD 都将读取并解释它们。其优点是：语言规则十分简单，易学易用；直接针对 AutoCAD 解释执行，易于交互。因此用 AutoLISP 做二次开发周期较短，通常适合于工程师作一些简单的实验性的功能模块。但是随着程序层次的增加和逻辑结构复杂性的提高，编程量会越来越庞大。由于二次开发工作不仅需要交互性，还需要处理一些非交互性的问题及大量运算，故该语言不适合做大规模软件开发。

2）VisualLISP

VisualLISP 是随 AutoCAD R14 及后续版本绑定发行的可视化二次开发环境，以 AutoLISP 为开发语言，是 AutoLISP 的延伸。它克服了 AutoLISP 开发环境的某些缺点，增强了许多功能模块。主要在于：增加了工程的概念，克服了 AutoLISP 不易编码较大规模应用程序的不足；克服了 AutoLISP 不可集成的缺点，编码、调试和加载与 AutoCAD 一体化并可视化；增加了 ActiveX 函数，使 AutoLISP 包含了 OOP 元素，使 AutoLISP 具有面向对象的编程功能，适应了软件业的发展趋势，可以完成 AutoLISP 难以完成或根本不能完成的开发工作；VisualLISP 定义了一种称为 Reactors 的对象用于对 AutoCAD 的主要行为进行监视，可以较深入地控制 AutoCAD 的行为，使 AutoLISP 的程序具有一定的深度。但是 VisualLISP 只是 AutoLISP 功能的扩展。

3）VBA

VBA（Visual Basic for Applications）编程语言是在 AutoCAD R14 中被嵌入的，并成为其标准的安装组件。该语言允许开发者替换和添加 AutoCAD 系统内部的模块，为开发者访问 AutoCAD 中丰富的资源展示了一条新途径。该语言可以将 AutoCAD 中的实体作为编程对象，并可以与 ActiveX 相结合，为开发者定制 AutoCAD 提供了一种新的途径。通过 VBA，开发者可以操控 AutoCAD、控制 ActiveX 和其他一些应用程序，使之互动，是 AutoCAD 二次开发的一种很好的工具。

4）ADS（AutoCAD Development System）

ADS 是一种开发 AutoCAD 应用程序的 C 语言开发环境，是传统的 AutoCAD 开发工具，能最大限度地满足应用开发的特殊要求。ADS 应用程序可以在 AutoCAD 环境中运行，它和 AutoCAD 建立通讯连接，向 AutoCAD 发出命令，并获得命令执行的结果。此外，ADS 程序还可以在 Visual C++集成开发环境下编译，因此可充分利用 Wnidows 的丰富资源[32]。一个 ADS 程序实际上由一组外部函数构成，ADS 程序在完成计算量较大的任务上比 AutoLISP 程序要快一些，较节省内存，适合大规模的软件开发，且提供了对操作系统的底层访问，功能更强大。

5）ObjectARX

ObjectARX（AutoCAD Runtime eXtension）是一种较新型的 AutoCAD 应用程序的二次开发工具，以 C++为编程语言，采用先进的面向对象的编程原理，提供可与 AutoCAD 直接交互的开发环境，能使开发者方便快捷地编制高效简洁的应用程序。ObjectARX 包括一组动态链接库（DLL），这些库与

AutoCAD 在同一地址空间运行并能直接使用 AutoCAD 核心数据结构和功能，库中包含一组通用工具，使得二次开发者可以充分利用 AutoCAD 的开放结构以一致的形式直接访问 AutoCAD 数据库、图形系统，且能在运行期间实时扩展 AutoCAD 的功能，创建能全面使用 AutoCAD 固有命令的新命令。

使用上述开发工具所编制的应用程序与 AutoCAD 之间的交互机制如图 3.13 所示。本文所开发的"白车身装焊误差监控系统"也是使用这种机制来工作的。

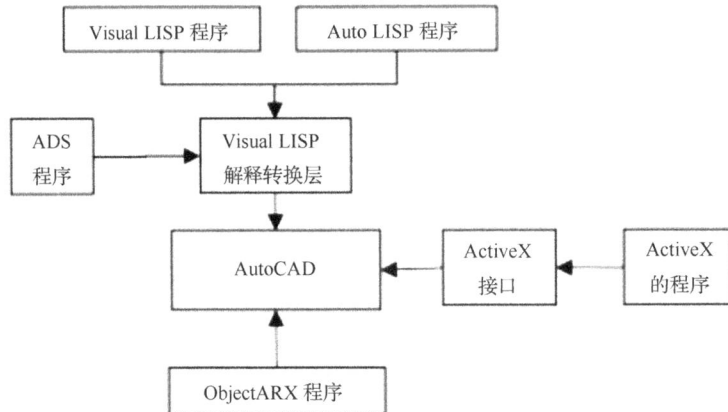

图 3.13   开发工具应用程序与 AutoCAD 的交互机制

3.4   时空联合显示功能的开发

前已述及，时空联合显示功能由"时间历程数据模块"和"横向空间数据模块"组成。现将其开发要点分述如下：

3.4.1   时间历程数据模块

该模块的显示内容如图 3.14 所示。其功能包括：提供显示窗口；在窗口中显示测点的时间历程数据、坐标刻度、公差带；提供下拉菜单，菜单内容包括更新日期、概率、主成分修正、原始数据、小波趋势项、小波一阶波动项、设置窗口数据长度。下面分述其开发要点。

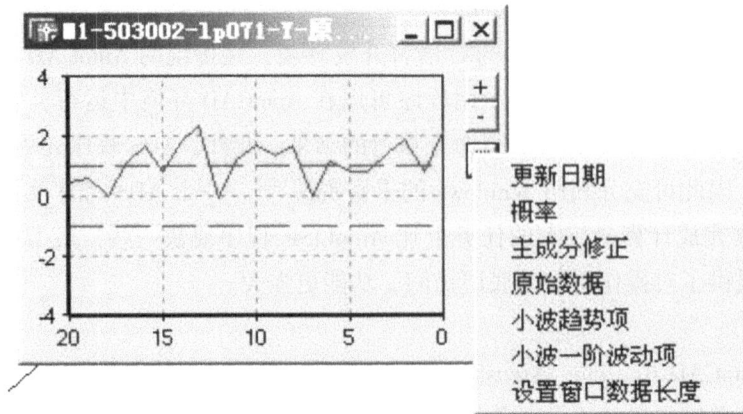

图 3.14   时间历程数据模块界面

1）显示窗口

图 3.14 中的显示窗口由 ObjectARX 中的窗口类（CAcUiDialog）派生而来。包括 whDlgShow.h 和 whDlgShow.cpp 两个文件，其中 whDlgShow.h 文件中包含派生代码如下：

class CwhDlgShow：public CAcUiDialog{…};

ObjectARX 中的 CAcUiDialog 类派生于 CAcUiBaseDialog 类，其功能及表现基本上与 MFC 类库中的 CDialog 类同，因此熟悉 VC++ 及 MFC 类库的开发者可以很熟练地使用 CAcUiDialog 类及其派生类，进行 AutoCAD 平台下对话框的开发。CwhDlgShow 类中包含了上述功能的代码。

2）时间历程数据曲线

时间历程数据曲线由作为 CwhDlgShow 类成员的 CChart 类负责显示。CChart 类为一个 public 派生于 CWnd 的自定义的窗口类，其成员为 ChartSerie、CChartAxis、CChartGrid、CChartLegend、CChartTitle，分别负责显示图 3.14 中的时间历程曲线、纵横坐标轴、网格虚线、图表标题、测点上下偏差。

3）操作菜单

时间历程数据窗口中的菜单由 CwhDlgShow 类创建。菜单配置信息如下：

<menus desc=" 时间历程窗口弹出菜单" >

<menu name=" 时间历程菜单" type=" main" >

<menuitem name=" 更新日期" type=" 0" script=" upgradeDateData" />

<menuitem name=" 概率" type=" 0" script=" calcProb" />

</menu>

</menus>

用户点击图 3.14 中的某个菜单项后，将根据被点击菜单项的 script 属性值及当前此窗口所联系的测点图元创建包含于 XML 标记中的消息，并传递到核心模块中进行解码及消息转发；核心模块将此消息转发给相应的数据分析处理模块；处理完成后核心模块将接收到相应的消息，并从 XML 数据中解码出计算结果；再将结果显示在窗口的曲线显示区域中，从而完成一个菜单指令的执行过程。其指令流程图如图 3.15 所示。

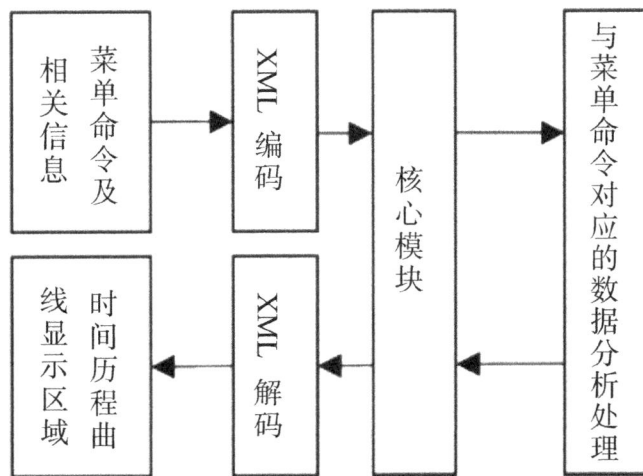

图 3.15 菜单指令执行流程图

3.4.2　横向空间数据模块

横向空间数据模块的基本功能是将所有测点在同一台白车身上全部显示，提供了横向对比这些误差的功能。其显示效果如图 3.16 所示。

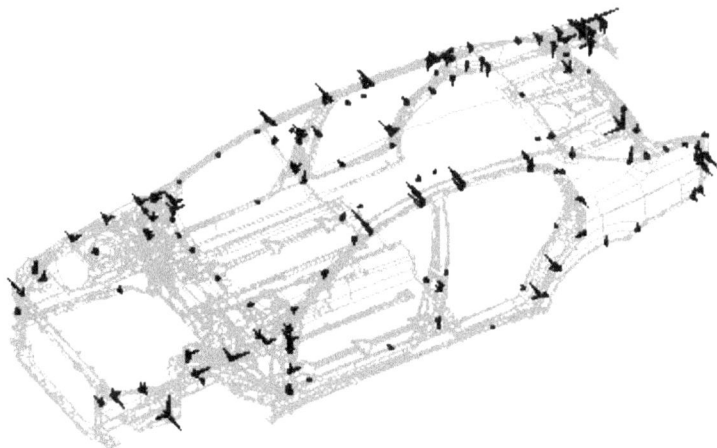

图 3.16　横向空间数据模块显示效果图

本模块的开发工作包括：测点图元类的实现（CwhCone）；测点图元的显示和删除；测点图元的分组管理。

测点图元显示为圆锥体。通过图元类 CwhCone 创建，该图元类由 ObjectARX 的数据库对象类中的图元类的基类 AcDbEntity 派生而来。测点图元类为可见图元类，将显示线框形式的圆锥。包括基圆、四条线段一端汇聚于一点而另一端连接基圆。实现该图元对象的核心代码如下：

```
wd->geometry () . circle ( face. center ( ), face. radius ( ), face. normal ( ) );
pts [0] = m_ toppoint;
for ( int i=0; i<4; i++)
{
pts [1] = m_ basepoints [i];
wd->geometry () . worldLine ( pts );
}
```

测点的图元对象被创建后，在调用时被赋予句柄。通过句柄来管理测点的图元对象。在横向空间数据模块工作时，根据核心模块操作指令创建圆锥图元对象并显示到测点位置，撤销该测点时则直接使用 AutoCAD 中的删除指令将其删除。使用句柄来管理该图元，如赋予不同的属性值来改变圆锥的颜色等。

至此，白车身装焊误差的时空联合显示技术介绍完毕。本文所开发的"白车身装焊误差监控系统"软件中还有一个数据分析处理模块，包括了小波分析、主成分分析、相关分析、聚类分析等数据处理功能，并也内嵌入了 AutoCAD 平台。这些模块的功能将在下面的章节中介绍。

第 4 章　装焊误差的聚类分析诊断技术

多元统计分析中的聚类分析可以根据所研究对象间的相似程度将其进行分类分组。如果将白车身测点测量数据间的某种相似关系作为聚类尺度进行聚类分析，则可以将符合聚类尺度的测点分类显示，然后观察其分布形态并结合车身装焊工序过程，最终可识别出误差区域。本章以相关系数为聚类尺度和聚类样本筛选阈值，用误差点出现的频率划分聚类阶数，设计聚类算法将聚类分析理论应用于车身装焊误差区域的识别。并对过程中出现的伪相关点进行研究，提出行之有效的剔除方法。

4.1　聚类分析简介

4.1.1　聚类分析的基本概念

所谓聚类（Clustering）就是按照某一标准（距离或相似系数）将样本对象分为不同的组类，使得同一类别中的样本对象具有尽可能大的相似性，非同一类别中的样本对象具有尽可能大的差异性。

聚类分析（Clustering Analysis）又称类分析或群分析，是在事先不知道样本类型的个数或对各种样本类型结构未作任何假设的情况下，根据样本的相似性或距离（相异性）将样本聚为某一类型的一种多元统计分析方法。

通常情况下，聚类分析按照其最终的聚类结果结构，可以有多种输出模式，所以聚类很难给出一个具体的定义。但其中最常用输出模式为样本数据的 K-分拆（Partition），其数学描述如下[33]：

设样本集 $X = \{x_1, x_2, \cdots, x_i\}$，$Y$ 是定义在 X 上的聚类，将数据集 X 分成 Y_1，Y_2，$\cdots$，Y_j ($j \leq i$) 个集合，如果其满足条件：

（1）$Y_m \neq \Phi$，$m = 1, 2, \cdots, j$

（2）$\overset{j}{\underset{m=1}{U}} Y_m = X$

（3）$C_m \cap C_n = \Phi$，$m, n = 1, 2, \cdots, j$，且 $m \neq n$

则称 Y 是数据集 X 上的聚类。即各聚类本身都是非空集合；所有聚类的并集即是数据集 X；两聚类子集交集为空。

对所研究样本进行完整的聚类分析包括如下四个步骤[34]：

（1）特征的选择以及提取。

所谓特征选择就是指对于要处理的样本数据的选择，应该选择最能代表研究对象特征的数据；所谓特征的提取则是指对原始数据进行某种变换使其具有一组特殊意义的特征，然后将其应用于聚类分析。聚类分析过程中特征的选择和提取对随后聚类算法的设计和数据的分析处理都有着举足轻重的影响[35]。

（2）聚类算法的设计。

在设计聚类算法时需要解决两方面的问题：一是如何选择相似性或距离的度量方式；一是如何构建目标函数。数据间的相似性或距离度量与具体的应用要求和数据本身的内在结构特点有关。聚类算法所选择的目标函数或度量方式不同，所设计聚类算法的效率及所得到的聚类结果也不同。

（3）聚类结果的有效性评估。

聚类分析具有无监督的特性，所以对聚类结果有效性的评估具有一定的困难。对于同样的一组样本数据，所设计的聚类算法不同得到的聚类结果也不相同。即使是使用同一个聚类算法，如果设置的某些参数不同所得到的聚类结果也不相同。所以，对于某一问题进行有效的聚类分析离不开对聚类结果的有效评估[36]。

（4）聚类结果的解释。

进行聚类分析的目的就是通过聚类结果来发现原始数据潜在的内部结构及特征，所以得出的聚类结果必须能够反映出我们所要的重要信息，并针对不同的领域能够对聚类结果给出科学合理的解释。

4.1.2　聚类分析的样本相似性度量

在对目标对象进行聚类分析时，需要一个指标来衡量变量之间的相似程度或样本间的相似度。通常情况下，用距离来形容样本间的"接近"程度，用相似系数来描述变量间的相似程度。

常用的相似系数包括 Cosine（夹角余弦）和 Pearson correlation（皮尔逊相关系数）。其定义如下：

夹角余弦：设样本 X_i 的 n 次测量值为 x_1，x_2，$\cdots$，x_m，将其看成 n 维空间向量，则称 X_i 跟 X_j 夹角 α_{ij} 的余弦 $\cos\alpha_{ij}$ 为两向量的相似系数，即

$$\cos\alpha_{ij} = \frac{\sum\limits_{t=1}^{n} x_{ti} x_{tj}}{\sqrt{\sum\limits_{t=1}^{n} x_{ti}^2 * \sum\limits_{t=1}^{n} x_{tj}^2}} \quad (i, j = 1, 2, \cdots, m) \tag{4-1}$$

由上式可得，当 X_i 跟 X_j 相互平行时，$\alpha_{ij} = 0°$，$\cos\alpha_{ij} = 1$，说明此两向量完全相似；当 X_i 跟 X_j 相互正交时，$\alpha_{ij} = 90°$，$\cos\alpha_{ij} = 0$，说明此两向量不相关。

皮尔逊（Pearson）相关系数：该相关系数即是对样本数据做标准化处理后的夹角余弦。常用 ρ_{ij} 表示 X_i 和 X_j 的相关系数，即

$$\rho_{ij} = \frac{\sum\limits_{t=1}^{n} (x_{ti} - \overline{x_i})(x_{tj} - \overline{x_j})}{\sqrt{\sum\limits_{t=1}^{n} (x_{ti} - \overline{x_i})^2} \sqrt{\sum\limits_{t=1}^{n} (x_{tj} - \overline{x_j})^2}} \quad (i, j = 1, 2, \cdots, m) \tag{4-2}$$

$|\rho_{ij}| \leq 1$，相关系数越接近于 1 表明两变量性关系越强；越接近于 0 表明相关性越弱。

为了充分利用白车身装焊误差测量数据间的相关属性，本章采用皮尔逊相关系数作为聚类尺度对白车身的 CMM 数据进行聚类分析。

4.1.3　聚类分析中的数据表示形式

在对样本数据进行聚类分析时，通常所用到的数据结构形式有三种：

（1）样本数据矩阵

样本数据矩阵是原始样本原有的结构属性。设所研究对象有 n 个样本，每个样本对应 p 个属性，第 i 个对象的第 j 个属性的观察值用 x_{ij} 表示，则样本可用如下的 $n \times p$ 阶数据矩阵表示。

$$A = \begin{bmatrix} x_{11} & \cdots & x_{1j} & \cdots & x_{1p} \\ \vdots & \ddots & \vdots & \ddots & \vdots \\ x_{i1} & \cdots & x_{ij} & \cdots & x_{ip} \\ \vdots & \ddots & \vdots & \ddots & \vdots \\ x_{n1} & \cdots & x_{nj} & \cdots & x_{np} \end{bmatrix} \qquad (4-3)$$

（2）相异度矩阵

相异度矩阵表征样本与样本之间的结构特征，表示 n 个样本两两之间的差异性，用阶阵表示。

$$D = \begin{bmatrix} 0 & & & & \\ d(2,1) & 0 & & & \\ d(3,1) & d(3,2) & 0 & & \\ \vdots & \vdots & \vdots & \ddots & \\ d(n,1) & d(n,2) & d(n,3) & \cdots & 0 \end{bmatrix} \qquad (4-4)$$

其中 $d(i,j)$ 为样本 i 和 j 之间差异性的量化表示，通常是非负数值。$d(i,j)$ 值越接近于 0 表示 i 和 j 越相似，反之则差异性越大。

（3）相似度矩阵

相似度矩阵也可表征样本与样本之间的结构特征，表示 n 个样本两两之间的相似性，用 $n \times n$ 阶阵表示。

$$R = \begin{bmatrix} 1 & & & & \\ r(2,1) & 1 & & & \\ r(3,1) & r(3,2) & 1 & & \\ \vdots & \vdots & \vdots & \ddots & \\ r(n,1) & r(n,2) & r(n,3) & \cdots & 1 \end{bmatrix} \qquad (4-5)$$

其中 $r(i,j)$ 为样本 i 和 j 之间相似性的量化表示，通常是非负数值。$r(i,j)$ 值越接近于 1 表示 i 和 j 越相似，反之则差异性越大。

在本章的聚类算法中，采用的是式（4-3）和（4-5）两种数据表达形式。

4.2　用于误差区域识别的聚类算法

4.2.1　算法设计

由车身装焊工艺知识可知，汽车白车身是由数百个薄板冲压件经几十个装配站一层一层装配而成，由零部件到分总成、到总成再到整个白车身的装配过程，整个过程表现出层次性以及顺序性特征，体现出一种多层次的体系结构。

在车身的每一装配层次中都可能产生装焊误差，且在装焊过程中耦合、传播和积累，形成更加复杂的偏差。因此若某工序或某些夹具定位不稳造成了误差，其测量值就会以相似的趋势波动，并传递至下一工序，所对应测点的测量值之间就有可能存在较强的相关性。在对白车身装焊误差源进行诊断时，测点测量数据的相关性是诊断同源装焊误差特别是同一零部件或分总成上的误差的重要依据。将测量值具有一定相关性的测点聚在一起，并观察其分布形态，结合车体装焊工艺的层次结构可以诊断出误差源。

本书的第 2.4.2 节中已论证了白车身装焊误差的"空间联动性"是识别误差区域的重要依据，而聚类分析方法是获取这种联动性的有效手段。故本文结合聚类分析理论设计白车身装焊误差的聚类分析算法如下：

（1）构造样本测点集 X

选择白车身上的所关心的测点，构造样本测点集 $X = \{x_1, x_2, x_3, \cdots, x_{n-1}, x_n\}$。样本 X 中包含 n 个样本，测点点 x_i，每个测点的误差数据样本等长。

（2）设定聚类阈值

以式（4-2）所定义的相关系数为聚类阈值 $\rho_{\min}$，该阈值根据经验和三坐标数据实测状态事先设定，作为区分 X 中各测点相关与否的阈值。

（3）计算 X 中两两测点间的相关系数 ρ_{ij}，构造"相关点集" Y。

使用式（4-2）计算 $\rho_{ij} = \dfrac{Cov\ (x_i,\ x_j)}{\sqrt{Var\ (x_i)}\ \sqrt{Var\ (x_j)}}$（$1 \leq i \leq n$，$1 \leq j \leq n$），求取测点集 X 中每个测点 x_i 与其他 $n-1$ 个测点 x_j（$1 \leq j \leq n$）之间的相关系数 ρ_{ij}；若相关系数符合聚类阈值（即 $\rho_{ij} > \rho_{\min}$），则将测点 x_j 的名称写入一点集 Y_i 中，Y_i 称为测点 x_i 的"相关子集"，集内测点均被判定为与 x_i 相关。

遍历样本 X 中每个测点，得所对应的相关子集的集合 $\{Y_1, Y_2, Y_3, \cdots, Y_{n-1}, Y_n\}$。该集合内有的子集为空集，说明该集所对应的测点与 X 中其他所有测点均不相关。将这些空集去掉，即得"相关点集" $Y = \{Y_1, Y_2, Y_3, \cdots, Y_{m-1}, Y_m\}$（$m \leq n$）。

由于相关是相互的（即 $\rho_{ij} = \rho_{ji}$），若 x_i 与 x_j 相关，则 x_i 会出现在 x_j 的相关子集 Y_j 中，同时，x_j 也会出现在 x_i 的相关子集 Y_i 中。同理，若 x_i 的相关子集为空集，则该点就不会在 Y 的任何子集中出现。因此，按此算法构造的相关点集 Y 具有两个特点：其一是 Y 中不再包含不相关（阈值不达标）的测点，完成了对不相关测点的剔除。现将剔除了不相关点后的测点集 X 仍写成 $X = \{x_1, x_2, x_3, \cdots, x_{m-1}, x_m\}$（$m \leq n$），$X$ 中的测点与相关点集 $Y = \{Y_1, Y_2, Y_3, \cdots, Y_{m-1}, Y_m\}$ 中的子集一一对应。

相关点集 Y 的第二个特点是其中的子集是两两相关，若 x_i 与 X 中的 m 个测点相关，它的名称在这个 m 测点的相关子集中都将出现。本文据此选定聚类尺度如下。

（4）选定"测点频率"为聚类尺度

前已述及，白车身误差区域中的测点是具有联动性的。这种联动性表现为测点误差之间的相关性。从相关点集 Y 的第二个特点可知：某测点 x_i 在点集 Y 中出现的次数越多，就意味着测点 X 集中与 x_i 相关的测点越多；而相关性表现为这些测点的联动性，以测点 c_i 为核心构成误差区域的可能性就越大。据此，本文选取相关点集 Y 中测点出现的频率为聚类尺度进行分类。

（5）聚类

首先，遍历 $Y = \{Y_1, Y_2, Y_3, \cdots, Y_{m-1}, Y_m\}$ 中所有子集，记录测点 x_i（$1 \leq i \leq m$）在 Y 中出

现的次数 $k^{(x_i)}$ （$x_i \subset X$）。$k^{(x_i)}$ （$2 \leq k^{(x_i)} \leq m$）称为 x_i 在相关点集 Y 中的 "出现频率"。然后，将出现频率相同的测点聚为一类，即：若 $k^{(x_i)} = k^{(x_j)} = \cdots = k_l$，则构造子点集 $X_{k_l} = \{x_i, x_j, \cdots\}$，将所有频率为 k_l 测点归于此子集，该子集即为出现频率为 k_l 的测点的聚类子集。最后，按频率 k_l 的大小将 X_{k_l} 升序排列，聚类阶数则按其频率 k_l 的数值命名；再将聚类编号规定为 $m - k_l$（聚类阶数越高聚类编号越小），即完成了测点集 X 的聚类。

　　按照上述聚类算法，各阶聚类之间具有如图 4.1 所示的包含关系：

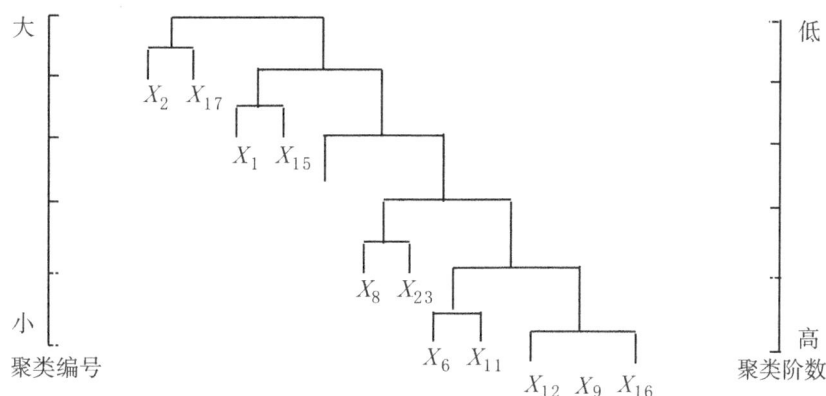

图 4.1　聚类样本集的包含关系

　　该包含关系为一种二叉树的数据结构，且此二叉树只沿右枝生长。每一个二叉树的左枝只有一个叶节点，该节点为一个聚类子集，集内的测点具有相同的出现频率；而二叉树的右枝则连接下一层二叉树，该层叶节点中测点的出现频率要比上一层高。因此，该包容关系为升序包容，即下层树中节点的出现频率要高于上层。按照图 4.1 的排序方式：聚类编号越小则聚类阶数越高，而该阶聚类中测点的出现频率也越高。

　　本文所设计的这种聚类算法有两个特点：其一是使用相关系数作为聚类阈值，其二是使用测点频率作为聚类尺度。解决的实际是测点的空间相关性问题。虽然两个测点误差之间的相关性可以用相关系数来度量，但多个测点之间的相关性再用相关系数来度量就不合适了。某个测点的空间相关性应该看与其相关的其他测点的多少，而不是与某个测点的相关系数有多高。因此，本文所设计的聚类算法将寻找测点空间相关性的工作分两步走：首先设定相关系数阈值，将测点集合中相关系数低的测点剔除；然后再用任一测点与其他测点相关的个数（即测点频率）作为聚类尺度进行分类，这种分类方法体现的就是测点的空间相关性。根据 2.4 节所述的误差区域识别原理，构成误差区域的测点其误差均具有相关性，本文聚类算法中的聚类尺度正是体现了这一思想。从图 4.1 可知，聚类阶数越低，该阶聚类点集中测点的 "测点频率" 就越高，表示该阶聚类点集中测点的空间相关性就越强，也就越有可能形成误差区域。

4.2.2　算法使用

　　参照图 4.1 的层次结构，聚类分析在白车身装焊误差区域的识别中有两种使用方法。

　　1）相关区域法

　　该方法也可称为 "左枝法"，即在聚类树的左枝叶节点中寻找误差区域。操作时聚类阶数按从大到小的顺序依次显示左枝叶节点的聚类测点集，点集中的测点会在白车身上勾勒出各种形态。随着聚类阶数的降低，白车身上的测点会逐步减少，所勾勒出的形态会越来越清晰。再结合装焊过程、夹具定位点位置等工序信息，最终识别出误差区域。由于聚类树的左枝叶节点中的测点均具有空间相关性，故将此方法称为"相关区域法"。

2）关键点法

该方法也可称为"右枝法"，即使用聚类树的右枝，利用聚类的包含关系来寻找误差区域。白车身装焊误差的治理主要是要减少超差点，而只要这些超差点在聚类点集中就可以使用此方法。操作时点击某个超差点，白车身上将显示该点所在的聚类点集，该点集也会在白车身上勾勒出一种误差分布形态。如果对这种分布形态不好判断，可逐步增加聚类阶数，显示出更多的测点。注意到图4.1的二叉树是向下包含的，故高阶聚类会包含低阶聚类，新增加的点与原来的测点仍具有空间相关性。此方法的出发点明确，对治理超差点很实用。

此外，也可以从最低阶聚类开始逐步向高阶显示测点来观察误差区域。由于最低阶聚类中的测点很少（有时只有一个），故此方法也属于关键点法。操作时首先显示最低阶聚类，此时出现的点是测点集合中空间相关性最强的点（称其为"主相关点"）。然后逐步提高聚类阶数，其他相关点就会围绕着主相关点逐步出现，根据它们在白车身上勾勒出的形态来识别误差区域。值得指出的是，围绕主相关点所形成的测点区域就有最强的空间相关性，处于该区域中的装焊夹具定位点很有可能对装焊误差敏感。利用此特点有助于确定误差源。

综上所述，本文的聚类分析方法可概括为：以规定的相关系数为聚类阈值，以各测点在各分组中出现的频率为聚类尺度，将符合条件的测点聚为一类，并使用二叉树的数据结构来实现聚类的包容关系。然后按照使用者的需要分层次显示这些聚类点的分布形态形状，结合装焊工序来识别误差区域。

4.3　装焊误差的"相关区域法"诊断技术

在第3章所介绍的"白车身装焊误差监控系统"软件中，开发了"聚类分析"模块。本节将使用该模块对白车身的装焊误差数进行聚类分析。聚类分析所使用的误差数据为某轿车白车身的三坐标实际测量数据。整车测点数共672个（大部分测点包括 X、Y、Z 三个误差分量），测点误差的分布如图4.2所示，其中红色为超差点，蓝色为合格点。图中显示的整车误差状态很不好，应该调整装焊夹具来治理误差了。根据前述的夹具补偿技术，第一步工作是寻找误差源。故本章使用前述的"白车身装焊误差监控系统"对该车的装焊误差进行聚类分析，目的是寻找误差区域。

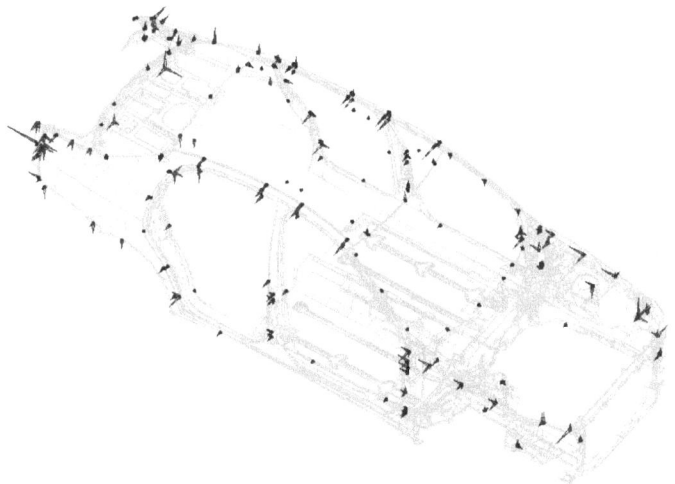

图4.2　整车测点初始分布形态

4.3.1　整车误差的聚类分析

对白车身整车误差进行聚类分析的目的是建立整车测点集的空间相关关系。因为图 4.2 所显示的只是一台白车身的装焊误差，由于装焊误差的随机性，是不能使用单台车的误差样本来进行误差源识别及夹具调整工作的。

本节使用"相关区域法"对白车身的装焊误差进行分析和诊断，故先要对整车的误差数据进行聚类分析。分析的第一步是设定相关系数作为聚类阈值，根据实际经验将相关系数给定为 0.85，分析所得的聚类阶数如图 4.3 所示。

图 4.3　整车误差数据的聚类结果

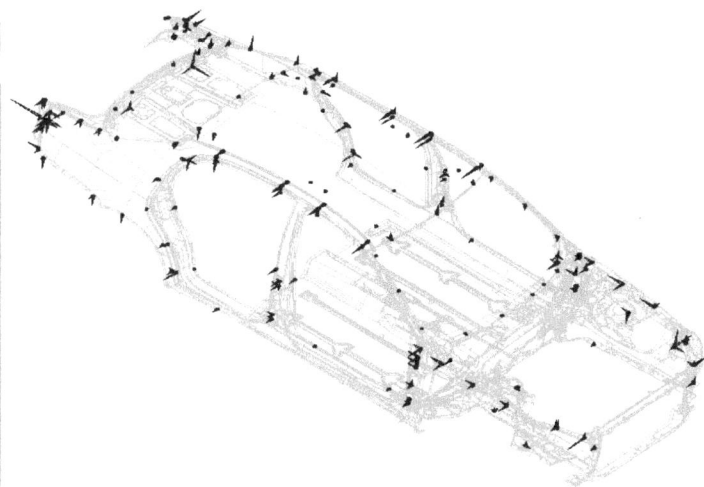

图 4.4　最低阶（第 542 阶）聚类结果的测点分布形态

本次聚类的最低阶数为 542 阶，而该车共有 672 个测点，两者相差 130 个测点。前已述及，本文所设计的聚类算法是以测点出现的频率为聚类尺度的。因此，本次聚类的最低阶数意味着聚类点集中最多保留了 542 个测点，而车身上的另外 130 个测点则因与其他任一个测点都不相关（相关系数达不到 0.85）而被剔除了。而剩余的测点都具有空间相关性。

图 4.4 显示的是最低阶（第 542 阶）聚类的误差分布形态。由于是最低阶聚类，各测点的空间相关性不高，故使用"区域显示法"逐步降低聚类阶数来提高相关性。

在图 4.3 的聚类窗口中，从高阶到低阶依次点击聚类名称，逐步显示各阶聚类的测点分布，并观察其分布形态。图 4.5 所显示的是第499 阶聚类的测点分布形态。

与图 4.4 相比，图 4.5 中测点所勾勒出的误差形态更加清晰，测点的空间相关性也提高了，而且也能观察出部分测点的联动性。如左、右侧围均向右侧偏转，发动机舱后移等。但若单纯依据误差的分布形态来确定误差区域会埋下了一个隐患：所确定的误差区域可能与白车身的装焊工序没有明确的对应关系。误差区域识别的目的是为了寻找误差源，但若所识别出

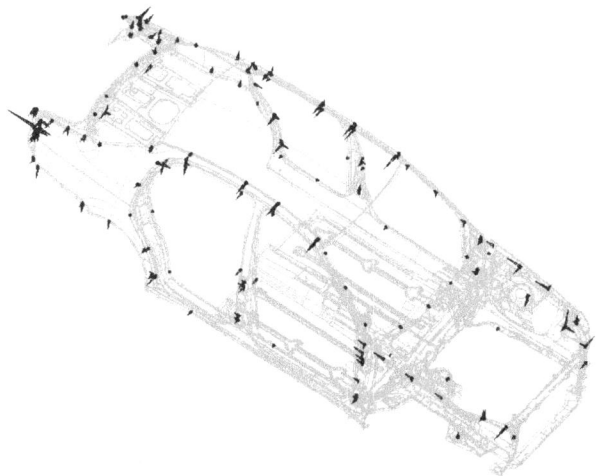

图 4.5　第 499 阶聚类的测点分布形态

的误差区域与装焊工序对应不上，在误差区域中将找不到合适的装焊夹具点。这将使后续的误差源识别及夹具补偿工作无法进行，所识别出的误差区域也就没有意义了。因此，必须将整车误差的聚类分析结果与白车身的装焊工艺过程对应起来，然后才能进行装焊误差区域的识别工作。

4.3.2 工序测点集的划分

所谓"工序测点集"是一个测点集合，该测点集中的测点均产生于同一道工序。定义工序测点集的目的是为了保证误差区域的识别有的放矢，因为从工序测点集中所识别出的误差区域总能与装焊工序相对应，保证了总存在与该误差区域所对应的装焊夹具，也就保证了后续的夹具调整和误差治理工作能够进行。

图4.6为白车身的装焊工序示意图。图中共显示了白车身的六大总成和两道装焊工序：首先是底架工序，将前围、底板、后围这三大总成在底架装配站中装焊成底架；然后是合厢工序，将底架、左右侧围、顶盖在合厢装配站上装焊成白车身。当然，只是白车身制造过程中的最后两道工序，其中的六大总成均有自己的装焊工序，是经过几十个装配站由冲压件逐步装焊而成的。因此，仅针对白车身的最后两个装配站，我们就面临着八道工序。分别是前围总装工序、底板总装工序、后围总装工序、左侧围总装工序、右侧围总装工序、底架工序、合厢工序。白车身装焊误差的工序测点集将在这八道工序中选取。

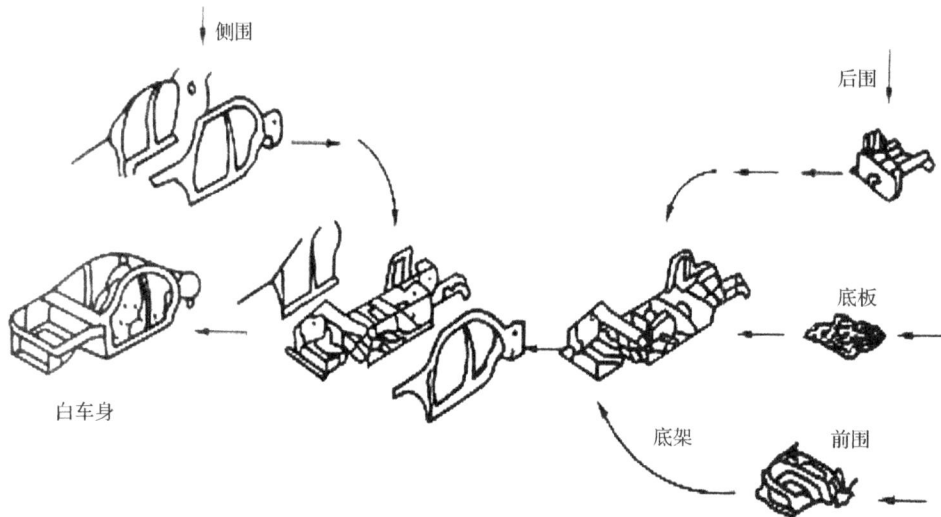

图4.6   白车身装焊工序示意图

前述聚类分析所使用的测点误差数据均来自于装配完毕的白车身，也就是说在白车身装焊完毕以后，这些测点的误差才形成。依据工序测点集的定义，从图4.2到图4.5中的数据均产生于合厢工序，故称这些数据均属于"合厢测点集"。比如，图4.4中所显示的第542阶聚类就可以称为"合厢测点集的第542阶聚类"，而从该聚类中所提取出的第499阶聚类（图4.5）也属于合厢测点集，且误差分布形态与合厢工序有一定的对应关系，空间相关度也比较高。故可将图4.5所示的测点集作为合厢工序的误差区域。

按照2.3节的介绍，合厢工序的误差区域确定后即可据此在该工序开展夹具补偿工作，而且误差区域（图4.5）中的误差形态也确实预示着合厢工序的装焊夹具有毛病。如左、右侧围均向右侧偏转，应检查这两个侧围的定位点。但发动机舱有后移现象就不是合厢工序的问题了，因为发动机仓在合厢之前已经在底架工序中装焊完毕，问题应该出现在底架工序上。观察合厢工序的误差区域，此类现象还有很多，均不是该工序能够解决的。故这些误差应该向以前的工序追溯。

按照工序测点集的定义，工序测点集中各测点的误差应该在本道工序上测量。但装焊车间很难做到这一点。因为三坐标测量机在检测时需要使用精密夹具将被测件定位，要想直接检测上述八大总成就需要八套精密夹具。且不说检测成本和效率，将这八套夹具共同安装到三坐标测量机的测量现场中都是很困难的。因此，在正常的巡检中，装焊车间只检测白车身，而很少检测总成。因此，缺少总成数据是白车身装焊误差治理工作的常态，迫使操作者在建立其他工序的测点集时不得不使用白车身的整车误差数据，导致了工序测点集与测点误差的不匹配问题。

不过，这种不匹配问题并不像想象中的那么严重，因为该问题与冲压件总成的刚度有关。在2.4.2 节中曾指出：装焊误差区域识别方法的理论依据之一是"误差在装焊过程中被固定"，当然，这种被固定了的误差在下一道工序中还会发生变化。但随着装焊过程的进行，所生成的冲压件总成的刚度会越来越大，当组装到本节的六大总成时，其刚度已经增大到了装夹力几乎无法使其变形，使得这些总成自身的装焊误差可以保留到白车身阶段，并被三坐标测量机检出。

据此，我们提出处理工序测点集中误差不匹配问题的两条原则：其一，不匹配问题的严重程度与冲压件总装的刚度有关，在刚度足够大的总成的工序测点集中可以使用后续工序的测点误差；其二，使用后续工序的测点误差后，该工序测点集中的误差将包含后续工序的误差，在对该测点集进行误差区域识别时应考虑后续工序对识别结果的影响。

为了追溯白车身上其他总成的误差源，依据上述原则，将合厢工序的误差区域（图4.5）拆分成三个工序测点集，分别为前围测点集、后围测点集、左右侧围测点集，如图4.7~图4.9所示。

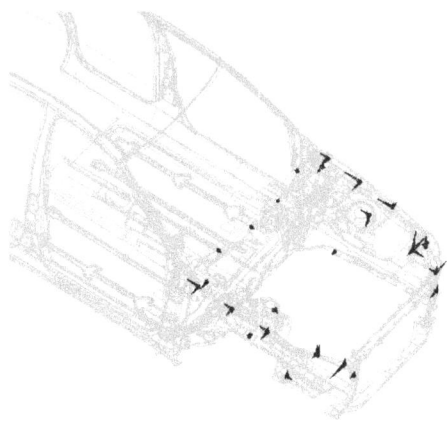

图 4.7　前围测点集　　　　　　　　　　　图 4.8　后围测点集

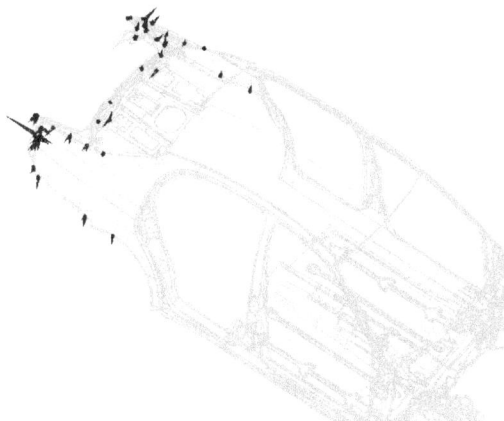

现将这三个工序测点集中的测点性质分述如下：

前围测点集：测点集中的测点来自于前围总装工序，而测点的误差使用的是白车身上的测量数据。误差数据与测点集之间跨越了三道工序：前围总装工序、底架装配工序、合厢工序。测点集的内容为整车 499 阶聚类后的相关点。

后围测点集：测点集中的测点来自后围总装工序，测点的误差也使用白车身上的测量数据。误差数据与测点集之间同样跨越三道工序：前围总装工序、底架装配工序、合厢工序。测点集的内容也为整车 499 阶聚类后的相关点。

左右侧围测点集：测点集中的测点来自于两道工序，分别为左侧围总装工序和右侧围总装工序，这两个总装工序之间是相互独立的。测点集中测点的误差仍使用白车身上的测量数据。误差数据与测点集之间跨越了两道工序：左侧围部分跨越了左侧围总装工序和合厢工序，右侧围部分跨越了右侧围总装工序和合厢工序。测点集的内容仍为整车 499 阶聚类后的相关点。

4.3.3 伪相关点的剔除

所谓"伪相关点"是指其相关系数符合聚类阈值，但从装焊工序上看却不应该存在相关性的测点。例如，前围总成与后

图 4.9   左右侧围测点集

围总成分属两套不同的装焊工序，两者的测点误差不应该具有相关性；但在聚类分析所获得的测点集中却能发现这两个不相干的总成上会出现一些彼此相关的测点。这些测点就是伪相关点。

在装焊车间的生产过程中，白车身的装焊误差是通过抽检来收集的。汽车厂每天生产 200 台左右的白车身，抽检量一般为 1~3 台，这种小样本采样本身就存在随机性。此外，用于处理装焊误差的测点数据样本长度一般不超过 20 个（相当于 7~20 天的抽检量）。由于在这 7~20 天时间里，车间不可能对装焊夹具不进行调整，因此加大样本长度并没有实际意义。这两个原因会导致出现这样一种现象：在两个工序过程没有联系的总成上，会发现一些测点的误差曲线形状相似。这些形状相似的曲线相关系数肯定高，在聚类分析中就会被纳入聚类点集，导致没有理由相关的测点之间出现了空间相关性。这就是伪相关点产生的原因。

伪相关点的存在干扰了测点的空间相关性，混淆了聚类测点集所勾勒出的误差分布形态。但因其符合聚类分析的筛选标准，又无法从聚类中去除。因此，必须寻找一种行之有效的方法将其剔除，以保证误差区域识别的正确性。

注意到伪相关点有一个明显的特征，就是跨工序相关。如果人为切断这些工序之间的联系，这种伪相关性就消失了。而在 4.3.2 节中所创建的工序测点集正好是人为切断了不同工序之间的联系，故可利用这种测点集的划分来剔除伪相关点。

在聚类分析中剔除伪相关点的方法如下：

（1）首先对白车身进行整车聚类分析。使用 4.3.1 节中所介绍的方法得到合适的误差聚类（如图 4.5），识别出合厢工序的误差区域。

（2）使用 4.3.2 节中所介绍的方法，将合厢工序的误差区域划分成不同的工序测点集。

（3）对工序测点集内测点做一次相关分析，则可剔除伪相关点。

上述方法剔除伪相关点的原理是：在将合厢工序的误差区域划分成不同的工序测点集后，各工序测点集中的伪相关点都是跨测点集相关的，而在其自身的测点集中都没有相关点。因此，只要在工序测点集内做一次相关分析，这些伪相关点都会被剔除。

下面针对 4.3.2 节所划分出的三个工序测点集，分别使用上述方法去除其中的伪相关点，提高

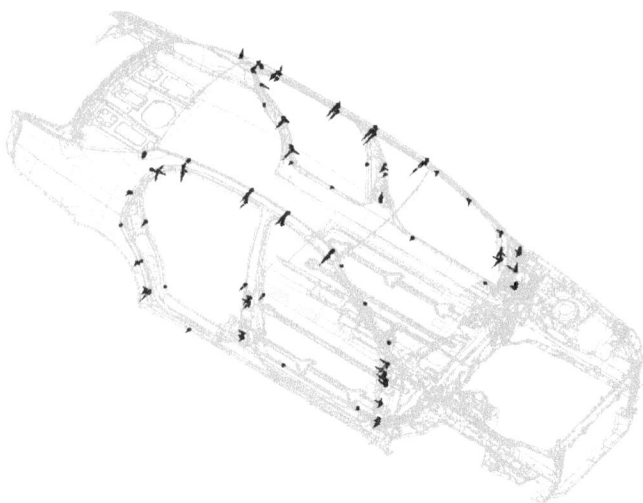

其空间相关性，进而识别出其中的误差区域。

上述的三个工序测点集分别为前围测点集（图 4.7）、后围测点集（图 4.8）、左右侧围测点集（图 4.9）。首先分别对集内的测点各自做一次相关分析，剔除其中的伪相关点。为与前述的聚类分析相统一，相关分析时所取的相关系数仍为 0.85。分析前后的效果对比如图 4.10～图 4.12 所示，其中（a）图均显示原来的工序测点集，（b）图则显示了剔除伪相关点后的效果。

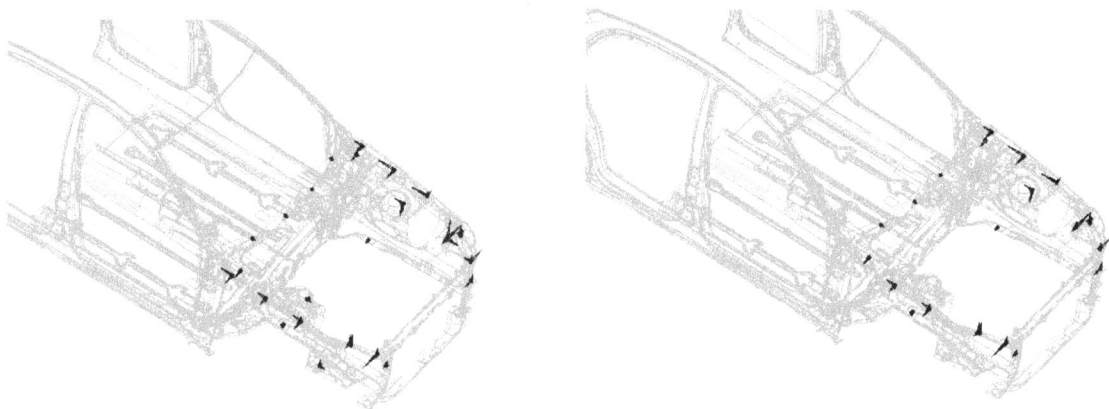

（a）原前围测点集（原有 96 个测点）　　　　（b）剔除伪相关点后（剩下 55 个测点）

图 4.10　前围测点集剔除伪相关点前后的效果对比

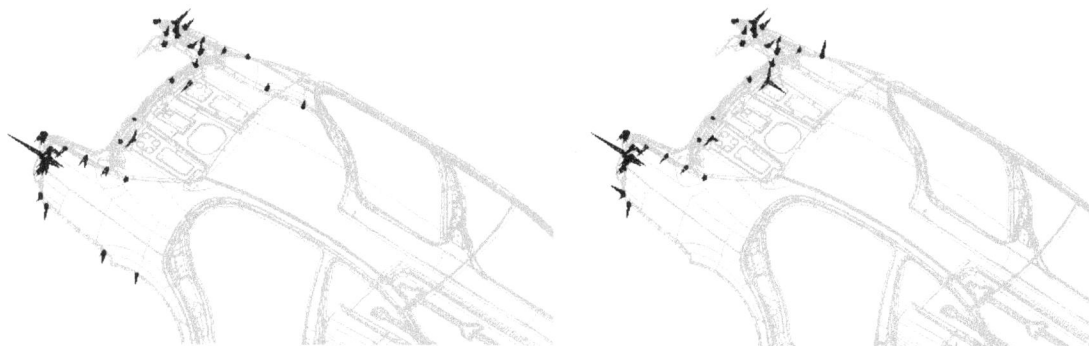

（a）原后围测点集（原有 156 个测点）　　　　（b）剔除伪相关点后（剩下 122 个测点）

图 4.11　后围测点集剔除伪相关点前后的效果对比

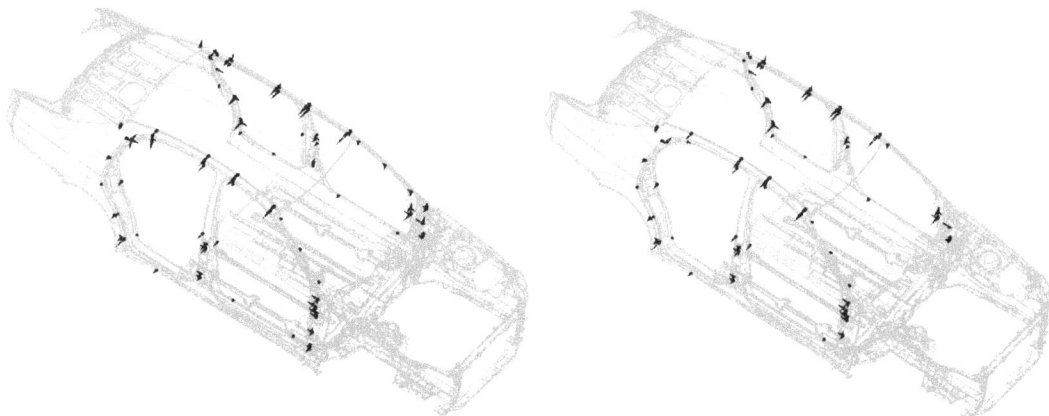

（a）原左右侧围测点集（原有 261 个测点）　　　　（b）剔除伪相关点后（剩下 192 个测点）

图 4.12　左右侧围测点集剔除伪相关点前后的效果对比

上述三图中伪相关点的剔除情况见表4.1。从中可以看出，尽管三个原始的工序测点集均来自于对误差数据的聚类分析，但其对测点的空间相关性的表达还是很粗糙的，其中含有大量的伪相关点。这些伪相关点对误差区域的识别干扰很大，从图4.10~图4.12的误差形态对比中也能清晰地看出这一点，故必须剔除。

表4.1   工序测点集中伪相关点剔除情况统计表

工序测点集	原始测点数	真实相关点数	剔除伪相关点数
前围	96 个	55 个	41 个
后围	156 个	122 个	34 个
左右侧围	261 个	192 个	69 个

此外，还可以用寻找伪相关点的相关点的方法来显示其跨区域相关的特性。方法如下：

依次取出三个工序测点集中被剔除的伪相关点，将其与其他两个工序测点集中的做相关，相关系数仍为0.85。结果这些伪相关点均在其他两个工序测点集中找到了相关点，分别如图4.13~图4.15所示。

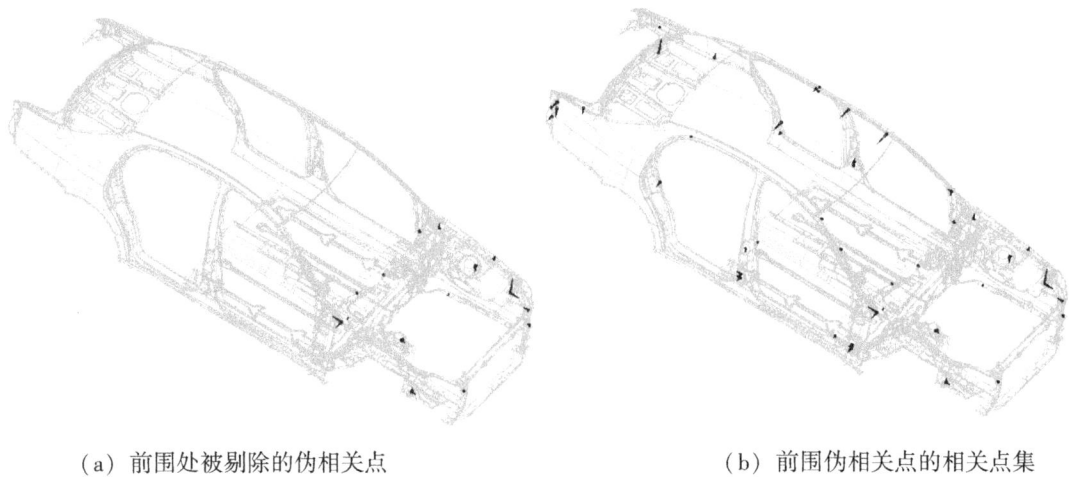

（a）前围处被剔除的伪相关点   （b）前围伪相关点的相关点集

图4.13   前围的伪相关点及其相关点集

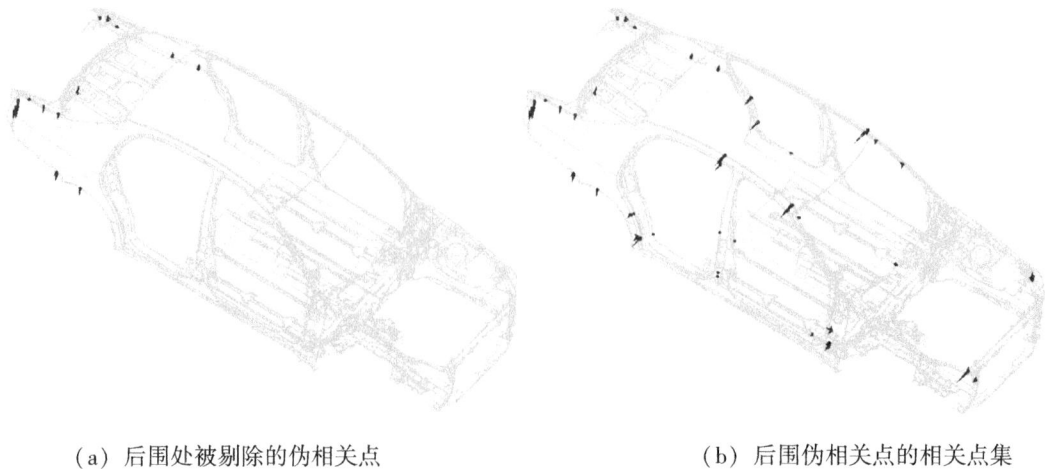

（a）后围处被剔除的伪相关点   （b）后围伪相关点的相关点集

图4.14   后围的伪相关点及其相关点集

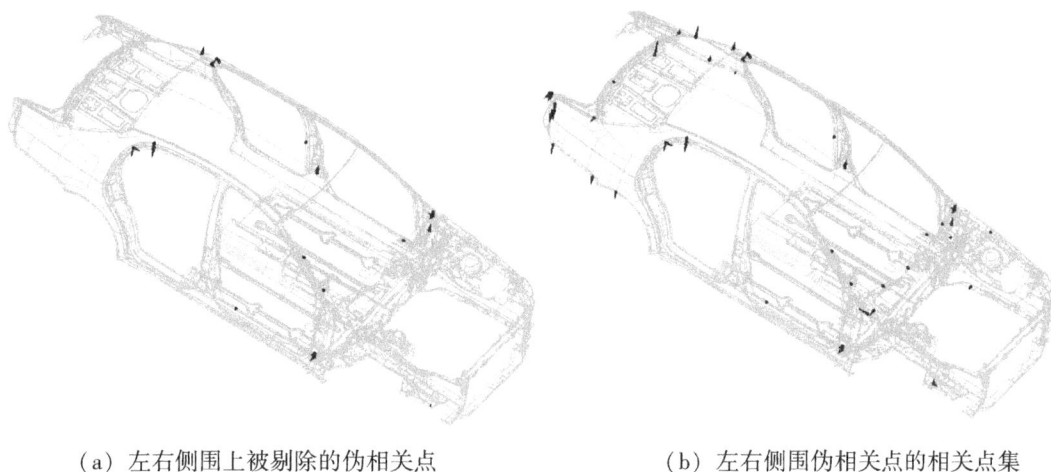

（a）左右侧围上被剔除的伪相关点　　　　　　（b）左右侧围伪相关点的相关点集

图 4.15　左右侧围的伪相关点及其相关点集

以前围（图 4.13）为例，图 4.13（a）中显示的是从前围测点集中被剔除的伪相关点，这些点之所以能够被剔除就是因为在其自身所处的前围测点集中找不到相关点；而在图 4.13（b）中这些伪相关点却找到了相关点，只可惜这些相关点在装焊工序上与前围无关。这就说明了两个问题：第一，这种现象解释了为什么伪相关点能够透过聚类分析而进入前围测点集，就是因为它们是有相关点的，只是这些相关点是跨区域的；第二，正是因为它们的相关点是跨区域的，这些点才被称为伪相关点而要被删除，因为它们与自身所在的区域没有空间相关性，不能作为识别误差区域的依据。图 4.14、图 4.15 所显示的现象同样可以说明问题。

伪相关点被剔除后，上述三个工序测点集中测点的空间相关性得到了提纯，测点误差的空间分布形态清晰，可以据此进行误差区域识别了。

4.3.4　基于"相关区域法"的白车身装焊误差诊断

由于使用聚类分析的目的是要探讨测点误差的空间相关性（参看 2.4.1 节），故在聚类分析中将"误差区域"定义为：能反映出测点的空间联动性的误差分布形态。下面根据此定义进行误差区域的识别及误差源的诊断工作。

1）前围的误差区域识别及误差源诊断

剔除伪相关点后前围的相关点所勾勒出的误差形态如图 4.16 所示。

（1）首先寻找聚类点集的误差分布特点

图 4.16 中聚类点集的分布特点是：前围的聚类点集已经勾勒出了前围总成的整体形状，说明前围总成出现了刚体位移。理由是：聚类点集中的测点都是具有空间联动性的，而图 4.16 中的测点已经布满了整个前围，说明整个前围都有了空间联动性，前围总成自然就有了刚体位移。

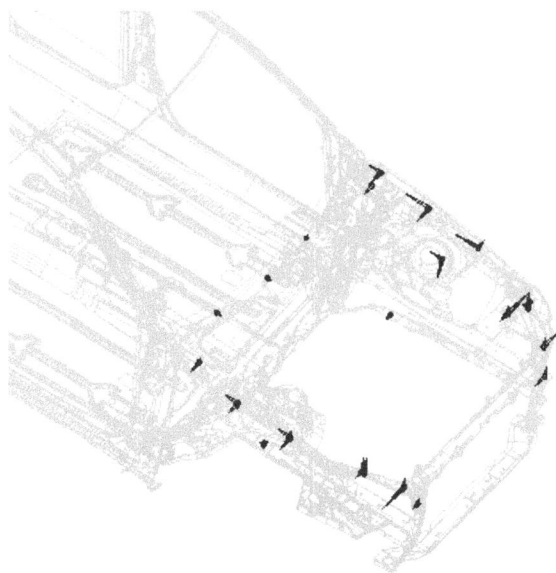

图 4.16　前围聚类点集的误差形态

（2）根据误差分布特点寻找误差源所在的工序

前已述及（4.2.2节），前围总成上的测点误差可能来源于三道工序：合厢工序、底架工序、前围自身的总装工序，而所发现的误差分布特点是前围自身出现刚体位移。依次分析这三道工序：合厢工序中前围已经被装焊到了底架上，前围不可能在此工序中出现相对于底架的位移；前围的总装工序无法使前围自身出现刚体位移；故前围的刚体位移误差只能出现在底架工序。在底架工序上，前围、底板、后围这三个总成被装焊成底架，而前围的刚体位移误差应该就是在这道工序上出现的。

至此，因寻找到了误差分布与装焊工序的对应关系，则可初步确认"误差区域"。本例中，图4.16的误差分布形态构成了底架工序的误差区域，而装焊误差源就在底架工序。

（3）分析误差区域的形状并寻找装焊误差源

图4.16所示的误差区域中，测点误差显示出了两种刚体位移：其一是整个前围向后移动，且左侧的后移大于右侧；其二是整个前围向右移动，但移动量不大。据此判断前围在底架工序中出现了向右后方的移动，预示着前围的定位出现了问题。检查底架工序上的四个定位销，发现定位销出现了磨损，故找到了误差源。至此，底架工序上的误差区域识别完毕，结论是：确认图4.16所示的测点分布为底架工序的误差区域，所对应的装焊误差源是前围的四个定位销。更换这四个定位销后，该误差区域即得到了治理。

2）左右侧围的误差区域识别及误差源诊断

剔除伪相关点后左右侧围的相关点所勾勒出的误差形态如图4.17所示。与前围相仿，仍旧通过如下三个步骤对左右侧围进行误差区域识别及误差源诊断。

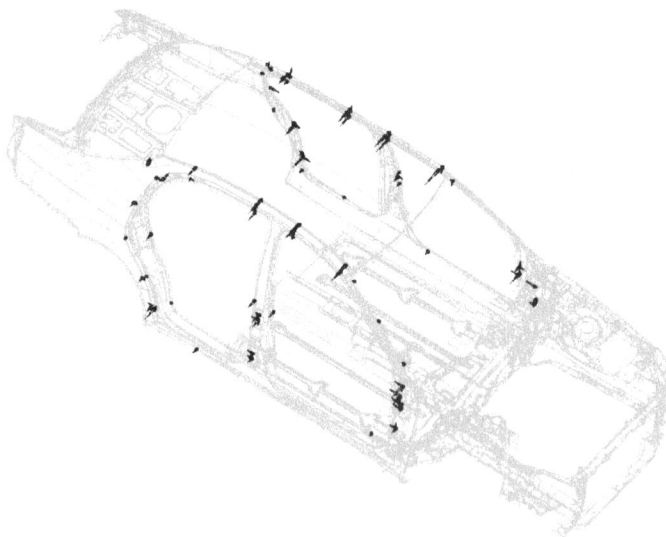

图4.17　左右侧围聚类点集的误差形态

（1）聚类点集的误差分布特点

图4.17中聚类点集的分布特点与前围相仿，测点集也勾勒出了左右侧围的整体形状，说明左右侧围也出现了刚体位移。所不同的是：左、右侧围是两个不同的总成，分属于两条不同的装焊线制造，其上的测点本不应该出现相关性。但在本例中，这种空间的联动性居然出现了。

（2）根据误差分布特点寻找误差源所在的工序

左右侧围上的测点误差可能来源于三道工序：合厢工序、左侧围总装工序、右侧围总装工序。左、右侧围的总装工序均不可能造成总成自身的刚体位移，故左右侧围的刚体位移只能出现在合厢工序上。特别是这两个在工序上不相关的总成居然出现了空间联动性，而空间联动性又只能在这两个总成连接在一起后才能出现；而合厢工序又是将这两个总成装焊在一起的唯一工序，所以可以确认合厢工序是造成左右侧围空间联动性的唯一工序。

据此，可以确认图 4.17 的误差分布形态构成了合厢工序的误差区域，而装焊误差源就在合厢工序。

（3）分析误差区域的形状并寻找装焊误差源

图 4.17 所示的误差区域中，测点误差显示的侧围刚体位移很明显，左右侧围均向右倾斜，据此判断应该是左右侧围的定位面出现了问题。但在检查中却发现问题实际上是出现在底架的定位基准上。由于上万台白车身的墩压，合厢工序中的底架定位面出现了磨损，造成底架总成向左倾斜；而左右侧围的装焊定位还是正确的。白车身合厢完毕后放到三坐标测量机上进行检测，而该测量机的底架定位面是没有磨损的。这两种状态相当于将底架左倾后焊接侧围，再放平后检测侧围，底架左倾的误差自然就反映为侧围的右倾误差。至此，合厢工序上的误差区域识别完毕，结论是：确认图 4.17 所示的测点分布为合厢工序的误差区域，所对应的装焊误差源是底架的定位基准销座。更换此定位基准总成后，该误差区域被基本消除。

3）后围的误差区域识别及误差源诊断

剔除伪相关点后，后围的相关点所勾勒出的误差形态如图 4.18 所示。现以该图为依据识别误差区域及装焊误差源。

（1）后围聚类点集的误差分布特点

图 4.18 中聚类点集的分布特点与前两个总成均不相同，它们并没有勾勒出后围的整体形状。聚类点集的空间相关性主要出现在后围的尾部，且两侧对称。特别应该指出的是：测点集中的大部分测点是位于左右侧围上的，但与侧围却没有相关性（参见图 4.17）。

解释这种现象需要了解后围与左右侧围的结构关系。后围是一个刚度很大的箱体，先将其装焊在底架上，形成对轿车车身的支撑基础。而左右侧围与其相比刚度要小得多，在合厢工序上装焊时，左右侧围包裹在后围外侧，其包裹部分的形状受后围的牵制。因此，图 4.18 中的大部分测点虽然位于左右侧围上，但其测点误差反映的实际上是后围的误差。故这些位于侧围上的测点与侧围自身没有空间相关性也就容易解释了。

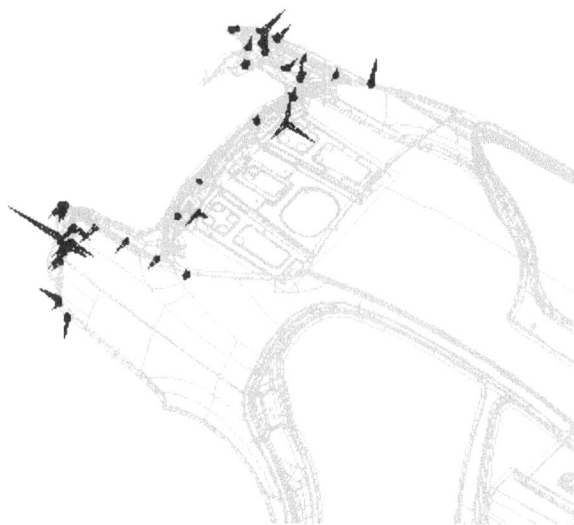

图 4.18 后围聚类点集的误差形态

（2）根据误差分布特点寻找误差源所在的工序

后围总成上的误差同样可能来源于三道工序：合厢工序、底架工序、后围自身的总装工序。由于图 4.18 的聚类测点集没有勾勒出后围的整体轮廓，说明后围没有刚体位移。而合厢工序、底架工序都会造成后围的整体位移，说明误差源不在这两道工序上。据此可以确认后围自身的装焊工序是造成其局部空间联动性的唯一工序。

据此，可以确认图 4.18 的误差分布形态构成了后围总装工序的误差区域，而装焊误差源就在后围总装工序上。

（3）分析误差区域的形状并寻找装焊误差源

图 4.18 所示的误差区域形状对称，均向各自的侧围方向突出，但突出量均很小，应属于后围总装工序的夹具定位误差。尾灯部位超差点较多，行李舱底板部位有个别超差点，应属于冲压件误差。检查后围总装工序的装焊夹具，并向前追溯合件工序，将能治理这些误差。但考虑到误差区域形状对称，不影响白车身的造型和使用性能，且不会导致后围的刚体位移。因此汽车厂对后围部分的这种误差形态一般都不治理。

本例的误差区域识别过程很具有综合性。识别过程中所使用的误差数据均为白车身的终检数据，却能根据误差区域的分布形态判断出误差源所处的工序。所识别出的误差区域分别对应着最终工序（合厢工序）、总成装配工序（底架工序）和总成自身的装焊工序（后围工序），并在这些工序中都找到了装焊误差源。

4.4　装焊误差的"关键点法"诊断技术

关于聚类算法的使用，在 4.2.2 节中介绍了两种方法。其一为"相关区域法"，已在 4.3 节中使用。本节将使用其第二种方法——"关键点法"来完成白车身装焊误差的诊断工作。

4.4.1　"相关区域法"与"关键点法"的互补性

所谓"关键点"是指在误差治理中感兴趣的测点，一般为超差点或低价聚类点。将与这些关键点有相关关系的测点收集起来，所构成的测点集称为该关键点的"相关测点集"。按照 4.2.2 节中的介绍：关键点法又称"右枝法"，它利用聚类样本集的包含关系（图 4.1）来追溯"关键点"的"相关测点集"，再根据测点集的分布形态来识别误差区域。"相关测点集"与"聚类测点集"的构造标准是不同的：聚类测点集中的各测点具有相同的出现频率，集中测点在测点空间中所拥有的相关点数是相同的；而相关测点集中的测点则只要求与关键点相关即可，不论该点处于哪阶聚类。由于构造原则不同，这两种测点集所生成的测点分布形态也不相同。可见，"相关区域法"与本节的"关键点法"是从两个不同的角度来获取测点误差的分布形态，其所生成的测点集具有互补性。这种互补性主要体现在对低阶聚类点的使用上。

根据聚类分析算法（4.2.1 节），聚类点集的阶数越低，集中测点在测点空间中出现的频率就越高，而点集自身的测点数就越少（最低阶聚类中有时只有 1 个测点）。这就带来了一个问题：一方面，低阶聚类中测点的空间相关性要远优于高阶聚类，应该优先使用；另一方面，这些低阶聚类中的测点数量很少，显示到测点空间中很难勾勒出分布形态，无法利用其来识别误差区域。因此，在相关区域法中很难使用这些低阶聚类。

而关键点法就解决了这个问题。低阶聚类中的测点数很少，但与这些测点相关的测点却很多。以低阶聚类中的测点为"关键点"，索引出这些关键点的"相关测点集"，并逐步显示、观察、分类、合成这些测点集，最后可根据其误差分布形态来识别误差区域。可见，在白车身装焊误差的聚类分析诊断技术中，"相关区域法"与"关键点法"是互为补充的。

4.4.2　基于"关键点法"的白车身装焊误差诊断

本节仍使用4.3节中的白车身误差数据（图4.2）及其聚类分析结果，使用关键点法识别白车身的误差区域并进行误差源诊断。

1）选择关键点

图4.19显示的是白车身整车误差的低阶聚类，其最低的第483阶聚类中只有1个测点。本文选择这种低阶聚类中的测点为关键点，逐步分析和处理其相关测点集来进行误差区域的识别。值得指出的是：聚类点集具有包含关系，高阶聚类中会包含低阶聚类的点。图中第484阶聚类中有3个点，其中就包含了其上一阶聚类（第483阶）中的那一个测点，即第484阶聚类比第483阶只增加了2个点。

2）显示并处理关键点的相关测点集

图4.20显示的是最低阶聚类（第483阶）中的测点及其相关测点集。最低阶聚类中只有1个点，其测点名为rp073-y。图4.20中（a）图显示的是该测点在白车身上的位置，（b）图显示的是该测点的相关测点集。

图4.20（b）显示，与rp073-y相关的测点数高达10个，主要分布于右侧围的上边梁及B柱上，在左侧围的上边梁上也有分布。这个测点集已经预示了左右侧围有联动现象，足以引起操作者的注意了。此外，"关键点法"只用了第一步就发现了误差联动现象，与上一节的"相关区域法"相比，其识别效率要高得多。

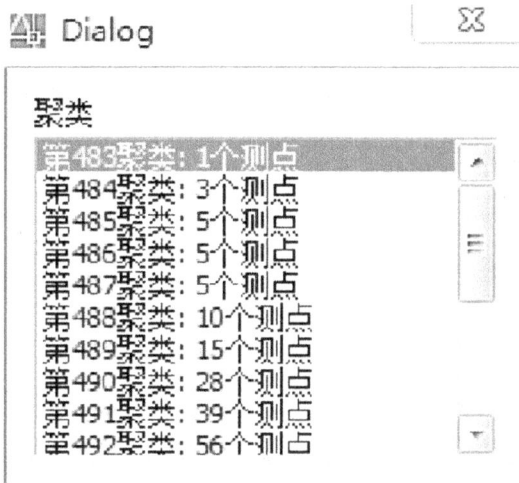

图 4.19　白车身整车误差的低阶聚类

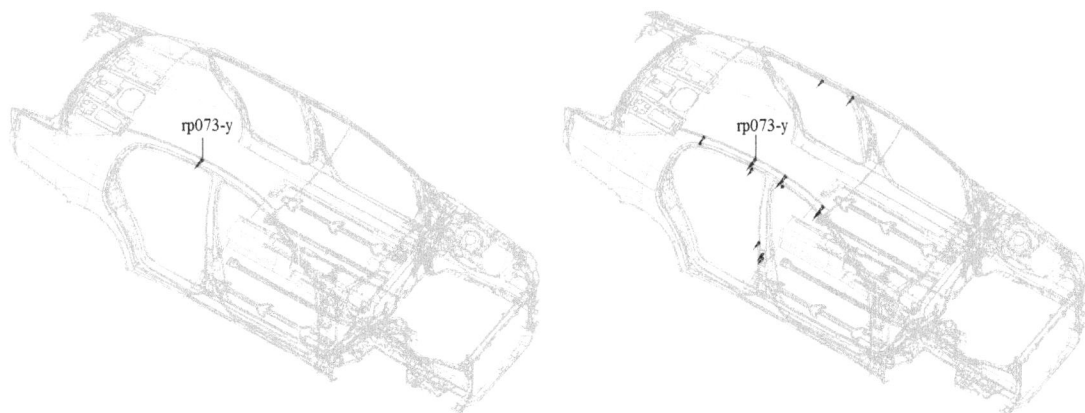

（a）第483阶聚类（1个测点）　　　　　　　（b）测点 rp073-y 的关键点测点集

图 4.20　最低阶聚类的关键点及其关键点测点集

将关键点向高阶扩展，显示次低阶聚类（第484阶）。该阶聚类中包含3个测点，新增了rp065-y和lp072-y两个测点。其测点位置及其对应的关键点测点集如图4.21所示。

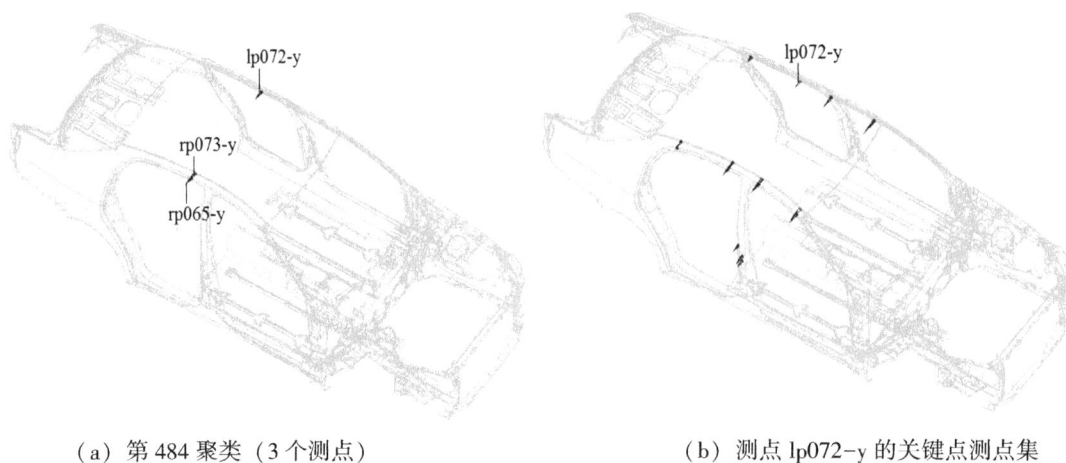

(a) 第 484 聚类（3 个测点）   (b) 测点 lp072-y 的关键点测点集

图 4.21   最低阶聚类的关键点及其关键点测点集

图 4.22（a）为次低阶（第 484 阶）聚类中 3 个点的空间位置，其余三个子图为这 3 个关键点所对应的相关测点集。将这三个关键点的相关测点集合成起来，就得到了如图 4.23 所示的测点集。称其为第 484 阶聚类的"合成测点集"。

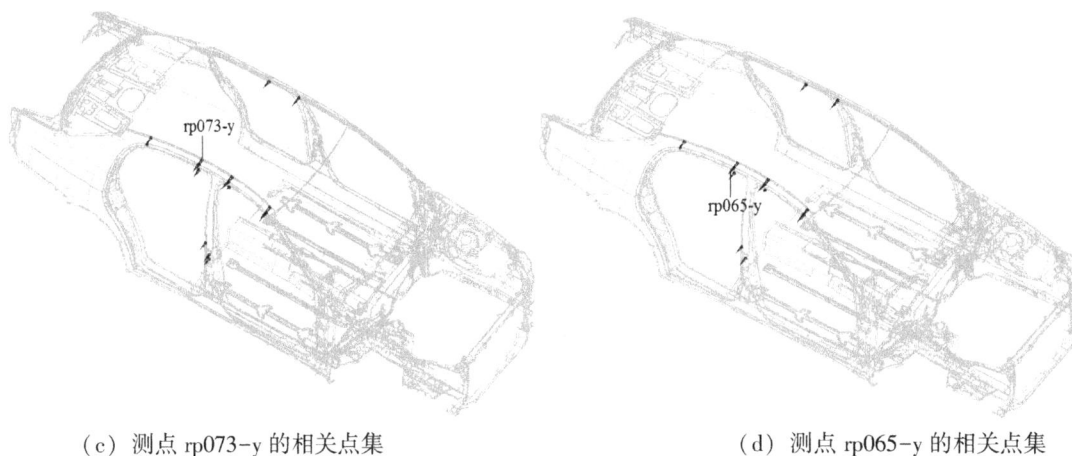

(c) 测点 rp073-y 的相关点集   (d) 测点 rp065-y 的相关点集

图 4.22   次低阶（第 484 阶）聚类关键点及其关键点测点集

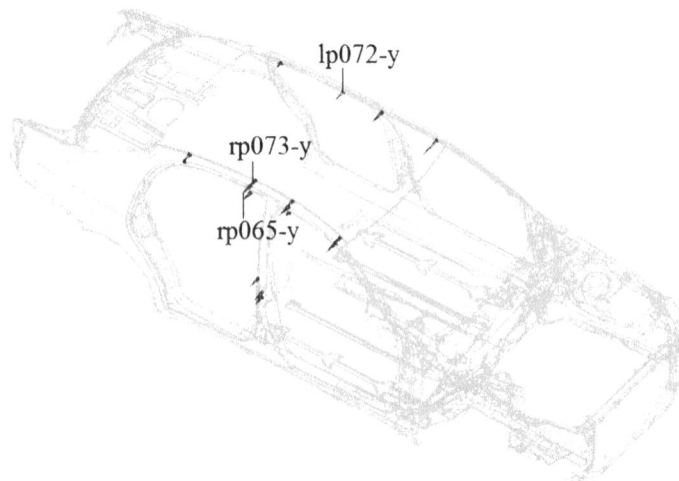

图 4.23   第 484 阶聚类的合成测点集

　　注意到虽然第 484 阶聚类中测点增加到 3 个，但其合成测点集并未明显扩大。最低阶聚类（1 个点）的相关点已有 10 个，而次低阶聚类的合成测点集却只有 14 个测点。造成这种现象的原因是由于相关关系具有"自反性"，说明合成后的相关测点集中的各测点基本上都是彼此相关的。因此，图 4.23 中的测点数虽少，但其勾勒出的区域却具有很强的相关性，据此识别误差区域具有较强的可信性。

　　再将聚类升高一阶（第 485 阶），此阶聚类中的测点增加到 5 个。新增的两个测点一个在前围上（lh059-y），另一个在后围上（lb023-x）。仿上法，继续显示这两个新增测点的相关测点集，结果发现它们的相关点也都分别分布在前围或后围上。其中，前围关键点 lh059-y 及其相关测点集如图 4.24 所示。

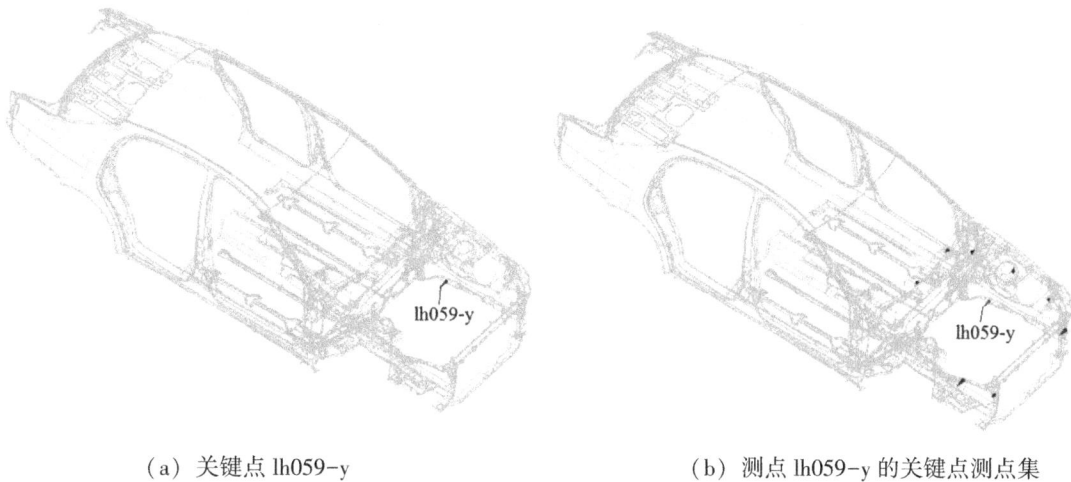

（a）关键点 lh059-y　　　　　　　　　　　（b）测点 lh059-y 的关键点测点集

图 4.24　第 485 阶聚类关键点及关键点测点集

　　注意到 lh059-y 虽处于第 485 阶聚类中，但其相关测点集（包括其自身）已经不在侧围区域了。针对此现象，有三个问题要说明：

　　其一，虽然第 485 阶聚类中增加了 2 个点，但在图 4.23 所示的合成测点集中并未发现它们的身影，说明这两个点与第 484 阶聚类中的 3 个点是不相关的。它们之所以能在第 485 阶聚类中聚在一起，是因为其测点频率是相同的。这就是伪相关点产生的原因（参见 4.3.3 节）。

　　其二，"关键点法"去除伪相关点的效率要远高于"相关区域法"。一旦在低阶聚类中发现有不相关的关键点，该关键点及其所对应的关键点测点集就可以立即从合成测点集中删除。

　　其三，观察图 4.24 中测点 lh059-y 所处的位置及其关键点测点集，可发现测点 lh059-y 虽然与第 484 阶聚类的合成测点集不相关，但它自己却另外开辟了一个区域。它的关键点测点集已经勾勒出了前围的形状（图 4.24（b）），有可能形成新的误差区域。因此，测点 lh059-y 虽然聚类阶数较高，但却是一个新发现的关键点，其地位与最低阶聚类中的测点 rp073-y 是相同的。后围上的测点 lb023-x 的情况也是如此。

　　可见，对第 485 阶聚类的操作虽然没有扩大第 484 阶聚类的合成测点集，却新发现了两个关键点：一个是前围上的 lh059-y，另一个是后围上的 lb023-x。因此，相关测点集也扩展成了三个：一个是第 484 阶聚类的合成测点集，另外两个分别是测点 lh059-y 和 lb023-x 的相关测点集。

　　3）相关测点集的分类与合成

继续提高聚类阶数，显示新增测点的相关测点集。然后根据这些相关测点集所处的区域进行分类，将其加入到对应区域的合成测点集中。如果发现了新的关键点，则开辟新的合成测点集。依次递推，直到合成测点集所勾勒出的误差分布形态能够满足区域识别的要求。本节最终得到了三个合成测点集：前围合成测点集、左右侧围合成测点集、后围合成测点集，其误差分布形态与4.3.4节中的图4.16~图4.18完全一致。

4）误差区域的识别与误差源诊断

使用与4.3.4节中相同的方法来识别误差区域和诊断误差源。所得结果相同，其过程不再赘述。

4.4.3　两种诊断技术的比较

"相关区域法"与"关键点法"使用的是同一种聚类分析算法，虽然是从不同的角度来获取测点误差的分布形态，但其最终所得到的结果是相同的。在白车身生产的不同阶段偏重于使用不同的方法。

"相关区域法"具有批量处理数据的特点，故比较适合于投产时间较长、生产过程比较稳定的白车身。工艺人员对这种白车身的制造质量状态比较了解，对白车身装焊误差已有较多的治理经验。故此时可使用相关区域法进行质量监控和误差报警，不需要太多的人机交互。

"关键点法"具有追溯过程的特点。该技术在人机交互的环境下使用，通过关键点索引出相关测点集，可观察到误差区域的形成过程，对寻找误差源有启发作用，故比较适合于新投产的白车身。由于投产时间较短，工艺人员对该白车身装焊误差特点还缺乏了解，故需要一种"过程型"的技术手段来发现问题，使用"关键点法"会比较方便。

关键点法最大的优势在于对超差点的治理。白车身的装焊误差是具有联动性的，对超差点的治理必须考虑这种联动性。否则一种可能是治理失效，另一种可能是治理了本超差点却导致其他测点超差。而关键点法在发现测点之间的联动性方面具有优势，可简单地选取超差点，然后观察其相关测点集的分布状态，从中寻找敏感夹具点，并评估该夹具点调整后的联动效果。

第 5 章　装焊误差的主成分分析诊断技术

多元统计分析中的主成分分析（PCA）由霍特林率先提出，其中心思想就是降低数据空间的维度，在尽量少地丢失原有信息的前提下将多个指标（统计分析中常称之为变量）转换成少数的几个彼此间不相关的综合指标。从而有助于发现研究对象的本质，更好地评价和研究问题。

第 4 章所介绍的聚类分析方法是依据测点误差的相关性建立起测点空间的联动性，并依据这种联动性识别出误差区域，再通过寻找误差区域产生的原因的方法来诊断装焊误差源。在此过程中误差区域的识别是关键。实践过程中发现，有时依据相关性所发现的误差区域过大，或相关点集过于分散，导致其背后的装焊夹具定位点不止一个。考虑到装焊误差治理中所使用的"夹具补偿法"是一个试错的过程，且试错过程中白车身还在继续生产，如果对误差源诊断不明确就增加了夹具调整的难度和出错概率。可见，对误差区域的识别有一个"提纯"的问题：在使用聚类分析识别出误差区域后，最好还有办法对此区域进行进一步的处理，使其对误差源的指向更明确。本章所介绍的主成分分析诊断技术就是为了解决这一问题而产生的。

5.1　主成分分析简介

5.1.1　主成分分析的基本概念

主成分分析（PCA，Principal Component Analysis）又称主分量分析，是一种多元统计分析方法。它可以在尽量少丢失原有信息的前提下，将所研究问题的多个评价指标转换成少数几个彼此间不相关的综合指标，即所谓的"降低维度"。主成分分析通过对原始数据的协方差矩阵或相关系数矩阵的内部结构进行分析，使用原有指标的线性组合来构造新的但指标数减少的综合指标，这些综合指标就是所谓的主成分。降维后的主成分代表了原始数据的主要信息，研究主成分可以简化所要分析的问题，从众多问题中抓主要矛盾。总结起来，主成分分析的主要目的有两个：一是数据压缩，二是数据解释。

通常情况下，进行主成分分析的主要步骤如下：

（1）根据所研究的对象选择有利于解决问题的分析变量，如白车身装焊误差识别中的三坐标测量值；

（2）根据变量的特点选择求取主成分的方式：相关矩阵或者是协方差矩阵；

（3）求解协方差矩阵或相关矩阵的特征值以及所对应的特征向量；

（4）根据特征向量写出主成分表达式，并根据贡献率决定主成分的个数；

（5）根据选取的主成分结合实际情况分析和解决问题。

其流程如图 5.1 所示：

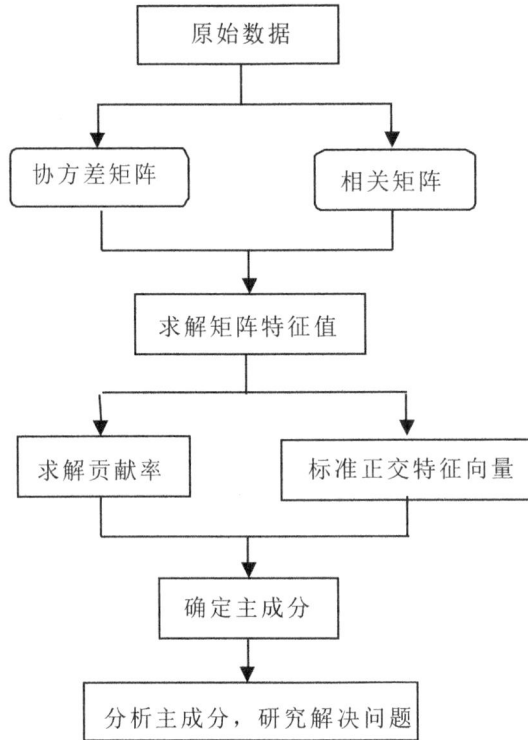

图5.1　主成分分析流程图

5.1.2　主成分分析的数学描述

主成分分析的数学描述为：给定 m 空间当中的 n 个数据，寻找一个 $m×n$ 维变换矩阵 W，求得 $Y=W^{\mathrm{T}}X=\left[y_1，y_2，\cdots，y_m\right]$，并且求得的 Y 满足新分量之间的相关性最小。

主成分分析的数学推导如下：

设有随机变量 X，用矩阵表示为：

$$X_{m×n}=\left[X_1，X_2，\cdots，X_m\right]^{\mathrm{T}}=\begin{bmatrix} x_{11} & x_{12} & \cdots & x_{1n} \\ x_{21} & x_{22} & \cdots & x_{2n} \\ \vdots & \vdots & \ddots & \vdots \\ x_{m1} & x_{2m} & \cdots & x_{mn} \end{bmatrix} \tag{5-1}$$

其中，$X_i=\begin{bmatrix} x_{i1} & x_{i2} & \cdots & x_{in} \end{bmatrix}$，则随机变量 X_i 的样本均值 EX_i 为

$$EX_i=\frac{1}{n}\sum_{j=1}^{n}x_{ij} \tag{5-2}$$

为了取消由于量纲不同、自身变异或者数值相差较大所引起的误差，根据得到的样本均值，对数据进行中心化处理。得到的结果为：

$$\overline{X}=X-EX \tag{5-3}$$

随机变量 X_i 的样本方差为 DX_i 为

$$S_i^2=\frac{1}{n}\sum_{j=1}^{n}\left(x_{ij}-u_i\right)^2=\frac{1}{n}\sum_{j=1}^{n}x_{ij}^2-u_i^2 \tag{5-4}$$

随机变量 X_i 和 X_j 的协方差为

$$\mathrm{cov}\ (X_i,\ X_j)\ =E\ (X_i-EX_i)\ (X_j-EX_j)\qquad i,\ j=1,\ 2,\ \cdots,\ m \tag{5-5}$$

均值、方差、协方差之间满足下列关系式

$$DX_i=E\ (X_i-EX_i)^2=EX_i^2-\ (EX_i)^2 \tag{5-6}$$

$$\mathrm{cov}\ (X_i,\ X_i)\ =DX_i\quad i=1,\ 2,\ \cdots,\ m \tag{5-7}$$

随机变量 X 的均值为 $EX=\ (EX_1,\ EX_2,\ \cdots,\ EX_m)^{\mathrm{T}}$，则 X 的协方差矩阵 B 为

$$
\begin{aligned}
B &=E\ (X-EX)\ (X-EX)^{\mathrm{T}}\\
&=E\ (X_1-EX_1,\ \cdots X_m-EX_m)\ (X_1-EX_1,\ \cdots,\ X_m-EX_m)^{\mathrm{T}}\\
&=E\begin{bmatrix} (x_1-EX_1)^2 & \cdots & (X_1-EX_1)\ (X_m-EX_m)\\ \vdots & \ddots & \vdots\\ (X_1-EX_1)\ (X_m-EX_m) & \cdots & (X_m-EX_m)^2 \end{bmatrix}\\
&=\begin{bmatrix} E\ (X_1-EX_1)^2 & \cdots & E\ (X_1-EX_1)\ (X_m-EX_m)\\ \vdots & \ddots & \vdots\\ E\ (X_1-EX_1)\ (X_m-EX_m) & \cdots & E\ (X_m-EX_m)^2 \end{bmatrix}
\end{aligned} \tag{5-8}
$$

令 $B=\ (b_{ij})_{m\times m}$，则 $b_{ii}=DX_i$，$b_{ij}=\mathrm{cov}\ (x_i,\ x_j)$，$i,\ j=1,\ 2,\ \cdots,\ n$。

由式（5-2）和式（5-4）可得

$$B=\frac{1}{n}\overline{XX^{\mathrm{T}}} \tag{5-9}$$

根据推导，可知协方差矩阵 B 是一个对称矩阵，并且是一个非负定矩阵。

求解主成分时，可以根据协方差矩阵 B 确定。设协方差矩阵 B 的特征值和特征向量分别为 $\Lambda=diag\ [\lambda_1,\ \lambda_2,\ \cdots,\ \lambda_m]$ 和 $W=\ [\omega_1,\ \omega_2,\ \cdots,\ \omega_m]$，根据公式 $BW=W\Lambda$ 可求得矩阵 B 的特征值和特征向量。其中 $\omega_1=\ [\omega_{i1}\quad \omega_{i2}\quad \cdots\quad \omega_{im}]^{\mathrm{T}}$。特征值按照从大到小的顺序进行排列，并且对应的特征向量也作相应的调整。令特征向量 W 为转换矩阵。则 X 转换后可得到

$$Y=W^{\mathrm{T}}X=\ [Y_1\quad Y_2\quad \cdots\quad Y_m]^{\mathrm{T}} \tag{5-10}$$

经过变换之后，我们得到了一组新的变量 $Y_1\quad Y_2\quad \cdots\quad Y_m$。得到的这组变量中，$Y_1$ 为第一阶主成分，其方差最大。Y_2 为第二阶主成分，其方差次之。以此类推。每一阶主成分在所有主成分中的重要程度可以根据贡献率进行评价。贡献率的大小可按照特征值的大小进行判断。所以，第 k 阶主成分的贡献率为：

$$\lambda_k/\sum_{i=1}^{m}\lambda_i,\ k=1,\ 2,\ \cdots,\ m \tag{5-11}$$

前 k 阶主成分的累计贡献率为：

$$\sum_{i=1}^{k}\lambda_i/\sum_{i=1}^{m}\lambda_i,\ k=1,\ 2,\ \cdots,\ m.\ k\leqslant m \tag{5-12}$$

当累计贡献率达到 0.85 时，说明此时的主成分代表了 85% 的原始信息，此时就认为这是原始信息当中的主要信息，其他信息属于干扰信息，可以排除。假设当主成分贡献率累积到第 a 阶时达到了 0.85，则选取前 a 阶主成分作为主要成分。此时，由于特征值是按照大小进行排序的，并且特征向量也是按照特征值的大小进行排序的，所以这 a 个特征值为 $\Lambda_a=diag\ [\lambda_1,\ \lambda_2,\ \cdots,\ \lambda_a]$，对应的特征向量为 $W=\ [\omega_1,\ \omega_2,\ \cdots,\ \omega_a]$。以选出的 a 个特征值和特征向量作为子空间的基，则所

要选出的 a 个主分量为 $Y = W_a^T \overline{X}$。

最后，根据选出的主分量重新构建原始数据。首先可以得到中心化后的原始数据，即

$$\overline{X} = DW_a Y \tag{5-13}$$

其中：$D = [W_a W_a^T]^{-1}$。此时的 $\overline{X}$ 保留了原始数据中的主要成分，去除了次要成分。再添加其均值，则重构更新后的原始数据，即

$$X = \overline{X} + u \tag{5-14}$$

作为将多变量问题转化为较少综合变量的一种重要统计分析方法，基于主成分分析的数学变换中有一些非常好的性质[40]。

性质 1　主成分分析的协方差矩阵是对角阵。

性质 2　主成分的方差总和与原始变量的方差总和相等。

性质 3　主成分 Y_k 与原始变量 X_i 的相关系数为

$$r(Y_k, X_i) = \frac{\sqrt{\lambda_k}}{\sqrt{b_{ii}}} \omega_{ki} \tag{5-15}$$

5.1.3　主成分分析的两个重要功能

在白车身装焊误差的分析处理中，主要使用主成分分析的两个重要功能：分类功能和滤波功能。

主成分分析的分类功能：

在求解的多个主成分 Y_i 中，原始变量 X_j 与第 m 个主成分 Y_m 之间的相关系数叫作 X_j 的因子负荷量，因子负荷量的大小与 X_j 和 Y_m 之间的密切程度成正比，而 X_j 的因子负荷量又与 X_j 的成分系数成正比，所以可以用原始变量的成分系数大小（绝对值）来衡量该原始变量对原始信息的重要性。成分系数越大说明该变量对原始信息越重要，对于较小成分系数所对应的变量在分析时可以忽略其对原始信息的影响。这就使主成分分析具有了分类功能：可以按照原始变量成分系数的大小来区分其在信息表达中的重要性。利用此功能来处理白车身的误差区域，可剔除该区域内贡献率小的点，使用成分系数大的测点组成测点集。由于该测点集代表了误差区域的主要误差信息，可以提高误差源诊断的准确性，并有助于利用误差的主次程度来分解识别装焊误差源。

主成分分析的滤波功能：

主成分分析会把原始变量 X_1，X_2，$\cdots$，X_m 的方差总和转变为较少的 m 个相互独立的变量 Y_1，Y_2，$\cdots$，Y_m 的方差总和。一般情况下，因为新变量当中方差较小的主成分涵盖了较少的数据信息，所以会把新变量当中那些方差较小的主成分忽略掉[41]，相当于去掉了原始变量中的次要信息。而这些次要信息相当于干扰，因此主成分分析还具有滤波功能。利用此功能处理白车身的装焊误差，可剔除数据中的干扰成分，使误差主体更明确。

本章的主成分分析诊断技术使用的是主成分分析的分类功能，其滤波功能将在第 7 章中使用。

5.2　白车身车身装焊误差的主成分分析

白车身装焊误差的主成分分析流程如图 5.2 所示。分析中首先选择需要分析的区域建立测点

集，并将测点集中的装焊误差标志化，再使用这些标准化的误差数据建立相关矩阵，然后求解相关矩阵的特征值和特征向量。使用特征值计算贡献率，使用特征矩阵求解出主成分。最后根据主成分系数来淘汰贡献率小的测点。经过主成分分析后，白车身上所选区域的测点集得到了净化，排除了对该区域的整体误差贡献率小的测点，剩余测点所构成的测点集则能反映出该区域装焊误差的主要问题。

如果所选定的区域是聚类分析已经识别出的"误差区域"，则对该区域进行主成分分析的意义更大。因为主成分分析将"提纯"误差区域内的测点，将贡献率大的测点暴露出来（相当于找到了主要矛盾）。使用这种提纯后的误差区域来识别装焊误差源往往更准确和方便。因此，主成分分析一般都与聚类分析联合使用，先使用聚类分析技术识别出误差区域，再选择该误差区域进行主成分分析，将误差区域提纯后再用来识别装焊误差源。

下面通过一个实例来介绍这种白车身装焊误差的联合处理技术。

5.3　误差区域的主成分分析技术

本节中的误差诊断对象为某商务车的白车身。该车共有 482 个测点，其中大部分测点包含 X、Y、Z 三个测量方向，该白车身的某一误差数据样本如图 5.3 所示，其中红色为超差点，蓝色为非超差点。

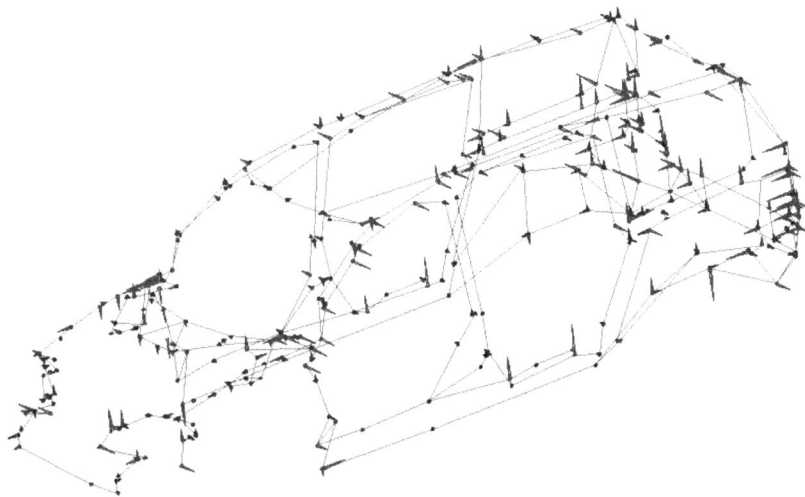

图 5.2　白车身装焊误差的主成分分析流程

图 5.3　某商务车白车身的装焊误差分布状态

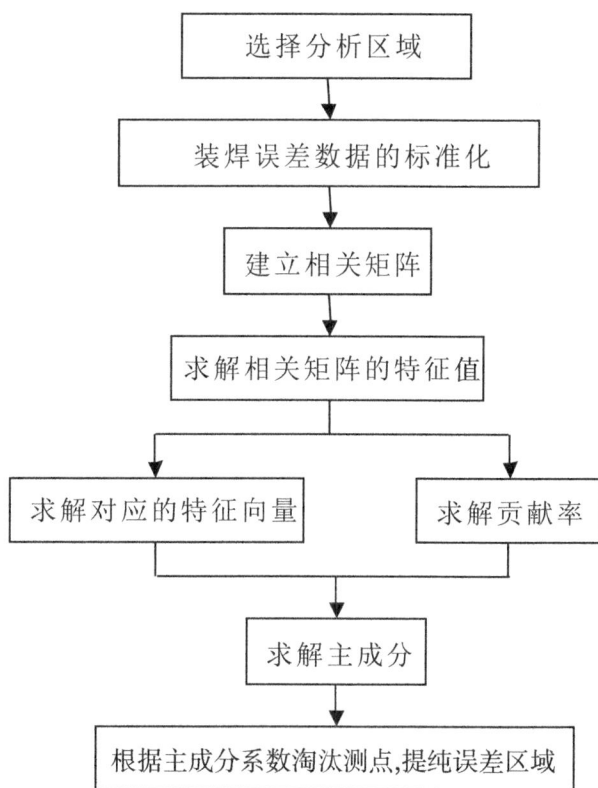

图 5.3 显示，该台白车身已经出现较严重的超差现象。下面采用聚类分析与主成分分析相结合的手段来诊断其误差源。

5.3.1 使用聚类分析技术识别误差区域

首先对上述白车身的装焊误差进行聚类分析，使用的是 4.3.4 节中的"相关区域法"分析技术。取相关系数为 0.87 作为聚类阈值，对整车装焊误差进行处理后其最高阶聚类为第 299 阶，包含 203 个测点，测点误差分布如图 5.4 所示。

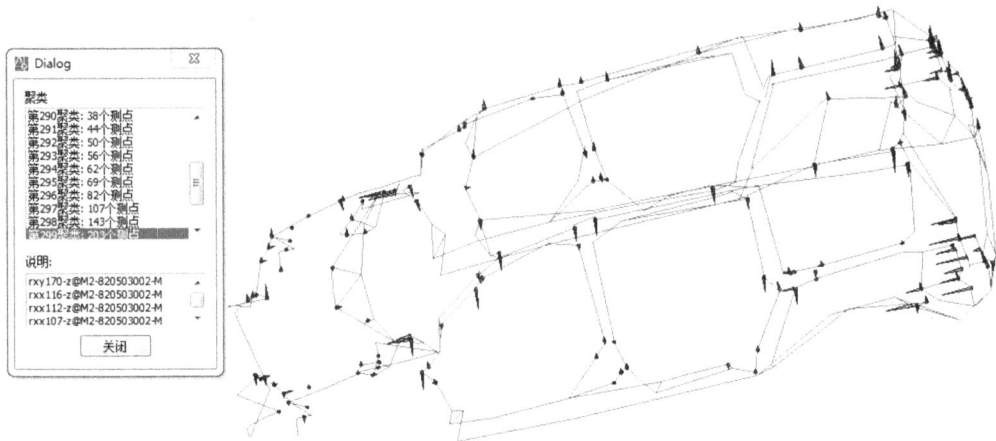

图 5.4　最高阶（第 299 阶）聚类点集的误差分布形态（203 个测点）

逐步降低聚类阶数，观察误差测点集的分布。当降至第 297 聚类时，其聚类点集中的测点减少到 107 个，误差分布形态如图 5.5 所示。

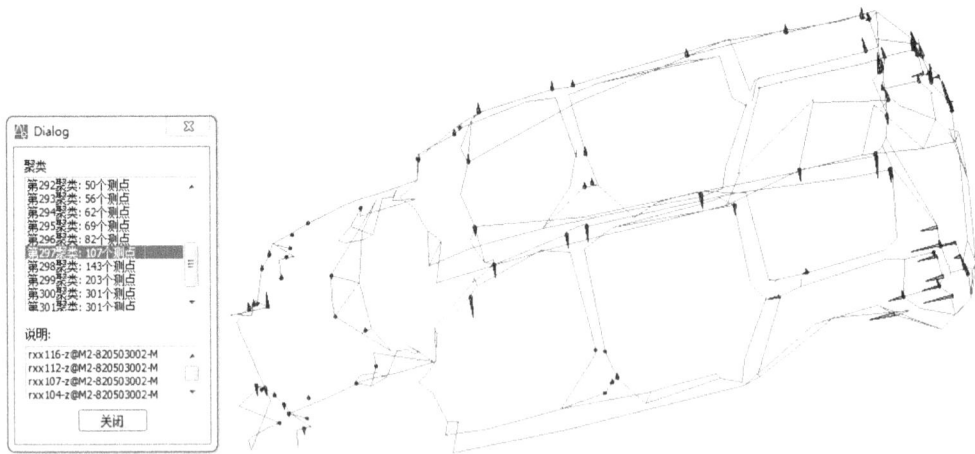

图 5.5　第 297 阶聚类点集的误差分布形态（107 个测点）

将图 5.5 与图 5.4 对比，可以看出第 297 阶聚类所勾勒出的误差形态已逐步清晰，白车身上有相当数量的测点因相关系数不够而被淘汰，尤其是前风挡附近的测点，已能看出误差区域的轮廓。

再降低聚类阶数，继续淘汰出现频率低的测点。当显示至第 295 聚类时，出现了图 5.6 所示的误差分布形态，其上显示的误差区域已经很清晰了。

第 295 聚类将整车误差分成了四个区域：前围前部（图中 A 区）、车顶（图中 B 区）、后围

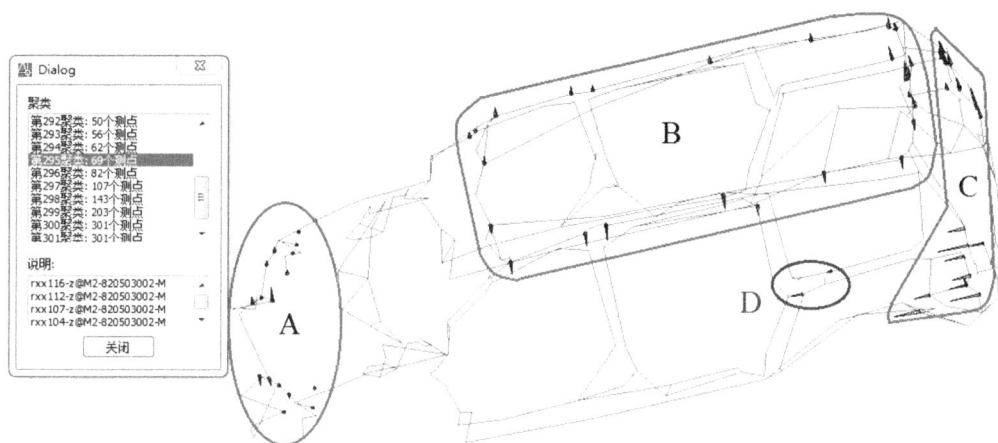

图 5.6　第 295 聚类点集的误差分布形态（69 个测点）

（图中 C 区）、左拉门导轨（图中 D 区）。这四个区域与车身总成之间的对应关系明确，彼此分界明显。按聚类分析的"相关区域法"（参看 4.3.4 节）的识别标准，这些区域已经构成了"误差区域"，完全可以用来识别装焊误差源了。

在介绍"工序测点集"的概念时（参看 4.3.2 节），我们指出过在白车身装焊误差源识别过程中始终要面对的一个问题：虽然误差可能来源于以前的工序，但我们手中只有白车身上的终检误差数据。图 5.6 中的误差数据是在合厢工序后的白车身上测得的，但装焊误差却至少有可能来自合厢工序、底架工序、总成自身的总装工序这三道工序。因此，确定图 5.6 中的四个误差区域来自于哪道工序，是装焊误差源识别的最关键问题。

根据误差形态与装焊工序的对应关系，图 5.6 中 A 区和 D 区的装焊误差源出现的工序是比较容易确定的：A 区误差的分布形态没有勾勒出前围的轮廓，说明前围没有刚体位移，故 A 区的误差源应该在前围自身的组装工序。而 D 区的误差出现在左侧围的拉门导轨上，是一个局部误差区域，误差源应该在导轨的组装工序，而且很有可能出现在导轨冲压件上。

对于 B 区误差也没有争议，误差源肯定是在合厢工序，否则左、右侧围的误差不会出现空间联动性。但到底是哪个侧围的定位出现问题，还有待继续判断。

至于 C 区误差产生于哪道工序，判断起来就有些困难了。误差区域 C 处在一个被称为"后仓背总成"的位置，该总成在合厢工序中被装焊在白车身上。C 区的误差源有可能出现在四个工序上，即合厢工序、底架工序、左侧围自身的组装工序、后仓背总成的组装工序。

针对 B 区和 C 区的误差源诊断问题，继续使用聚类分析的方法就不好解决了。此时则可以使用主成分分析的方法来进一步处理 B、C 两个误差区域，以确定误差源所在的工序。

5.3.2　使用主成分分析法诊断后围区域的装焊误差源

前述聚类分析所识别出的白车身后围的误差区域如图 5.7 所示。

该部位的车身结构是：后仓背总成由左右 D 柱、顶盖横梁、底板横梁四个主要合件组成，在后仓背组装工序中装焊成一个"口"字形。在合厢工序，后仓背总成分别与车顶、左右侧围、底架进行装焊，将这四个总成连接在一起形成白车身的后围。后仓背总成中，左右 D 柱和两根横梁的刚度都很大，但整个后仓背的平面扭转刚度并不大，在装焊中如与其连接的其他总成出现尺寸误差，后仓背有可能被牵扯而导致扭转变形。此外，后仓背自身也可能出现尺寸误差。

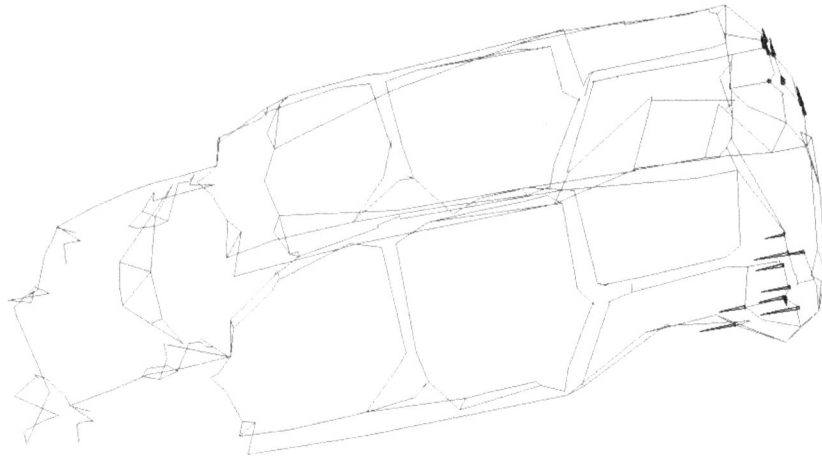

图 5.7   白车身后围的误差区域

观察图 5.7 所示的误差区域，其误差分布主要由两种形态组成：其一是左右 D 柱上都有相关点，表现为后仓背的扭转误差；其二是左 D 柱下方沿 X 方向的尺寸误差，且此误差较大。

为了寻找确定引起此误差区域的工序，下面开始对 C 区的测点误差数据进行主成分分析。所得的主成分分析处理结果如图 5.8 所示，主成分贡献率及对应测点的主成分系数见表 5.1。

图 5.8   后围误差区域的主成分分析结果

表 5.1   后围误差区域的前两阶主成分

测点	一阶贡献率：86.2%	二阶贡献率：9.07%
	一阶主成分系数	二阶主成分系数
rxx116-z	0.8458	0.2394
rxx112-z	1.5541	0.2239
rxx107-z	0.2088	0.1833
rxx104-z	0.0471	−0.1680

续表

测点	一阶贡献率：86.2%	二阶贡献率：9.07%
	一阶主成分系数	二阶主成分系数
rxy103-z	-0.1933	-0.0002
rxy99.1-z	-1.1257	0.3585
rhs97-z	-0.2400	-0.0267
rhs96-z	0.5498	-0.0046
rxx94-z	-0.4863	0.0342
lfs110-x	-0.6587	-0.3719
lfs105-x	-3.0337	0.1456
lfs100-x	-1.9506	0.0754
lfs99-x	-1.9859	-0.3817
lfs95-x	-1.6843	-0.1142
lxx94-x	-1.7497	0.0921
lxx93-x	-2.8570	-0.5269
lxx92-x	-3.4637	-0.0649
lxx91-x	-3.4637	-0.2934

众多实践表明，前几阶主成分的累计贡献率达到 80%~85% 时，就能保证所处理数据的主要信息损失较小，并且用其进行评价的结果具有一定的稳定性。而上述分析中的第一阶主成分的贡献率就已达 86.2%，这相当于若使用一阶主成分的数据来代替原测点的误差数据，即可表达原测点集中 86.2% 的装焊误差信息。

再观察表中各测点的一阶主成分系数，发现测点间的成分系数的绝对值相差较大。有些测点的成分系数大于 3，而有些则小于 0.5。由于成分系数的绝对值代表该测点对整个测点集误差信息的贡献率，成分系数大的测点自然对测点集整体误差的贡献率就高。表 5.1 中各测点的一阶主成分的成分系数的绝对值均值为 1.47，以此数据为参考，将一阶主成分系数的绝对值大于 1.6 的测点选出，构成测点集列于表 5.2 中。该表中的测点对一阶主成分误差的贡献率都比较大，是构成一阶主成分的主体，故将其称为后仓背误差区域的"误差主体测点集"。

表 5.2　一阶主成分系数大于 1.6 的测点集

测点	成分系数
lfs105-x	-3.0337
lfs100-x	-1.9506
lfs99-x	-1.9859
lfs95-x	-1.6843
lxx94-x	-1.7497
lxx93-x	-2.8570
lxx92-x	-3.4637
lxx91-x	-3.4637

将此表中的测点显示在白车身上，所生成的误差区域如图5.9所示，该区域显示出了后围区域"误差主体测点集"的分布形态。

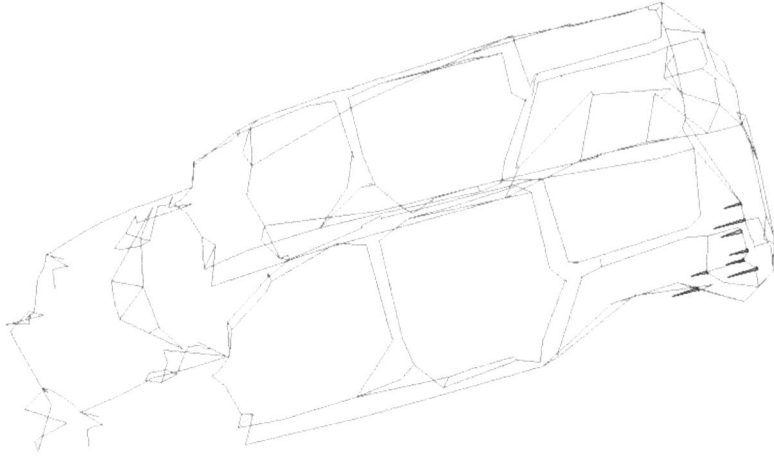

图5.9   后围区域的"误差主体测点集"

现在可以将图5.9与图5.7相对比，来诊断后围误差区域的装焊误差源了。根据图5.7所显示的误差状态，曾经认为后仓背误差区域的形成有两种可能：一是后仓背的整体扭转，二是左D柱下部超差。而经过主成分处理后，图5.7中原来出现在右D柱上方的相关点区域消失了，在图5.9中只出现了左D柱下方的误差区域。因此，根据主成分分析的结果，可以得出如下结论：

（1）后仓背的整体扭转不是形成后围误差区域的主要原因，因此后围误差区域的装焊误差源不在合厢工序。

（2）左D柱下方的误差区域是形成后围误差区域的主要原因，后围误差区域的误差源应该在后仓背的组装工序或其前序。

根据以上误差源诊断结论，夹具工程师对后仓背组装及其前序进行了检查，最后发现问题出现在左D柱合成工序的夹具定位上，该工序夹具磨损导致左D柱偏转，形成了上述误差。该误差得到治理后经过一段时间的追踪观察，发现后仓背的误差区域得到了控制，其误差状态如图5.10所示。虽然左、右D柱的联动性误差还存在，但已没有超差点。

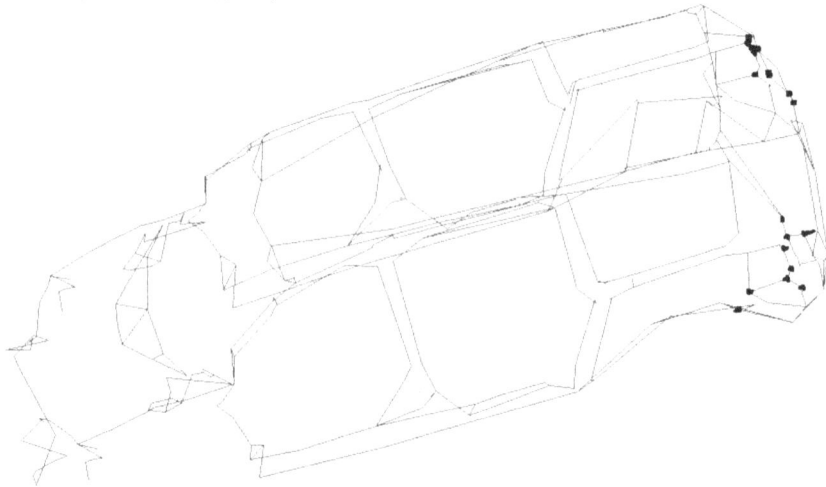

图5.10   后仓背误差区域的治理效果

5.3.3 使用主成分分析法诊断车顶区域的装焊误差源

图 5.6 中的 B 区显示了该白车身车顶部分的误差区域，将该区域的测点集取出，其误差分布形态如图 5.11 所示。

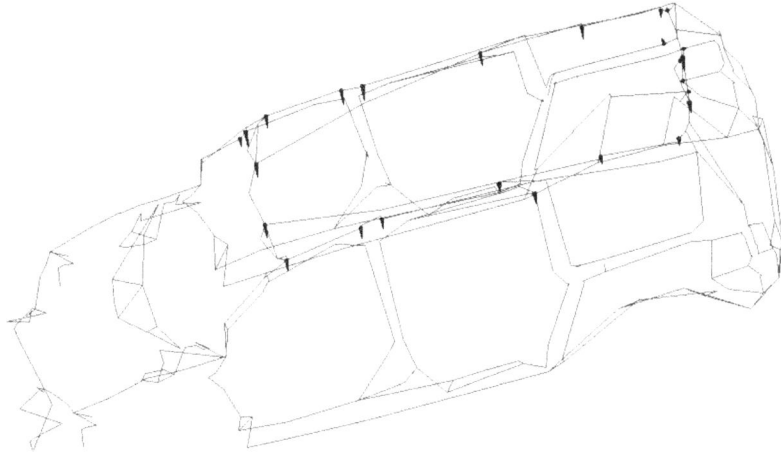

图 5.11 车顶误差区域

车顶误差区域的装焊误差源产生于合厢工序已无疑问，因为只有合厢工序才能导致左右侧围上的测点出现相关性。但合厢工序是白车身装焊过程中规模最大的一道工序，夹具定位点众多，误差源也很复杂。侧围的倾斜与其定位夹具有关，但误差源也可能出现在其他位置，在 4.3.4 节对某轿车的白车身进行误差源诊断时就曾经发现因底架倾斜导致侧围倾斜的现象。加之合厢工序是白车身装焊的最后一道工序，对其进行夹具调整必然会影响生产进度。因此，在对合厢工序进行夹具调整前，数据分析工作一定要全面、深入、到位。

现使用主成分分析方法对图 5.11 的误差区域进行分析，所得的分析结果如图 5.12 所示，其主成分贡献率及各测点的主成分系数见表 5.3。

图 5.12 车顶误差区域的主成分分析结果

表5.3 车顶误差区域的前两阶主成分

测点	一阶贡献率：87.04%	二阶贡献率：7.92%
	一阶主成分系数	二阶主成分系数
rxy171-z	0.4686	0.1577
ris156-y	−0.7622	0.4403
rxy155-y	−0.2766	−0.1682
ris153-y	−0.7050	0.3135
ris152-y	−1.4168	0.3387
ris150-y	−1.0513	−0.3830
ris147-y	−1.2798	0.0991
ris138-y	−0.9736	−0.2936
ris133-y	−1.0329	0.0098
ris131-y	−0.7996	0.0171
rhs127-z	−0.0583	−0.0200
rxy126-y	−1.1115	−0.2273
……	……	……
rhs89-z	0.4051	0.1497
rhs84-z	0.2686	0.2226
lis138-y	0.0143	−0.2641
lis137-y	0.2915	−0.0698
lis133-y	0.1021	−0.0355
lis131-y	0.2407	0.0245
lis156-y	0.4503	0.1706
lxx155-y	0.5839	0.1044
lis150-y	0.2692	−0.0247

表中显示：车顶误差区域的一阶主成分的贡献率已达到了87.04%，可以用其代表该区域的主要误差成分。按照5.3.2节的方法，将一阶主成分中成分系数的绝对值大于0.7的测点取出，构造出车顶误差区域的"误差主体测点集"。该测点集见表5.4所示，表中成分系数前的负号不代表大小，只代表方向。

表5.4 一阶主成分系数大于0.7测点

测点	成分系数
ris156-y	−0.7622
ris153-y	−0.7050
ris152-y	−1.4168
ris150-y	−1.0513
ris147-y	−1.2798
ris138-y	−0.9736
ris133-y	−1.0329
ris131-y	−0.7996

　　将此表中的测点显示在白车身上，所生成的误差区域如图 5.13 所示，该区域显示出了车顶区域 "误差主体测点集" 的分布形态。

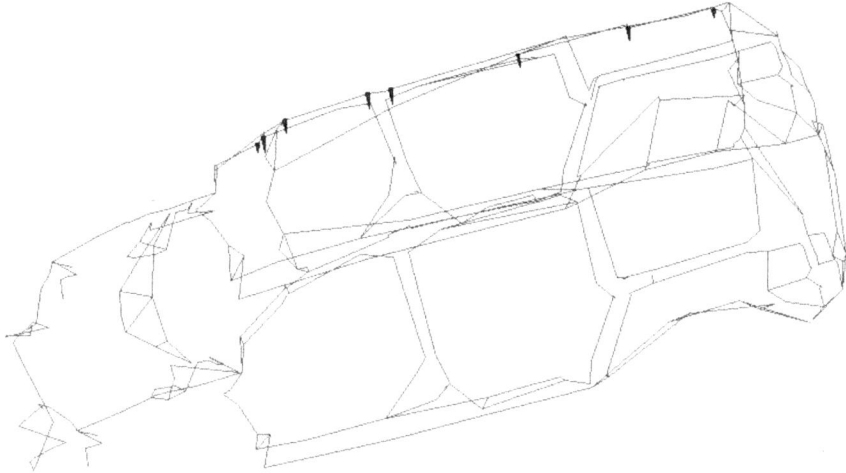

图 5.13　车顶区域的 "误差主体测点集"

　　前述中，通过聚类分析所获得的车顶误差区域如图 5.11 所示，现经过主成分分析所获得的该区域的 "误差主体测点集" 如图 5.13 所示。两图对比可发现，原车顶误差区域中左侧围顶部的一系列相关点，在误差主体测点集中消失了。这说明构成车顶误差的主要成分不是左右侧围的联动，而是右侧围自身的倾斜。

　　上述结论对装焊误差源的定位很重要。因为，如果左右侧围的联动性是车顶误差的主要成分，就要怀疑误差源是否在底架的定位点上了。在合厢工序中，左右侧围的定位夹具是相互独立的，如果左右侧围的误差出现联动，问题一般都出现在底架倾斜上。现在发现右侧围自身的倾斜是车顶误差的主体，则排除了底架倾斜的可能性，误差源就应该在合厢工序中右侧围的一系列定位点上了。

　　根据以上的误差源诊断结论，对右侧围的定位进行了检查和调整。经过一段时间对车顶误差区域的追踪观察，发现此区域的装焊误差得到了治理。其治理效果如图 5.14 所示。图中显示该误差区域中左右侧围仍存在联动性误差，但已没有超差点。

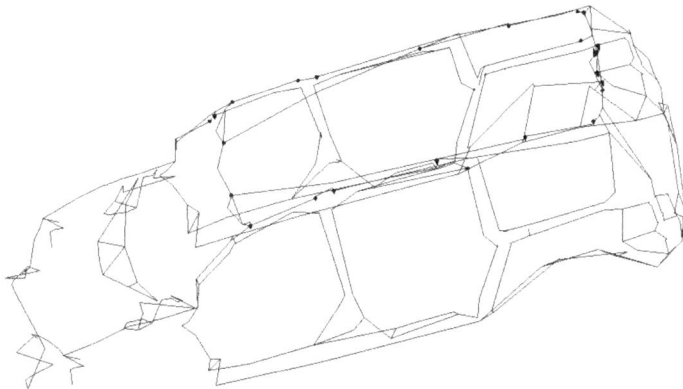

图 5.14　车顶误差区域的治理效果

　　综上所述可以发现，主成分分析技术具有分类功能。它可以对聚类分析所识别出的误差区域进行二次划分。使用主成分系数对误差区域中的测点集进行分类，不但可以抓住重点，还能够将测点的空间联动性进行分类，将其分解为刚体位移和局部误差。对误差源的识别会更有帮助。

第 6 章　装焊误差区域识别中的小波滤波技术

在本书的第 2.2 节中曾比较详细地介绍了白车身装焊误差的特点。其误差基本上来源于"人、机、料、法、环"五个环节。在这五种误差源中，人为操作产生的误差基本属于随机误差；夹具定位误差则属于系统误差，但冲压件的夹紧变形误差却具有随机性；冲压件的制造误差是系统误差；装焊工艺因素产生的误差也是系统误差；而环境因素造成的装焊误差则属于随机误差。可见，白车身装焊误差的随机性是很强的。

本书采用夹具补偿技术来治理白车身的装焊误差，但该技术只能治理系统误差，对随机误差即使识别出来也无法治理。此外，白车身的随机误差还会干扰误差区域的识别，影响误差源诊断的可靠性，因此应该予以去除。

去除随机误差的方法之一是使用小波。因为小波分析可以将装焊误差分解成趋势项和各阶波动项。从装焊误差的产生机理分析，其趋势项代表的是系统误差，而波动项代表随机误差。将误差数据中的波动项去除，使用趋势项来进行聚类分析，所得到的误差区域将更加准确可靠。本章将介绍白车身装焊误差的小波滤波技术，并将进行效果对比。

6.1　小波分析概述

小波分析是近 20 年来发展起来的可同时进行时间域和频率域分析的方法，它能揭示信号不同时刻的频率特征，在信号分析、语音合成、图像识别、地震勘探、真相识别以及气候分析等方面取得了重要成果。传统上使用傅立叶分析的都可用小波分析取代，小波分析优于傅立叶分析的是，它在时域和频域同时具有良好的局部化性质[37]。

6.1.1　小波变换的数学模型

假设含噪数据

$$f_i = g_i + \varepsilon_i, \ i = 1, \ 2, \ \cdots, \ N \qquad (6\text{-}1)$$

由真实信号 g_i 和噪声 ε_i 组成，且 ε_i 与 g_i 相互独立。式（6-1）的向量表示为

$$f = g + \varepsilon \qquad (6\text{-}2)$$

假定 ε 满足以下条件：（1）服从正态分布；（2）不相关；（3）方差为常量。然而在实际中，为了满足应用需求，对于每种假设条件都需要做适当的放宽处理。一般设 $\varepsilon_i \sim N\,(0,\ \sigma^2)$。利用小波进行滤波的目标是在观察到 f 的前提下，对 g 进行估计。

小波变换是一种满足齐次性和叠加性的线性变换。对观测数据经过小波变换后，得

$$w = \theta + \eta \qquad (6\text{-}3)$$

其中 $w = W(f)$ 是含噪系数，$\theta = W(g)$ 是信号系数，噪声系数是 $\eta = W(\varepsilon)$。这时，前述滤波过程的三个步骤可描述为

$$w = W(f),\ w_t = D(w,\ t),\ \hat{g} = W^{-1}(w_t) \tag{6-4}$$

其中，$W(\cdot)$ 和 $W^{-1}(\cdot)$ 分别表示小波变换和逆变换算子，$D(\cdot,\ \cdot)$ 为非线性滤波算子，它是滤波问题的核心[37,38]。显然，这种原理性的归纳并未涉及算子 $W(\cdot)$ 和 $D(\cdot,\ \cdot)$ 是如何作用到信号上的，也未涉及它们的选取方法以及对滤波效果的影响。通过选取不同的 $W(\cdot)$ 和 $D(\cdot,\ \cdot)$，可以得到不同的小波滤波方法。

6.1.2 小波基的选择

根据白车身装焊误差数据的特点，通过研究和对比，本文选用 Daubechies 小波作为小波滤波的小波基对白车身装焊误差数据进行小波滤波[39]。下面对其进行简单介绍。

Daubechies 小波 $\Psi(t)$ 是从尺度函数 (t) 得出的，且 (t) 是下列差分等式的解：

$$\varphi(t) = \sum_k C_k \varphi(2t-k) \tag{6-5}$$

在这个等式中，k 是偏移变量，尺度参数为 2，若系数系列 $\{C_k\}$ 是有限长度的，则小波函数和尺度函数 $\varphi(t)$ 是紧支撑的。尺度系数 $\{C_k\}_{k=0}^{N-1}$ 满足下列条件：

正则条件

$$\sum_{k=0}^{N-1} C_k = \sqrt{2} \tag{6-6}$$

正交条件

$$\sum_{k=0}^{N-1} C_k C_{k-2m} = 2\delta_{0m} \tag{6-7}$$

（δ_{0m} 是离散 DiracDelta 函数）

消失矩条件

$$\sum_{k=0}^{N-1} (-1)^k k^m C_k = 0 \quad (m=0,\ 1,\ \cdots,\ p-1,\ p<N) \tag{6-8}$$

正则条件保证了尺度函数 $\Phi(t)$ 定义了一个低通滤波器，消失矩条件必须在 $p=1$ 时才成立，以便保证尺度上所有偏移构成 $L^2(R)$ 的一个正交基。小波由序列 $\{C_k\}$ 构造，即

$$d_k = (-1)^k C_{1-k} \tag{6-9}$$

$$\varphi(t) = \sum_k (1-)^k k^m \varphi(2t-1)(2t-1) \tag{6-10}$$

$\{d_k\}$ 是小波系数，他的作用是定义一个带通滤波器。满足以上紧支撑的小波称为 Daubechies 小波，记为 D_p。其中 $p=1,\ 2$，小标 p 是消失矩的数目，$N=2p$；N 表示离散小波变换中相应 Daubechies 小波系数的最小非零数目。

Daubechies 小波主要具有以下性质[40]：

（1）规范正交性

$$\sum_{k=0}^{N-1} C_k C_{k-2m} = 2\delta_{0m}$$

（2）具有一定的正则性

$$\sum_{k=0}^{N-1} C_k = \sqrt{2}$$

（3）具有紧支集

$$\sum_{k=0}^{N-1} (-1)^k k^m C_k = 0 \quad (m=0,\ 1,\ \cdots,\ p-1,\ p<N)$$

（4）平移不变性

Daubechies 小波满足 $f(t) \in V_0 \Leftrightarrow f(t-k) \in V_0$　k 称为位移因子。

Daubechies 小波分为很多种，但是它们的原理和性质是一样的，只是滤波效果不同。通过对这几种 Daubechies 小波滤波效果的对比，发现 db4 小波的滤波效果更好，其尺度函数和小波函数如图 6.1 所示。

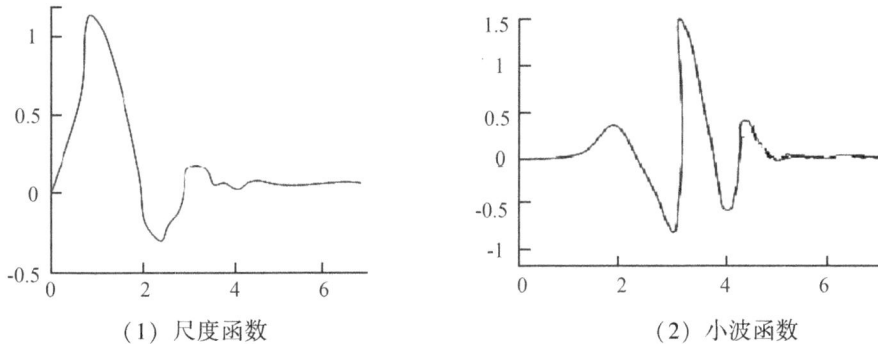

（1）尺度函数　　　　　　　　　（2）小波函数

图 6.1　db4 小波

6.1.3　尺度的选择

如果把尺度理解为照相机的取景，那么当尺度 j 由大到小变化时，就相当于将照相机的镜头由远到近地观察景物。在大尺度空间，分辨率较低，对应于远距离取景观测，视野较宽，分辨率低，只能看到景物的大致轮廓或概貌；在小尺度空间，分辨率较高，对应于近距离取景观测，视野较窄，分辨率高，可以观测到目标的细微部分[41]。

由于小波变换对信号的频带划分是按倍频程进行的，当尺度 j 增大时，只是将带宽很小的低频部分进行细分，其均衡的收敛速度不会有较大的提高，但当 j 增大时会增加计算量，因此，一般选择较小的 j 即可。因此本文选择尺度 $j=1$。

本文先用小波分析对白车身装焊误差原始数据进行小波滤波，从而分离误差数据中的系统误差（趋势项）和随机误差（波动项），然后对系统误差进行聚类分析，根据聚类结果识别白车身装焊误差区域。

6.1.4　小波滤波的基本原理

在数学上，函数的奇异性是指函数在某处有间断点或某阶导数不连续，常用 Lipschitz 指数来描述。Mallat 等人建立了小波变换与 Lipschitz 指数之间的关系，从而实现了根据小波系数随尺度变化的规律对各点处的 Lipschitz 指数进行描述，信号的奇异点位置也可以通过小波变换确定[42]。

图 6.2 为某信号的小波变换。其中，最上方为原始信号，往下依次是在前四个尺度上的小波系数。可以看出，原始信号的突变点在每个尺度上都会产生极大值点。也就是说，局部模极大值点描述了信号的突变点；但这些模极大值点的幅度在各个尺度间的变化规律不同，这与信号在各点处的 Lipschitz 指数有关。

图 6.3 为一高斯白噪声序列的小波变换。从图 6.2 和图 6.3 均可看出：信号的突变点具有良好的局部性质，并且出现在各个尺度上；而噪声的能量却集中在小尺度上，其小波系数的幅值随着尺度的增加迅速衰减[43]。即信号和噪声在多尺度空间上具有不同的特性，因此可用来滤波。

图 6.4 则为白车身上某测点的装焊误差的小波变换。图中红色线为该测点的原始误差，蓝色线

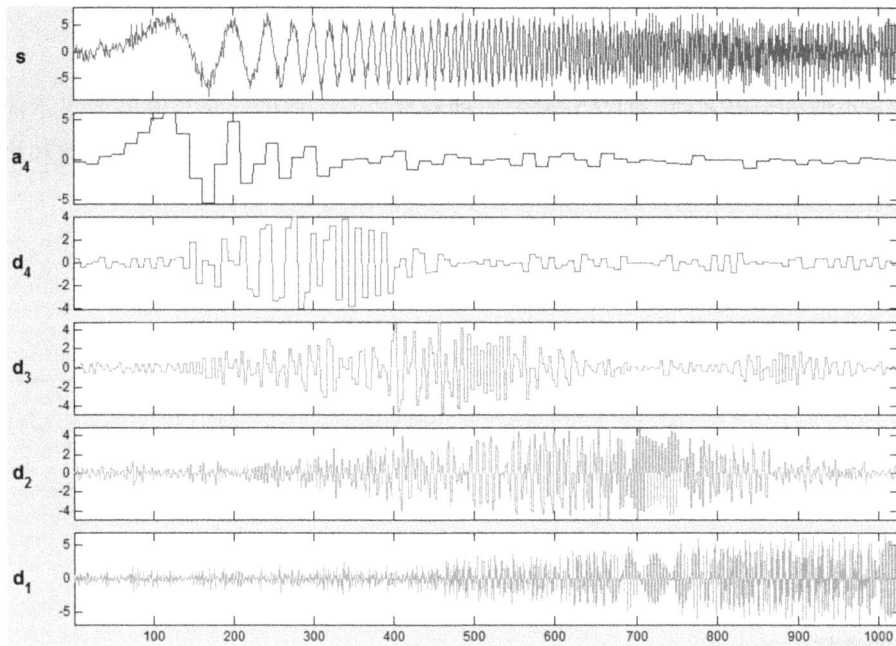

图6.2   信号小波变换

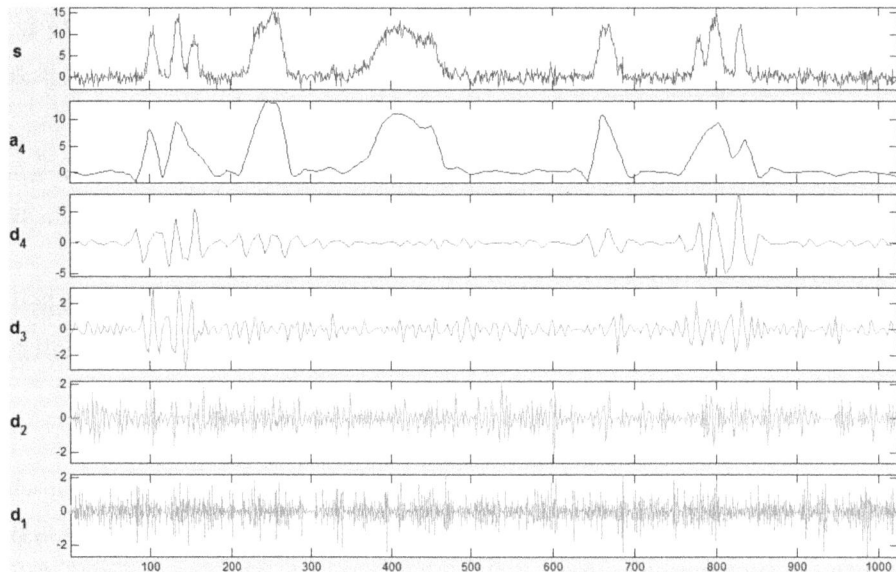

图6.3   高斯白噪声序列小波变换

为小波趋势项，绿色线为一阶波动项。从曲线的形态上可看出，小波趋势项基本沿着原始误差的中位线运行，代表了系统误差；而一阶波动项以零轴为中位线波动，代表了随机误差。这样一来，原始误差中的系统误差与随机误差就被分离了，使用该测点误差的小波趋势项来进行聚类分析，所识别出的误差区域将代表系统误差所构成的区域，对误差源的诊断会更有效。

关于小波滤波还有几点需要说明：首先，它不是平滑。平滑通常是指去除高频噪声而保留低频信息，而仅仅使曲线看起来比较光滑；而小波滤波试图去除所有噪声，保留所有信号，并不考虑它们的频率范围。也就是说，小波滤波实际上是特征提取和滤除噪声功能的综合。其次，它是在小波

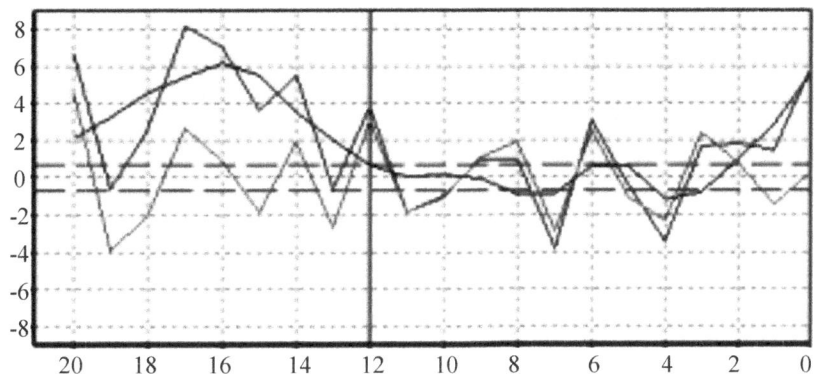

图 6.4　白车身某测点误差的小波变换

变换域对小波系数进行非线性处理。第三，滤波过程一般由 3 个步骤来完成：（1）小波变换；（2）对小波系数进行非线性处理，以滤除噪声；（3）小波逆变换[44]。

6.2　白车身装焊误差的小波滤波

在第 3 章所介绍的"白车身装焊误差监控系统"软件中，开发了"小波分析"模块。本节将使用该模块对白车身的装焊误差数进行小波滤波。该小波分析模块采用 Daubechies 小波作为小波基，选取的小波阶数为 2 阶，可将装焊误差数据分解成趋势项、一阶波动项、二阶波动项。

小波分析所使用的误差数据与 4.3.4 节相同。整车测点数共 672 个，测点原始误差（未滤波）的分布状态如图 6.5 所示。

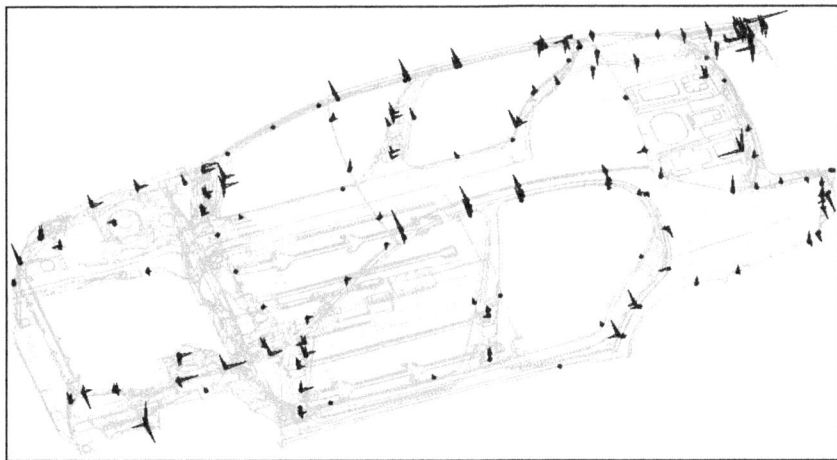

图 6.5　滤波前的整车误差分布形态

下面使用聚类分析的"相关区域法"，分别对原始误差数据和小波滤波后的误差趋势项进行聚类分析，通过对比聚类后的误差区域识别效果来观察小波滤波在白车身装焊误差数据处理中所起的作用。

6.2.1　使用小波趋势项的整车误差区域识别

首先对整车的原始误差数据进行聚类分析。相关系数阈值为 0.95，所得的测点误差分布如图 6.6 所示。然后对整车误差数据进行小波滤波，提取出每个测点误差的小波趋势项。使用这些误差趋势项数据再对整车进行一次聚类分析，相关系数阈值仍取为 0.95，所得的测点误差分布如图 6.7

所示。注意到本次分析中的相关系数阈值有所提高（在 4.3.4 节中该阈值为 0.85），这将使聚类点集中的相关点数减少，其目的是检验小波滤波后提高测点相关性的效果。

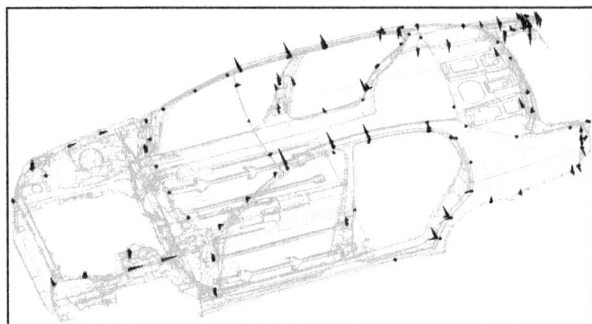

图6.6　原始数据的整车聚类结果图　　　6.7　小波趋势项的整车聚类结果

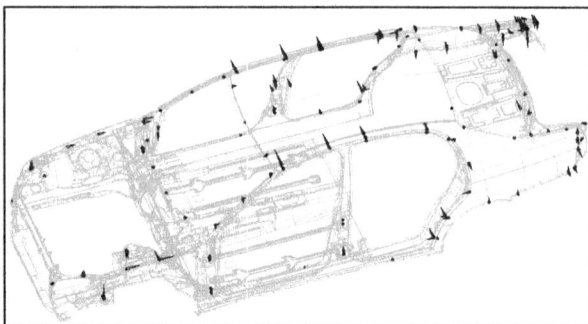

现比较小波滤波后的聚类效果。图 6.6 中，相关测点个数为 313 个，图中显示的是其最高阶聚类形态。使用趋势项数据聚类后，图 6.7 中相关测点个数为 372 个，图中显示的也是其最高阶聚类形态。

两图在聚类分析时所使用的相关系数阈值同为 0.95，聚类分析后图 6.7 中的测点增加了 59 个。由于聚类分析所得到的测点集是相关点的集合，说明小波滤波的效果是使测点的相关性显著提高。产生这种效果的原因是显而易见的：因为测点误差的趋势项代表系统误差，波动项代表随机误差。使用测点的趋势项进行聚类分析是在测点误差中去除了随机误差，自然会提高测点之间的相关性。这也是本文使用小波滤波处理装焊误差数据的初衷。

此外，小波滤波提高测点相关性的效果也是宝贵的。装焊误差区域识别的理论依据是测点之间的空间联动性，而这种联动性表现为测点误差的相关性。因此，任何可以提高测点相关性的数据处理方法对误差区域识别都是有益的。

下面仿照 4.3.4 节的方法，将整车的聚类点集分解成前围、左右侧围、后围三个区域，分别对其进行误差区域识别，并在分析识别过程中比较小波滤波的效果。

6.2.2　小波滤波后前围误差区域的识别

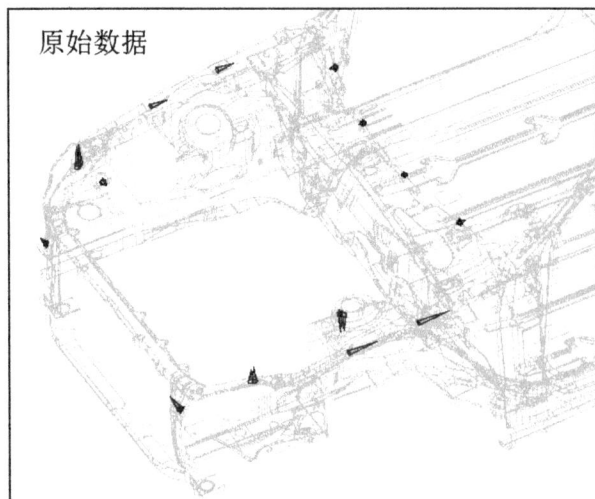

图6.8　原始数据的前围误差区域　　　　图6.9　小波趋势项的前围误差区域

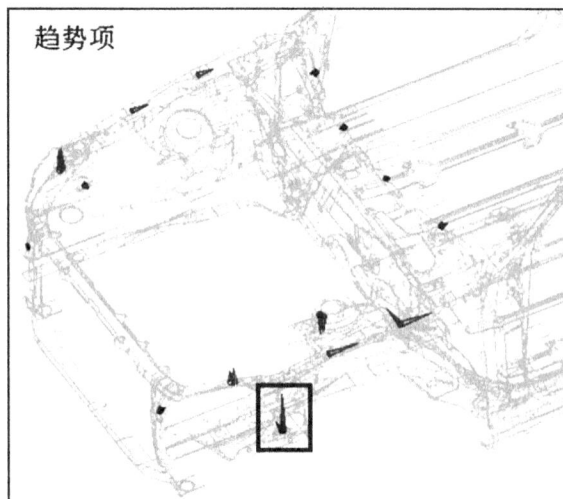

从原始数据的整车聚类（图 6.6）中选取前围部分的测点，经剔除伪相关点后，得到原始数据的前围误差区域如图 6.8 所示。用同样的方法处理图 6.7，得到小波趋势项下的前围误差区域如图 6.9 所示。

图 6.8 中相关测点数为 26 个，图 6.9 中相关测点数为 33 个。小波滤波使相关点增加了 7 个，增加率为 27%，说明小波滤波去除随机误差的效果是很明显的。图 6.9 中新增的这 7 个点与误差区域原本是有联动性的，但由于随机误差的干扰导致在图 6.8 的聚类区域中没有出现。此外，由于本次聚类使用的相关系数为 0.95，故小波滤波后所识别出的误差区域的可信度是很高的。

在 4.3.4 节中对该误差区域的诊断是底架工序的定位点出现磨损，导致前围后移并右偏。图 6.9 的误差区域形态不但支持该结论，还发现了新的联动点（图中方框标出的区域），说明前围还有左侧抬高的趋势，进一步支持了该结论。

6.2.3　小波滤波后左右侧围误差区域的识别

仿上法，从未滤波的整车聚类（图 6.6）中选取出左右侧围区域的测点，经剔除伪相关点后，得到原始数据的左右侧围误差区域如图 6.10 所示。用同样的方法处理图 6.7，得到小波趋势项下的左右侧围误差区域如图 6.11 所示。

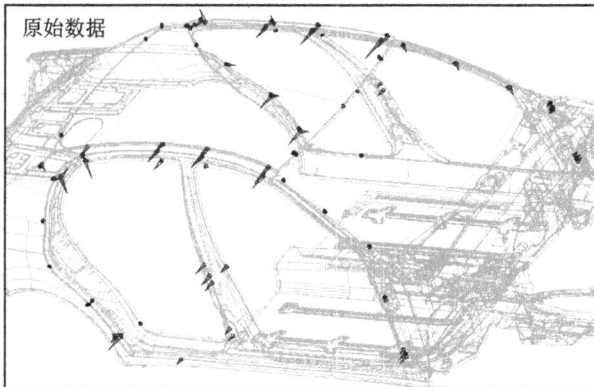

图 6.10　原始数据的左右侧围误差区域　　　　图 6.11　小波趋势项的左右侧围误差区域

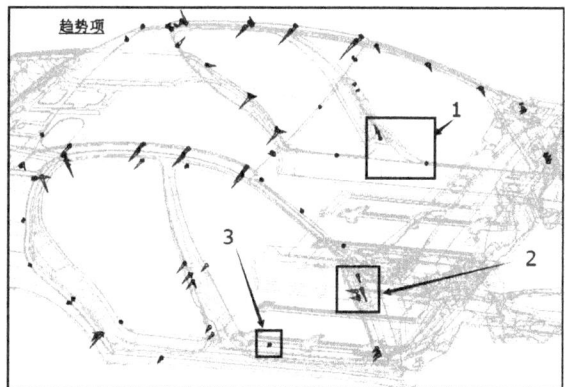

图 6.10 中的相关测点数为 165 个，图 6.11 中相关测点数为 198 个。小波滤波使相关点数增加了 33 个，相关点的增加率为 20%。所增加的这些相关点的位置已在图 6.11 中框出，它们补充了误差区域的部分形状，本身并无特殊意义。

图 6.11 所示的误差区域显示左右侧围右偏，在 4.3.4 节中将这种现象诊断为底架左偏。图 6.11 的误差形态同样支持这种结论。

6.2.4　小波滤波后后围误差区域的识别

同样，从图 6.6 中选取后围区域的测点，经剔除伪相关点后，得到原始数据的后围误差区域如图 6.12 所示。用同样的方法处理图 6.7，得到小波趋势项下的后围误差区域如图 6.13 所示。

图 6.12 中的相关测点数为 102 个，图 6.11 中的相关测点数为 115 个。小波滤波使相关点数增加了 13 个，相关点的增加率为 13%。所增加的这些相关点的位置在图 6.13 中框出。

本次滤波操作的结果与前两次不同：图 6.13 中相关点增加得并不多，增加率只有 13%，而前两次滤波操作后相关点的增加率分别为 27% 和 20%。这种现象说明随机误差对后围误差区域的干扰并不大，该区域中测点的空间联动性已在图 6.12 中充分表达，整个后围确实没有刚体位移。在

4.3.4 节将此后围的误差源诊断为后围自身的组装工序及其前序，小波滤波后的图 6.13 同样支持这个结论。

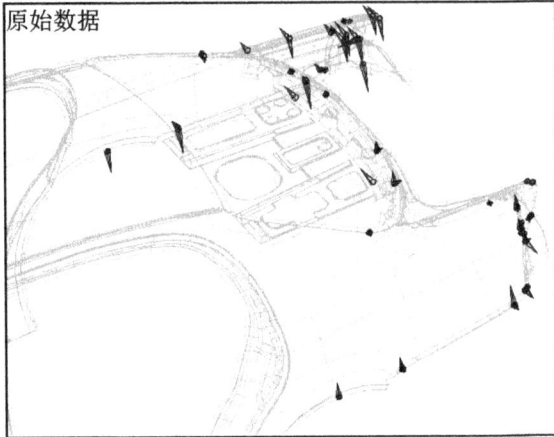

图 6.12　原始数据的后围误差区域

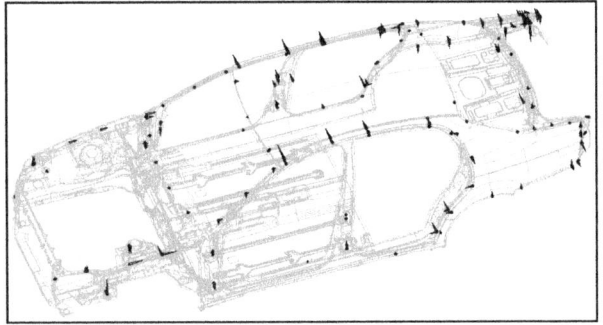

图 6.13　小波趋势项的后围误差区域

综合上述三个误差区域的诊断结果，可发现小波滤波提取系统误差的能力是很强的。前围和左右侧围存在刚体位移，会导致其上的测点具有较强的空间联动性。而这种空间联动性是系统误差，则小波滤波后这两个区域的相关点增加率就高（分别为 27% 和 20%）。而后围没有刚体位移，小波滤波对其空间相关性就没什么影响（相关点增加率为 13%）。

综上所述，小波滤波对白车身装焊误差中的系统误差有较强的提取作用。可有效地发现误差区域中测点的空间联动性。使用小波滤波后的数据进行聚类分析，所识别出的误差区域更明确，可信度也更高。

第 7 章　装焊误差区域识别中的主成分滤波技术

本书在 5.1.3 节中曾经介绍了主成分分析的两个重要功能：分类功能和滤波功能。其分类功能用于提纯误差区域，而滤波功能则将在本章介绍。

7.1　主成分分析的滤波功能

在 5.1.2 节对主成分分析的数学描述中指出：主成分分析会把原始变量 X_1，X_2，$\cdots$，X_m 变换成维数为 m 个相互独立的变量 Y_1，Y_2，$\cdots$，Y_m。其变换准则是两组变量的方差总和不变。主成分分析将原始变量中的方差理解为其包含的信息，方差总和不变则意味着新变量中保存了原变量的全部信息。变换完成后将新变量按其特征值由大到小排序，即实现了新变量按贡献率的由大到小排序。排在后边的变量对方差贡献小，意味着其包含的信息量也小，故可以被忽略掉；排在前面的几阶新变量若其累计贡献率达到了一定数值（如 0.85），则可认为它们已经包含了原变量中的主要信息。将这前几阶新变量反变换回原始变量，所生成的新的原始变量中既包含了原来的主要信息，又去除了次要信息。所去除的次要信息一般可理解为干扰，故经过主成分分析实现了对原始变量的"滤波"。

在第 3 章所介绍的"白车身装焊误差监控系统"软件中，开发了"主成分分析"模块，本节将使用该模块对白车身的装焊误差数进行主成分滤波。主成分分析模块的主要计算过程如下：

（1）计算白车身原始误差数据矩阵 X 的均值矩阵 u，其中，数据矩阵的每一行对应于一个测点，每一列对应于一个样本，求均值即是对每一行数据计算均值。$u_i = \dfrac{1}{n} \sum\limits_{j=1}^{n} x_{ij}$。$u_{ij} = u_i$

（2）求中心平移矩阵 $\overline{X}$，$\overline{X} = (\overline{x}_{ij})_{m \times n} = (x_{ij} - u_i)_{m \times n}$。

（3）计算中心平移矩阵 $\overline{X}$ 的协方差矩阵 $B = \dfrac{1}{n} \overline{X}\,\overline{X}^{\mathrm{T}} = (b_{ij})_{m \times n} = \mathrm{cov}\,(\overline{x}_i,\ \overline{x}_j)$。

（4）计算协方差矩阵的特征值 $\Lambda = diag\,[\lambda_1,\ \lambda_2,\ \cdots,\ \lambda_m]$ 及特征向量 $W = [\omega_1,\ \omega_2,\ \cdots,\ \omega_m]$，其中特征值按由大到小的顺序排列。

（5）计算累计贡献率，选取主成分。当前 a 阶主成分的累计贡献率达到要求时，则选取前 a 个特征向量 $W_a = [\omega_1,\ \omega_2,\ \cdots,\ \omega_a]$ 构造子空间 $Y = W_a^{\mathrm{T}} \overline{X}$。

（6）使用上述子空间来重构原始数据：$X = DW_a Y + u$，其中 $D = [W_a W_a^{\mathrm{T}}]^{-1}$。此时得到的即为主成分滤波后的数据，称其为装焊误差的"主成分滤波数据"。

下面仿照 6.2 节的分析过程，仍使用聚类分析的"相关区域法"进行白车身装焊误差区域的识别。识别过程中分别使用两种数据，其一是整车的原始误差数据，其二是经过主成分滤波的"白车身主成分滤波数据"，通过对比聚类后的误差区域识别效果来观察主成分滤波在白车身装焊误差数据处理中所起的作用。

7.2 白车身装焊误差的主成分滤波

首先要注意到，在上节所介绍的主成分分析的滤波算法中有一个矩阵求逆的过程：$D = [W_a W_a^T]^{-1}$，若该过程失败则主成分滤波就无法进行了。因此，主成分分析所处理的误差点不宜过多。故本节不对整车的误差数据进行主成分滤波，而是直接使用4.3.2节中所划分出的三个工序测点集：前围测点集、后围测点集、左右侧围测点集。分别对这三个测点集中测点的误差数据进行主成分滤波，然后再进行聚类分析和误差区域识别。分析步骤与6.2节相同，其过程不再赘述。下面对主成分滤波的效果进行分析对比，对比内容包括原始数据、主成分滤波、小波滤波。

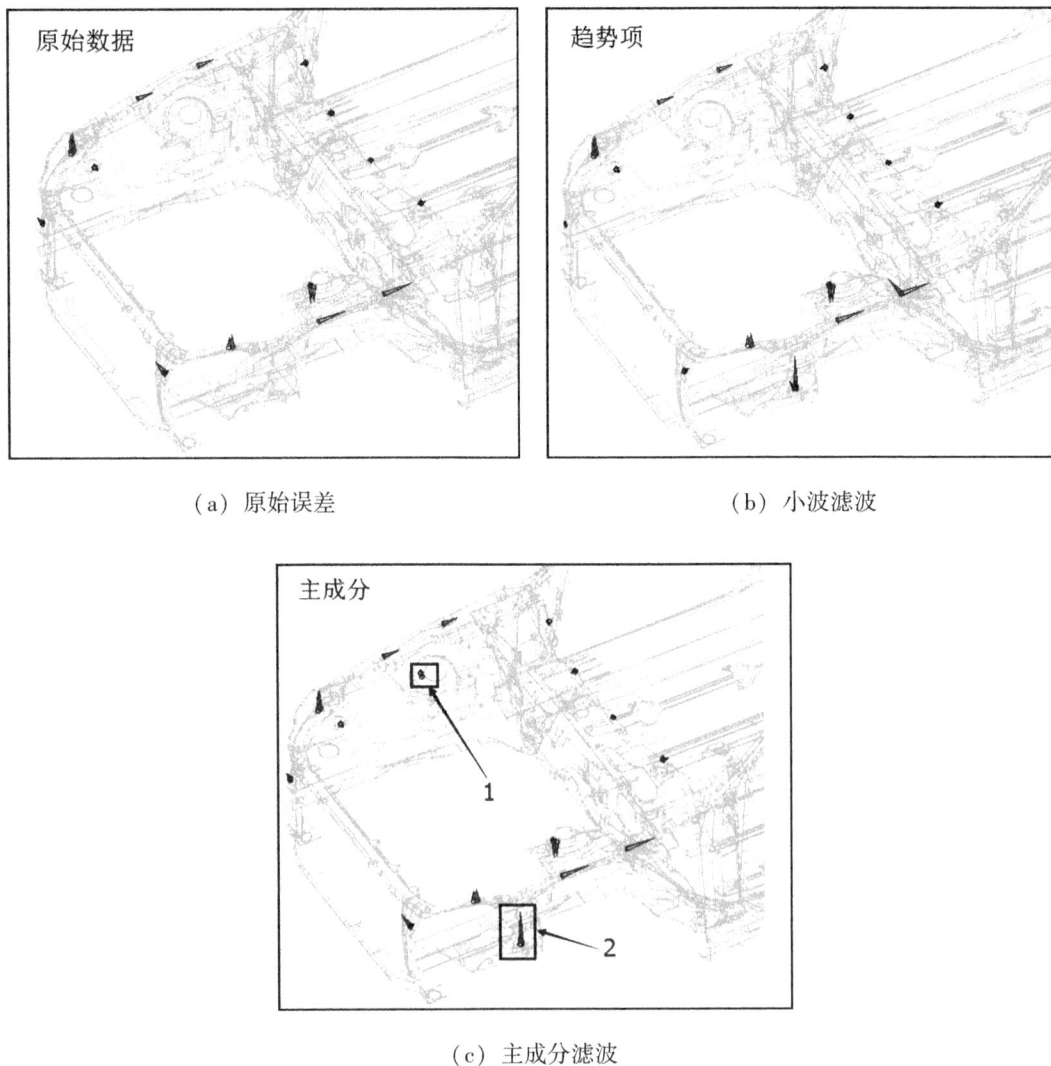

(a) 原始误差   (b) 小波滤波

(c) 主成分滤波

图 7.1 前围误差区域的对比

前围误差区域的识别结果如图 7.1 所示。图中（a）为使用原始误差数据所识别出的误差区域，其中的相关点为 26 个。图中（b）为使用小波滤波数据所识别出的误差区域，其中的相关点为 33 个。图（c）为使用主成分滤波数据所识别出的误差区域，其中的相关点为 34 个。对比识别结果：使用主成分滤波后，前围误差区域中测点误差的相关性明显增强，说明这些测点的主要误差成分之间是存在相关性的。但（b）、（c）两图区别不大，说明主成分滤波与小波滤波的效果基本相同。

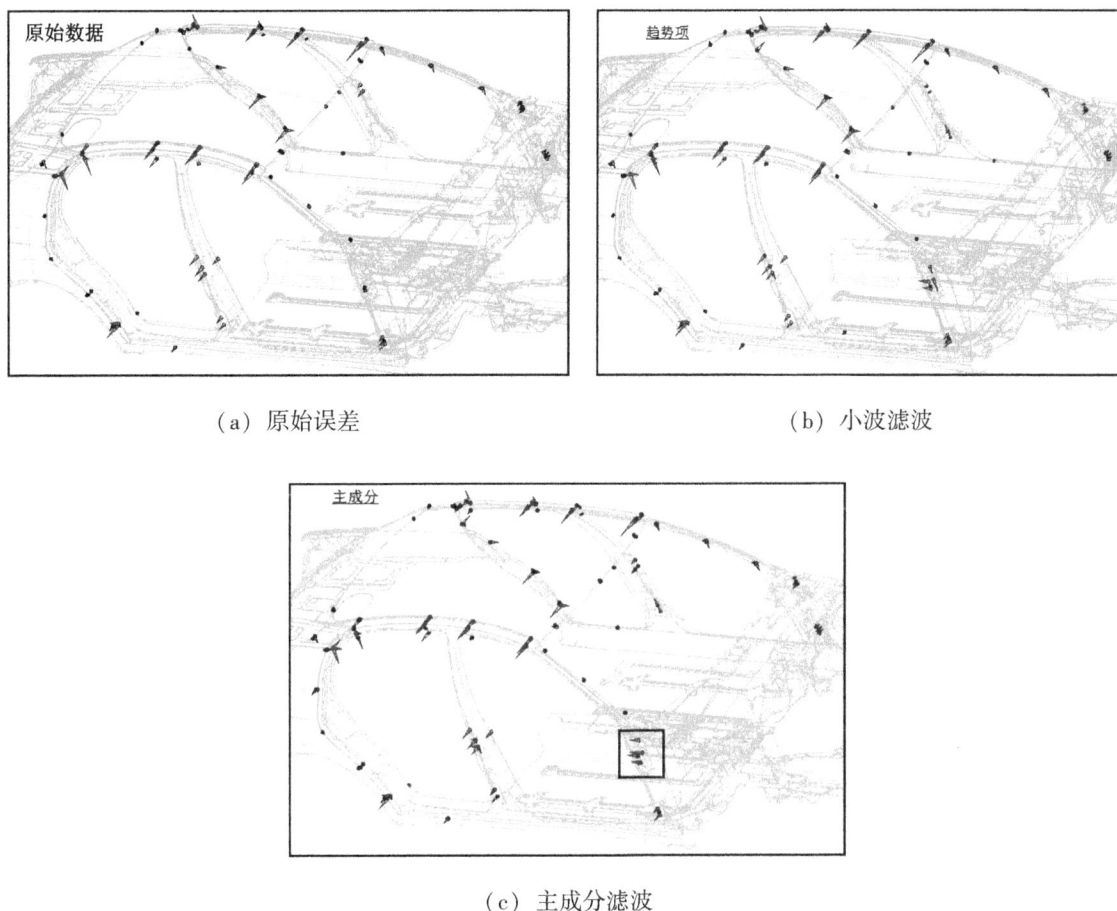

（a）原始误差

（b）小波滤波

（c）主成分滤波

图 7.2　左右侧围误差区域的对比

左右侧围误差区域的识别结果如图 7.2 所示。图中（a）使用的是原始误差数据，左右侧围的相关点数为 165 个。图中（b）使用的是小波滤波数据，左右侧围的相关点数为 198 个。图（c）使用的是主成分滤波数据，左右侧围的相关点数为 214 个。三图对比显示：主成分滤波对提高前围误差区域中测点误差的相关性效果明显，且比小波滤波的效果要好一些。

后围误差区域的识别结果如图 7.3 所示。使用原始误差数据的图（a）显示的后围误差区域中的相关点数为 102 个。图中（b）是使用小波滤波数据的后围误差区域，相关点数为 115 个。图（c）使用的是主成分滤波数据，后围的相关点数为 118 个。三图对比显示，所识别出的误差区域没有什么区别。这种现象在 6.2.4 节中已有解释：由于后围没有刚体位移，其上测点误差的相关性不强。而主成分滤波和小波滤波都"忠实"于客观事实，并未使原本就不存在的相关性得以提高。

（a）原始误差

（b）小波滤波

（c）主成分滤波

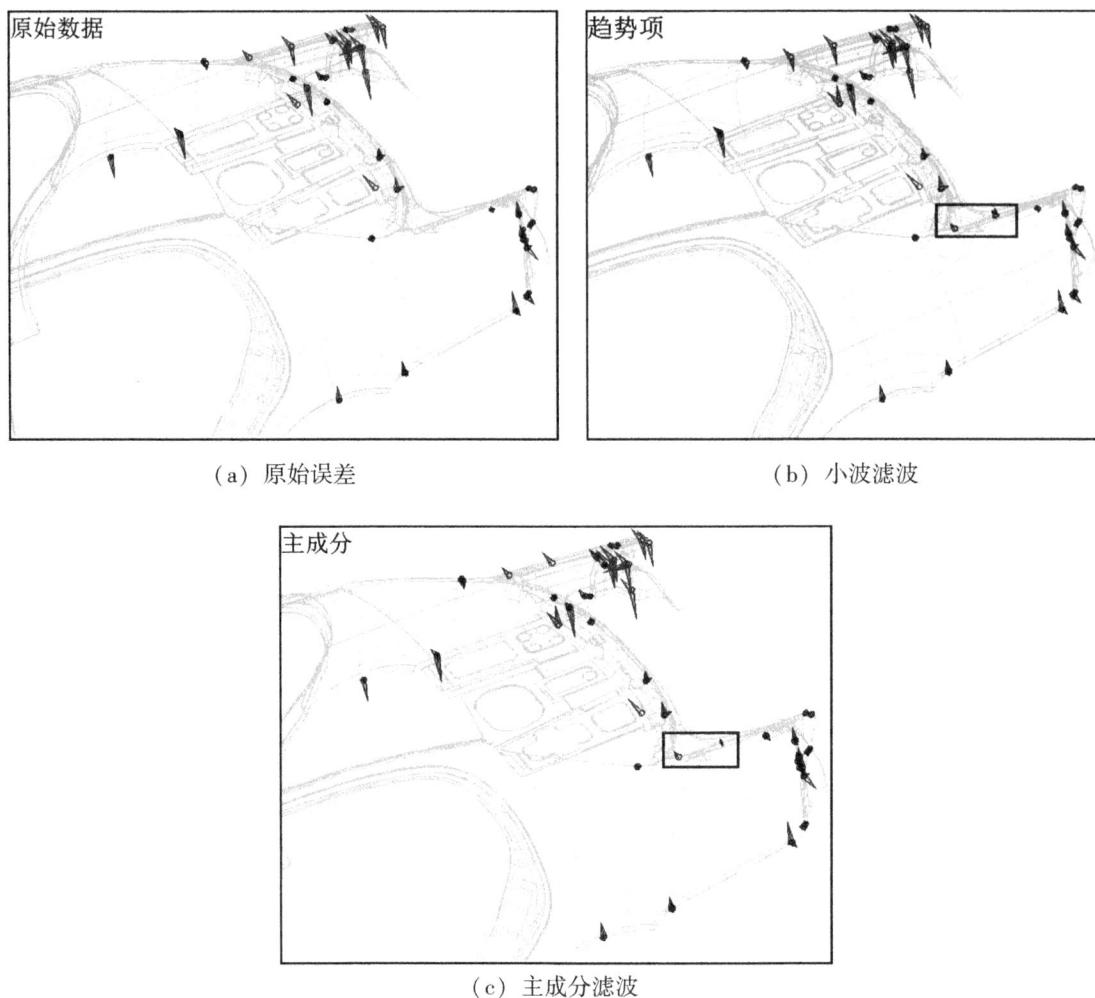

图 7.3　后围误差区域的对比

7.3　两种滤波方法的比较

通过 7.3 节的分析可以得出一个结论：对装焊误差数据进行滤波处理会显著地提高所识别出的误差区域的可信性。小波滤波和主成分滤波均能有效地"提纯"测点误差，忠实地反映误差测点的空间联动性。如果这种空间联动性存在，滤波后测点的空间相关性就会显著增强；如果不存在，也不会因为滤波而使测点的空间相关性增加。因此，这两种滤波方法都会提高误差区域识别的可信性，使得随后所进行的误差源识别及夹具补偿工作更顺利。

这两种滤波方法的区别主要体现在如下两个方面：

第一个区别体现在对系统误差的提取上。主成分分析优于小波分析。小波分析的滤波原理是对信号进行逐层分解，先提取其宏观结构作为趋势项，再逐层提取其细部结构作为波动项。如果装焊误差数据中的系统误差占优，其所提取出的趋势项就能很好地代表系统误差；但若系统误差不占优，其所提取出的趋势项就会受到随机误差的较大干扰，导致系统误差的损失较大。而主成分分析则不然，它是按照贡献率来确定主成分的。虽然其主成分中会混入随机误差，但至少不会丢失系统误差。而且即使原信号中系统误差不占优，经过主成分滤波后系统误差就会占优了。如果再经过一次主成分或小波滤波，就能够从其中较好地提取出系统误差。

好在白车身装焊误差的特点是系统误差占优的。因此使用小波滤波或主成分滤波对其系统误差的提取影响不大。7.2 节中两种滤波方法的比较结果也证明了这一点。

两种滤波方法的第二个区别体现在数据处理规模上，在这方面小波滤波要明显优于主成分滤波。因为主成分分析要使用协方差矩阵来提取所处理对象中的相关信息，在其对象重构时要有一个矩阵求逆的过程（$D = \left[W_a W_a^{\mathrm{T}} \right]^{-1}$），若处理的测点过多会导致求逆失败。因此，主成分滤波不能处理规模较大的数据（如整车误差），而小波滤波是对单点数据进行滤波，滤波过程与其他测点无关，因此不受测点规模的限制。

因此，在对白车身误差数据进行滤波处理时，一般都首先使用小波对整车误差数据进行滤波；然后使用滤波后的误差数据进行整车误差区域的识别；识别出各个误差区域后建立其工序测点集，再对每个测点集内的测点误差进行主成分滤波；最后使用主成分滤波后的数据进行误差区域识别。本章采用的就是这种数据处理方案。

第8章 白车身装焊误差的
扫描诊断与补偿技术

　　本书的前七章介绍了一系列基于三坐标测量数据的白车身装焊误差诊断与补偿技术。这些技术手段效率比较高，检测和诊断的时间较短，适合于对现生产白车身的质量跟踪和装焊误差治理。它们有两个特点：其一是要使用统计分析手段，故需要使用白车身装焊误差的时间历程样本；其二是使用的是离散测点的误差，需要通过这些空间的离散测点误差来预测白车身整个表面的误差情况。故前七章之所以要反复识别白车身上的误差区域，实际上就是要从这些离散测点的统计规律中识别出白车身上"连续"的误差区域。这种基于离散测点的装焊误差治理技术应用在现生产的白车身上是成功的，但对处于投产前调试阶段的白车身就不适用了。因为这个阶段的白车身几乎没有产量，自然也就无法提供统计分析所需的测点误差数据样本。因此前述那些基于统计分析的白车身误差监控与治理手段在此就都失效了。

　　产前调试阶段的白车身的装焊误差治理工作需要这样一种技术：它所需要的误差样本很小（最好是单件），但误差样本的形式又能支持误差源诊断和夹具补偿技术。故三维扫描技术就应运而生了。该技术的检测效率要比三坐标测量机低很多，但这对产前调试阶段的白车身并不是太大的问题（因为本来也没有多少白车身供检），关键是扫描后所得到的车身表面云图就是前七章所反复追求的误差区域！而且要比从测点误差中识别出的误差区域精确和丰富得多。这就自然解决了误差区域的识别问题，同时前述的误差源诊断方法和夹具补偿技术又能与其衔接，于是，三维扫描技术就在白车身的产前调试阶段被大量使用了。

　　本书的后续章节将详细介绍这种基于三维扫描技术的白车身装焊误差诊断与补偿技术，并将其称为白车身装焊误差的"扫描诊断与补偿技术"。

8.1　扫描诊断与补偿技术所要解决的问题

　　白车身装焊误差的扫描诊断与补偿技术主要需要解决三大问题：扫描问题、误差提取问题、夹具补偿问题。

　　1）扫描问题

　　本文中所谓的"扫描"是使用光学设备获取表面形状的一种手段。目前在车身造型和冲压件设计领域普遍使用的是照相式三维扫描仪，该仪器利用光的干涉原理来识别物体的表面形状，其精度可达微米级。本文在白车身装焊误差识别领域也使用了该设备，在装焊过程的不同工序上扫描冲压件，获取其表面的精确信息，从而解决了误差诊断的信息采集问题。

　　2）误差提取问题

三维扫描仪所获取的表面信息是足够精确的，但却无法反映出冲压件的表面误差。要想发现这些误差，必须将所检测到的零件表面与其原始的设计表面相比对，才能发现并提取出误差。表面上看，这种误差提取工作的技术含量似乎不高，不过就是将扫描得到的零件表面云图粘贴到设计表面上，再观察其表面重合度。但实际操作起来并非易事，因为扫描得到的云图是无基准的，且需要进行表面处理。

3）夹具补偿问题

如果扫描对象是冲压件，则将所提取的误差反馈给模具厂进行改正即可。但如果扫描的是合件、总成甚至是整个白车身，问题就没这么简单了。此时仍可以使用前述的误差源诊断理论来寻找误差源，但夹具补偿方法就不适用了。因为在该方法中要寻找对装焊误差敏感的夹具点，而夹具对装焊误差的敏感性是靠观察其调整后的误差变化来实现的。由于白车身在产前调试阶段几乎没有产量，这种观察也就无从谈起了。

本文是采用有限元分析解决这个问题的。方法是在装焊工序上扫描某个总成，然后将扫描所得的云图处理成软件所能接收的曲面模型，再使用有限元分析的方法仿真其装夹效果，从中识别出夹具敏感点及夹具调整量。

8.2　装焊夹具补偿技术的重要性

白车身的产前调试主要需完成两项工作：其一是冲压件误差的改正，其二是装焊线误差的稳定。对冲压件误差的改正比较容易理解，就是在白车身产前调试阶段不断发现冲压件的误差，然后修改冲压模具来改正这些误差。但对于白车身的装焊线来讲，却只要求其误差状态稳定，而对其误差的改正并未提出明确要求（当然，过大的夹具误差还是要治理的）。

要想让整个白车身装焊线上的所有夹具定位点做到不超差实际上并不困难，使用激光测距设备就能做到这一点。但大量实践证明，不超差的装焊线并不能保证所装焊出的白车身也不超差。因为产前调试阶段的白车身，其制造误差主要来源于四个方面：白车身自身的设计缺陷，装焊工艺的设计缺陷，冲压件的误差，装焊线的误差。理论上讲，如果这四大缺陷都解决了，白车身也就不超差了。但实际上这是很难做到的。最主要的原因是白车身的设计和装焊工艺这两个设计类缺陷只能在产前调试阶段才会暴露出来，而此时无论是车身设计还是装焊工作站的装配流程都无法再改动了，只能将冲压件作为"调整环"，靠冲压件的改正来克服这些设计缺陷。因此，模具制造厂必须接受这样一个事实：冲压件不合格要改正，按原设计是合格的冲压件有时也要改正。但这种改正不是无限期的，在新车型投产前，必须给模具厂留出一个月左右的模具淬火时间。故改正不完的冲压件误差就只能靠装焊夹具的调整来弥补了，也就是说装焊夹具的调整又成了冲压件误差的"调整环"。作为调整环，其自身就必须有误差，只是这种误差必须是稳定的，否则它自身就又成为误差源了。因此，白车身产前调试阶段的工作策略是：首先将装焊线调整到标准状态，并只要求模具厂加快冲压件的整改进度。这样做的目的是希望能够通过冲压件这个调整环节来消化掉全部的设计类误差，以期为投产后的白车身保留一条标准的装焊线。但随着新车投产日期的临近，装焊车间会按冲压件整改进度开始调整装焊夹具；等到冲压件状态封闭后（最后一个月的冲压模具淬火期），装焊车间会抓紧时间调整装焊夹具，力争在投产前将白车身的误差状态调整到最佳。

可见，装焊夹具调整技术是白车身质量控制的最后一张牌，也是汽车厂可以独立控制产前调整进度的唯一措施。汽车市场的竞争是很激烈的，新产品上市的时间有时能决定新车型的命运，不可能给白车身的误差治理留有足够的时间。故现场工程师常说：误差治理的工作是没完没了的，抓紧时间治理只不过是少给自己留点遗憾罢了。因此，白车身装焊误差的扫描诊断与补偿技术在车身新产品的产前调试阶段具有重要意义。

8.3   相关技术的国内外发展概况

白车身装焊误差的扫描诊断与补偿技术属于逆向工程的范畴。逆向工程（reverse engineering，RE），也称为反求工程，是 20 世纪 80 年代初才发展起来的一项新技术[45]。它是一种从实物样本获取其数学模型并制造得到新产品的一系列技术的总称。已经成为快速制造领域的一个研究和应用热点，并发展成为一个相对独立的技术领域。

随着现代科技和 CAD 技术的发展，以测量技术为基础、曲面重构技术为支撑的逆向工程技术在汽车工业的新产品开发中得到了广泛的应用。逆向工程的产品既可以是实物也可以是数学模型，在没有图纸或者没有 CAD 模型的情况下，按照现有的产品模型，利用各种数字化技术重构该产品的三维 CAD 数学模型的过程也属于逆向工程。逆向工程是以"实物—设计意图—三维重构—再设计"框架为工作流程。与传统的正向工程相比，它具有产品开发的周期短以及易于开展后续有限元分析、运动学仿真工作等优点，因此得到了广泛的应用。

逆向工程的主要技术流程为：对产品实物进行坐标数据采集，得到表面的点云数据，然后进行点云数据的处理，包括对点云数据的简化、三角化、去噪等处理。由于测量模型通常由多个面组成，因而还需要对点云数据进行分块，再进行曲面的拟合，最后再导入到 CAD 系统中进行产品模型重新构造[46]。它主要包含有三项主要技术：第一是数据采集技术，随着技术的发展，出现了各种各样的数据采集设备，由三坐标测量机到光学扫描仪不一而足；第二是数据处理技术，关键技术包括了多视拼合、数据简化、数据补缺和网格化等；第三是模型重构技术，它是指从一个物理模型产生相应的 CAD 模型的过程，包含物体离散点的网格化、特征提取、表面分片和曲面生成等，是逆向工程最关键的一环[47]。

随着科学技术的发展，逆向技术已经应用于各个方面，如新产品开发、产品仿制、快速模具制造、快速原型制造、产品制造检测、医学领域扫描、玩具制造等。逆向工程作为吸收和消化现有技术的一种先进设计理念，其意义不仅只是仿制，而是从原型复制走向再设计。在原有的产品的基础上，对逆向所建立的 CAD 三维模型进行再设计，实现产品的创新。

逆向工程在国外的研究时间较早，20 世纪 80 年代美国 UPV 公司、美国 3M 公司就开始研发逆向工程技术（RE）。后来又出现了众多的软件公司和逆向工程设备制造公司[48~49]。目前测量设备生产厂家主要有瑞典的海克斯康公司、美国的 Brown&Sharpe 公司、法国的 Romer 公司、瑞士的 TE-SA 公司、意大利的 DEA 公司、德国的 Leitz 公司、以色列的 CogniTens 公司等。数据测量和数据处理软件也占据极为重要的位置，它们决定了硬件设备采集数据在计算输出时的准确性和便捷性。目前主要的测量软件包括 PC-DMIS 和 Quindos 等。逆向软件主要有美国 RainDrop 公司的 Geomagic、英国 DELCAM 公司的 CopyCAD、法国达索公司的 CATIA、西门子公司的 UG 和美国 EDS 公司的 Image Ware[50]。

我国对逆向技术的研究起步较晚，直到 90 年代末，逆向工程的研究和开发工作才在我国得到了发展和推广，在测量设备和数据处理方面跟国外公司还有一定的差距。国产的测量设备主要有非接触式结构光扫描仪，国内的数据处理软件主要有 Quick From 和 RE-Soft 等[51]。

8.4　扫描诊断与补偿技术的流程和方法

8.4.1　误差补偿原理

轿车车身是由多种冲压件逐步装焊而成的，装焊过程中每个工序所完成的产品称为"工序合件"。原始冲压件有形状误差；工序合件也有形状误差，工厂中将其统称为"冲压件误差"。这种误差有两个重要的特点：

（1）它们是三种误差共同作用的结果，即装焊前的形状误差、装夹时的定位误差和装焊后的回弹误差。

（2）撤除夹紧后，工序合件恢复到自由状态且只有形状误差，其在下一道装焊工序中的形位误差主要取决于该工序的装卡定位。

这两个特点起因于冲压件的低刚度。在其他机械加工领域中，使用装夹定位来纠正零件的形状收效不大，但在车身装焊过程中却非常明显。至少在装焊前，冲压件的形位误差主要是由装焊夹具的定位所决定的，这就为使用装焊夹具误差来补偿冲压件误差提供了可行性。

据此，产前调整阶段白车身的误差补偿原理如下：在已知冲压件形状误差的条件下，通过调整夹具制造出反向误差，用装焊夹具的误差来补偿冲压件原有的误差。

8.4.2　夹具调整流程

整个误差补偿的流程主要由四部分组成：零件制造信息提取、快速逆向成型、夹具调整有限元仿真和仿真结果评价。图 8.1 为夹具调整流程图。

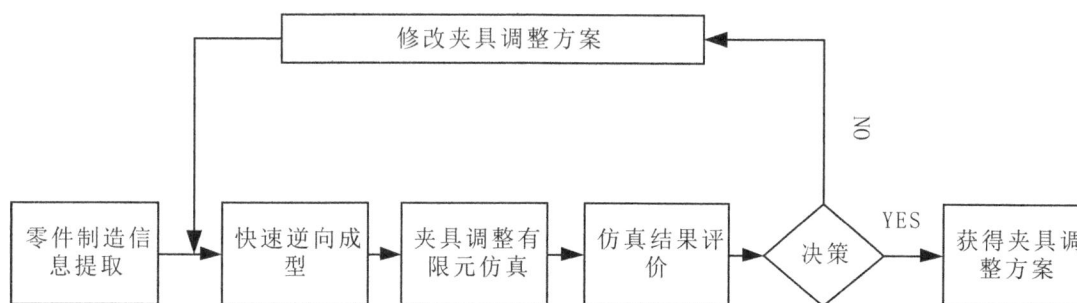

图 8.1　夹具调整流程图

首先要获得零件的制造信息，主要是冲压件的点云数据、零件的定位信息和冲压件的误差信息，尺寸误差信息包括零件的夹具定位误差信息和关键测点误差信息；通过逆向软件把扫描得到的点云进行反求成曲面；利用有限元工具进行夹具调整的仿真，把反求曲面进行网格划分和施加边界条件，这一部分是夹具调整补偿制造误差的核心内容；仿真计算后，进行仿真结果提取和评价，确定夹具调整后车身的制造尺寸达到设计要求，最后确定夹具调整的方案，进行现场指导实际夹具的调整。

8.4.3　零件制造信息提取

白车身的零件制造信息包括三部分：零件的表面信息、零件的定位信息、零件的误差信息。这三种信息中，零件的表面信息即为该实际零件的表面的"点云"；零件的定位信息为白车身的统一基准系统；而零件的误差信息则是其表面点云与原设计表面之间的误差。

提取零件的制造信息主要包括两项工作：其一是光学扫描；其二是误差比对。通过光学扫描获取零件的表面点云，再通过将表面点云与原设计表面相比对来获取该零件的误差信息，比对过程中要使用该零件的定位信息。光学扫描设备一般为非接触式结构光扫描仪，比对软件一般使用 Geomagic Qualify 等。

8.4.4　快速逆向造型

逆向造型是逆向工程的主要工作。传统的逆向造型是面向特征的，需要用标准曲面来拟合扫描曲面（实际上是解析出原设计者的造型过程）。所做出的造型质量高，便于加工制造；但耗时长，成本高。而本文所扫描的曲面只用于测量和有限元分析，不但不需要解析出标准曲面，反而正是要检测实际曲面与标准曲面之间的误差。故采用快速逆向造型方法，将扫描云图拟合成 NURBS 曲面模型。该模型能平滑点云中的"噪声"，但除此之外再不丢失点云中的其他形状信息。且造型速度快，为随后的表面质量评价及夹具补偿仿真均争取到了时间。NURBS 曲面的拟合工作主要使用 Geomagic Studio 软件。

8.4.5　制造质量的评价方法

评价白车身及其零部件总成的制造质量主要有两种方法：其一是白车身关键测点评价法；其二是点云数据模型评价法。

关键测点的选取原则是：该测点的误差对是否满足外观需求和对下层装配是否满足整车配合规范起决定性的作用。通过测量零件的关键测点位置偏离标准值的数据大小进行评价零件的制造质量。在薄板件的焊装过程中，关键测点主要分为两类：关键产品特征点（key product characteristics，KPC）和关键控制特征点（key control characteristics，KCC）。KPC 是用来反映单个零件及总成具有功能要求和精度要求的位置，KCC 是用来反映零件及总成的尺寸精度。关键测点具有层次性，车身自顶向下，层层分解，获得分总成和零件的关键测点[52]。关键测点信息通常是由汽车公司的研发部门提供的工艺文件。图 8.2 为关键测点分解的示例。

点云数据模型评价法是使用被测车身表面的点云数据来评价其制造质量的。将点云模型与该部分的 CAD 模型进行比对，以色谱的形式显示偏差量。这种方法显示的表面误差是连续的，自然其评价误差的方法也是最全面的。

这两种评价方法的使用场合不同。关键点评价法用于评价白车身上大的范围，从整车到合件；而点云数据模型评价法主要评价的是冲压件，也可以扩展到合件。这两种方法本文主要使用后者，并将其评价范围扩展到了白车身的总成级别；也正因为其评价范围被扩大了，故第一种评价方法在本文中也会使用。

8.4.6　装焊夹具调整的有限元仿真技术

上述制造质量评价结束后，对装焊误差不合格的区域就要进行治理了。而治理的方法还是采用前述的夹具调整法。不过此时的误差治理环境已经相当优越：

第一，已经获取了扫描区域的点云数据模型，并将其拟合成了 NURBS 曲面；

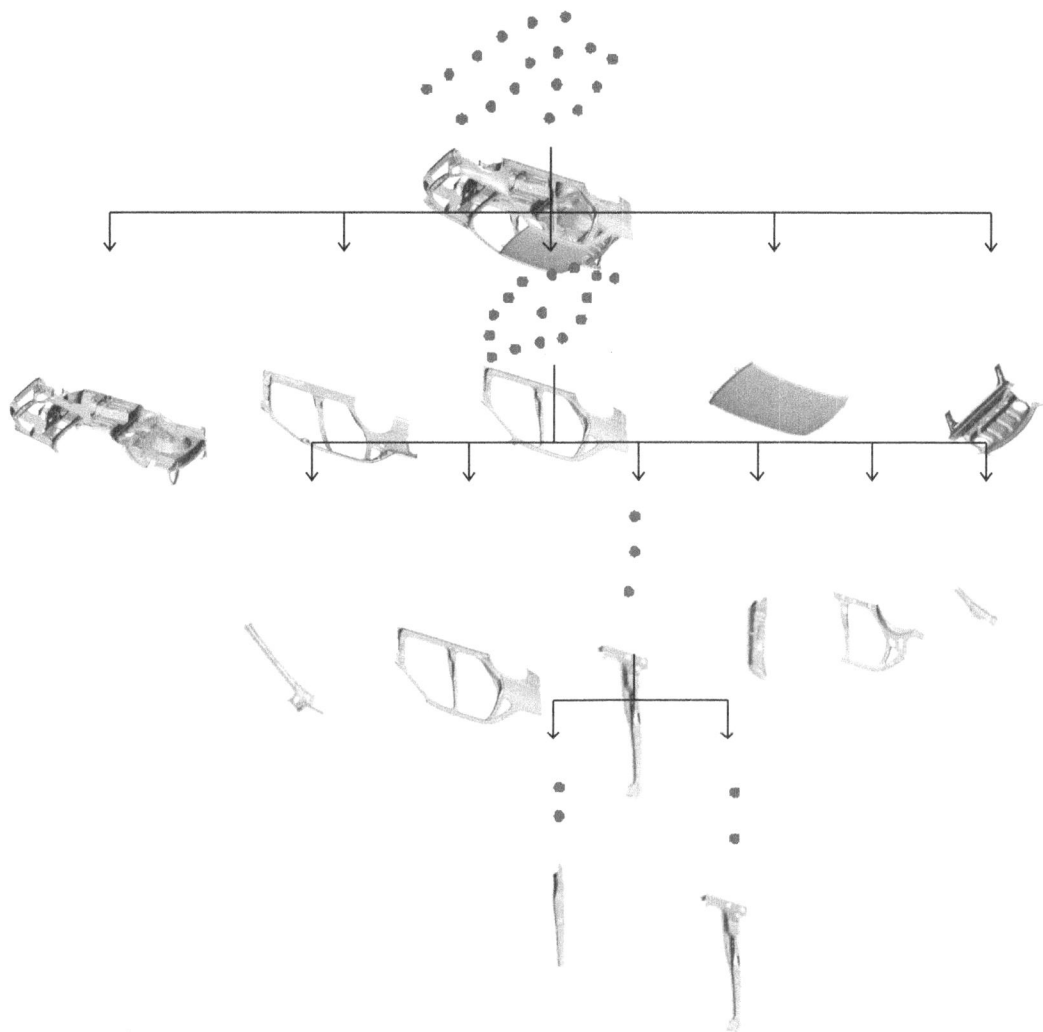

图 8.2　关键测点分解示例

第二，已经进行了误差比对，误差区域已经一目了然。

因此，在此环境下发现误差区域所对应的装焊工序及寻找其背后的装焊夹具点都没有问题。现在的问题只有一个，就是误差源的确认问题。

在第 2.3 节中介绍了误差区域的夹具补偿技术。该技术确认装焊误差源的依据是夹具定位点对误差区域的敏感度，确认方法是"反复试错"。这种确认误差源的方法对产前调试阶段白车身肯定是不适用的，该阶段的白车身几乎没有产量，没有产品（恐怕也没有时间）为现场调试提供数据来确认装焊误差源。

此时，夹具调整的有限元仿真技术就派上用场了，使用目前掌握的车身部位一次扫描结果就可以进行误差源的确认工作。该技术首先使用扫描后拟合出的 NURBS 曲面进行装夹状态仿真，然后针对仿真模型调整夹具点，再进行夹具调整效果仿真。在仿真环境下逐步确定误差源，并能仿真出夹具调整量。再根据仿真所确认的夹具定位点及其调整量来指导现场的夹具调整，则有效地提高了误差治理的可靠性。因此，装焊夹具调整的有限元仿真技术是白车身产前调试阶段的关键技术。

第 9 章　装焊误差的扫描及检测技术

　　白车身装焊误差的扫描检测技术包括两项主要内容：其一是光学扫描；其二是误差比对。下面将结合一个具体的工程实例来介绍这种技术。

　　图 9.1 所示为一台产前调试阶段的轿车白车身的左后轮罩部位，图中可见左后轮罩与后地板的连接处出现了较大缝隙（达到 4.5~6.5mm）。如此大的缝隙已经使焊钳无法将其捏合，导致电流旁路而无法焊接，更谈不上制造精度问题了。因此，该处的缝隙必须治理。

图 9.1　左后轮罩与后地板处的缝隙

　　解决此问题的传统方法是：以此工序为终点倒推，从源头上解决问题。即逐步检查后地板和左后轮罩的装焊过程，检查各冲压件的制造精度，发现问题后修改模具；再检查各工序的装焊夹具，发现问题后逐步调整。最终此前各工序的制造精度都提高了，此缝隙自然也就消除了。如果车身的产前调试进度允许的话，此方法是最好的。

　　但该传统方法有两个问题：其一是时间长，产前调试进度不允许；其二是该部位是左轮罩总成与车身底架的结合部，属于典型的积累误差。如果以追溯的方式分别整改前序中所有的误差部位，一方面时间长，另一方面治理效果也并不一定好。而针对这种积累误差的最好方法就是"调整环"，即把误差在积累处一次解决。故针对此问题就可以使用扫描检测技术了。

9.1　装焊误差的扫描技术

9.1.1　扫描技术所使用的设备

　　逆向工程中所使用的光学扫描设备一般都基于"结构光"原理。该原理是把一定模式的光栅线照射到被测零件的表面上；由于受到被测物体表面高低不平的影响，在物体表面的光栅影线就会发生变形；而扫描仪器具有两个拉开一定距离的摄像头，可以从两个已知的位置捕捉到这种光栅影线的变形；通过解调变形的光栅影线，就可以得到被测零件表面的整个图像上每个像素的三维坐标；记录这些像素点的三维坐标，并将其在空间中显示出来，就得到了被测零件的表面形状。由于这种表面形状是用密集的空间点所表示的，故将其称之为"点云"。这种结构光检测方法的精度很高，点云的精度在微米级。本文所使用的就是这种扫描设备，正规名称是"非接触式光栅扫描仪"。它主要由主机、三脚架、笔记本电脑、扫描软件等组成，如图 9.2 所示。

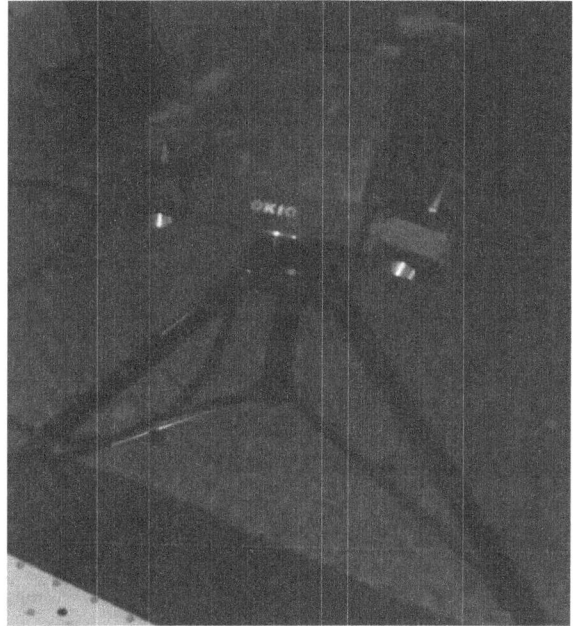

图 9.2　非接触式光栅扫描仪

　　该设备的扫描原理如图 9.3 所示。仪器正中心的投影装置（光学投影器）是该设备的关键部分，由它发出结构光栅投射于被测工件上，两侧等距离布置两台摄像机（CCD），分别从两个不同角度采集光栅图像，送入计算机进行处理。

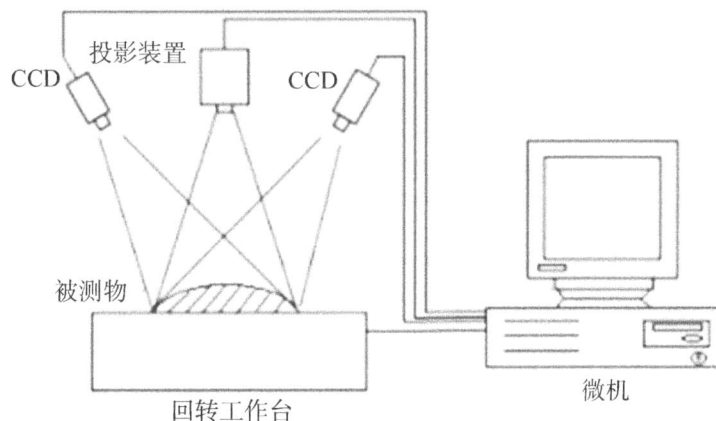

图 9.3　非接触式光栅扫描仪测量原理

　　扫描仪利用非接触式几何光学法测量零件的表面形状，把条纹结构光经过投射器将条纹光栅投射到被测零件表面，在零件表面上形成由被测零件表面形状所调制的光栅条纹三维图像，这种三维条纹的图像由位于两侧的 CCD 摄影机连续取像，最后采用合并灰度编码与相位移法计算得到其绝对相位，配合三角测量原理就可以得到被测零件的三维形状轮廓。

光栅条纹的变形程度取决于光学投射器和摄像机之间的相对位置和零件表面轮廓外形。从直观上看，条纹在法线方向的位移与零件表面的深度成比例，扭曲表明了平面的变化，不连续表示了零件表面的突变或间隙。当光学投射器与摄像机之间的相对位置固定时，由变形的条纹图像可以重现零件表面形状和轮廓，即可对零件进行三维表面测量[53]。

该设备的单次扫描面积有限，但还可以利用多组固定参考点对多次扫描的点云进行拼接，故可以逐步扩大扫描面积。只是随着拼接面积的扩大，累计误差也会增加，因此该设备拼接图像的长度以 2 米为限。

9.1.2　扫描过程及方法

1）喷涂显像剂

扫描仪要求被扫描的表面亮而不反光。如果被测表面的颜色深（太吸光）或过亮（太反光），则光栅投影到被测零件的表面时所产生的摩尔条纹就不明显，两个 CCD 摄影机镜头记录不到清晰的摩尔条纹，所获取点云数据质量就不高，严重时扫描仪将识别不出图像。因此，必须用白色显影剂喷涂于被测零件表面，以保证两个 CCD 照相镜头记录到高质量的影像。喷涂显影剂后的零件如图 9.4 所示。

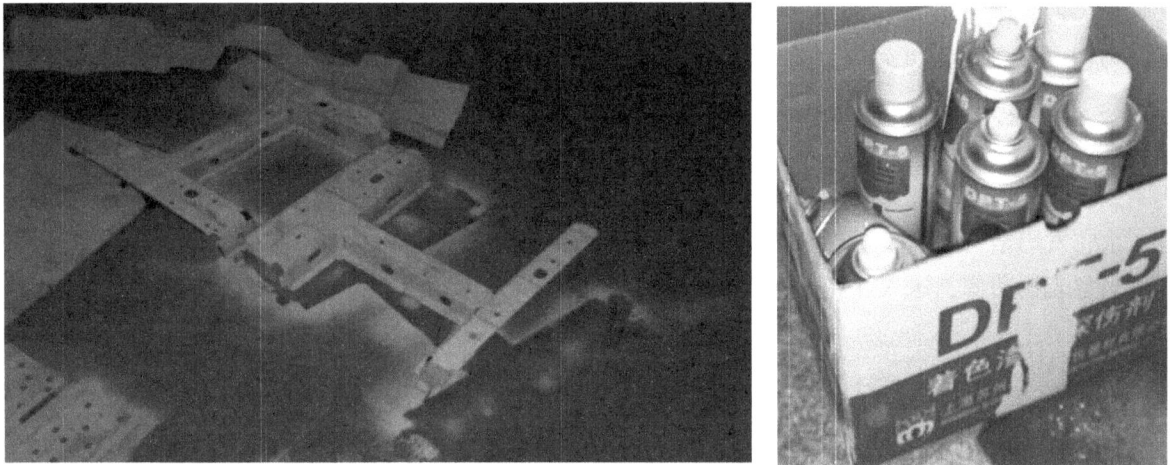

图 9.4　喷涂显影剂后的零件（及显影剂）

2）摄像机定标

摄像机定标被定义为：是得到三维世界中物体点的三维坐标与其图像上对应点的函数关系的过程。实际上就是用扫描仪扫描一个已知尺寸的实物，获得该实物的图像信息；然后用实物中的已知尺寸来标定图像，建立实物尺寸与图像尺寸之间的对应关系。摄像机的定标很关键：若没有标定信息，所扫描出的图像将没有尺寸，只是所扫描物体的一个"相似形"；若标定不准，会给扫描结果造成很大误差。

摄像机定标所使用的"实物"是与仪器配套的标定块。通过拍摄标定块在不同位置的图像，来实现对系统的标定。标定块如图 9.5 所示为一表面黑色且光洁度很高的大理石板，石板上按定标要求排布白色的圆圈点阵，点阵之间的间隔是被高精度定位的，且已预置到扫描仪的标定程序中。扫描了这个标定块之后，摄像机就建立了外界实物与机内图像之间的尺寸关系。将这种尺寸关系传递的其他扫描操作中，所扫描的其他物体也就有精确的实际尺寸了。

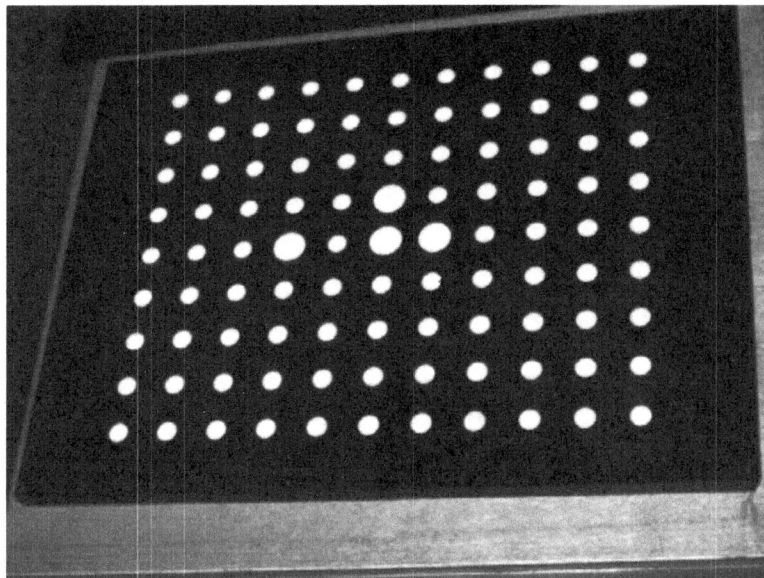

图 9.5　摄像机定标所使用的标定块

为了能测量空间三维物体，标定块应该放置在不同的位置，尽量充满待测零件的每次扫描区域可能占据的空间。摄像机定标时系统会提示拍摄标定块的三个不同的"点位置"和三个不同的"面位置"。所谓"点位置"标定使用的是标定块上有圆圈点阵的面（图 9.5 所示的面），而"面位置"标定使用的是标定块的背面（也就是高精度的大理石平面）。标定时首先进行点位置标定，就是将标定块放在视场中央、有圆圈点阵的面朝上；调整好测量头到标定块的距离，然后移动标定块的位置使镜头能看到尽可能多的标记点；调整好光线以及两个摄像头的光圈和焦距；然后选择摄像机定标命令对标定块的第一个位置进行标定。再移动标定块或摄像机的方位标定另外两个位置。点位置定标完成之后把定标块翻到背面进行平面位置定标，也是标定三个位置，标定结束之后系统会弹出标定结果对话框，显示定标点精度和平面精度，如图 9.6 所示。

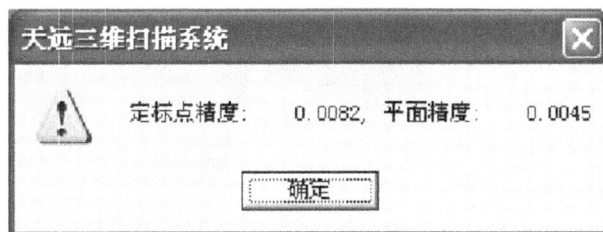

图 9.6　摄像机标定结果

图中显示当前扫描仪的尺寸精度是 0.0082mm，平面精度为 0.0045mm。只要这两个数据不超过 0.01mm，对冲压件扫描的精度就是可以接受的。

3）粘贴标记点

如果被扫描的物体体积不大（能够包含在摄像机的视野之内），不粘贴标志点也能够扫描得到该物体的三维点云。但如果所扫描的物体超出摄像机的视野，需要移动扫描仪逐段扫描的话，扫描到的三维点云就有一个拼接的问题。如果拼接不好，扫描结果的误差就会很大了。解决这一问题的方法是先在被扫描的物体上建立统一的空间坐标系，然后把单纯扫描的点云"粘贴"到这个空间坐标系上，点云的拼接精度就得以保证了。而建立这个空间坐标系的方法就是在被扫描的物体表面粘贴标记点。扫描工作开始后，扫描仪先扫描这些标记点，识别出这些标记点的空间位置，则被扫描物体的统一的空间坐标系就由这些标记点建立起来了。粘贴了标记点的零件状态如图9.7所示。

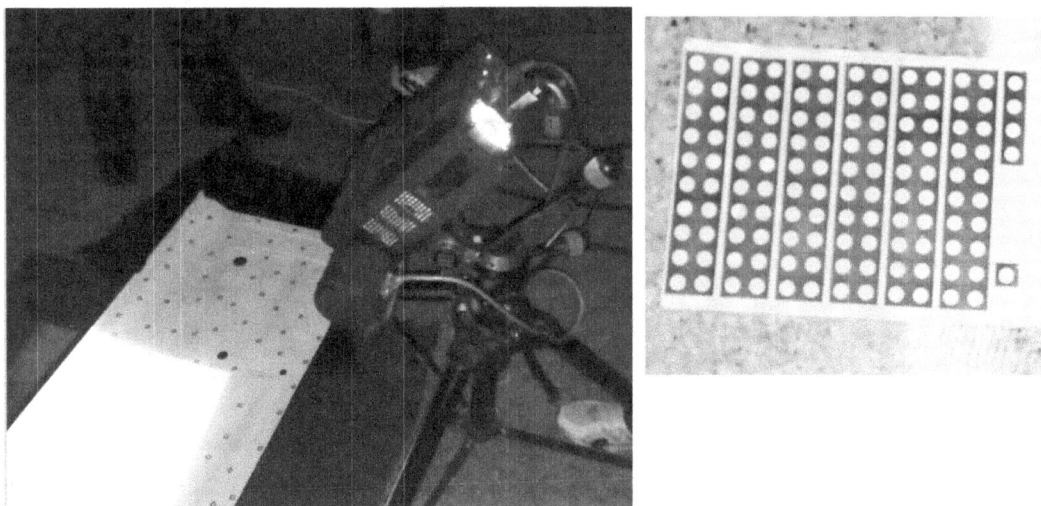

图9.7　粘贴标记点后的零件状态（及标志点）

4）扫描

将被测零件放在平整的平台或地面上，零件下边最好用黑布衬托，以防止地面上的某些反光体被扫描进零件点云。然后开启扫描仪进行零件扫描工作（图9.8）。

扫描过程分两步进行：首先是建立零件的空间统一坐标系（称为"建立框架"），也就是先扫描标记点。移动摄像机遍历扫描整个零件上的全部标记点，每次扫描时必须保证至少4个以上标记点与上一幅图像是重复的，扫描仪会自动识别出这些重复的标记点，用这些重复点为图像中新出现的标记点定位。遍历全部标记点后，该零件的空间统一坐标系就建立完成了。

图9.8　零件扫描在进行中

第二步才是零件表面的扫描过程。移动摄像机分块扫描整个零件的表面，扫描程序会边扫描边将点云粘贴到空间坐标系中，最终完成整个零件的扫描工作。为保证点云的定位准确，要求前后两次扫描的区域中至少要包含3个重复的标记点。

5）点云数据的输出

扫描结束后先要对点云文件进行筛选处理。这种点云文件是扫描仪以自身的特殊格式保存的，筛选工作主要是手动删除点云中的一些杂点。这些杂点不是零件上的点，是将周围的一些不相关的反光点扫描进去了。如不在此剔除转换到其他软件中会被认为是实体，处理起来会很麻烦。为了能和其他的软件相兼容，处理完的点云数据以 ASC 码的文件格式输出。

9.2　基于点云的装焊误差检测技术

在使用三坐标测量机检测白车身时，获取测点误差是件很容易的事情。测点的空间位置是车身的设计位置，实际车身与这个位置的差值就是该测点的误差。但在使用光学扫描仪检测白车身时，问题就不是这么简单了。扫描得到的点云与车身的设计数模之间是无联系的，需要将点云覆盖到车身数模上进行比对，才能从两者的贴合程度上衬托出误差。如果比对工作进行得不好会严重曲解被测表面的误差形态，造成质量评价失误或产生歧义。但这种比对工作又有一定的难度，因为车身数模和点云是两种不同的数字模型。车身数模是有特征的，其上的图素有圆心、轴线等几何特征可寻；而点云是无特征的，即使是外观很标准的圆柱也找不到其轴线。因此，在很多设计软件中所普遍采用的利用特征来建立约束的方法面对点云就都失效了。要完成点云表面的比对工作，一方面需要软件支撑，同时也需要操作者的经验。现先将点云比对工作中所使用的软件介绍如下。

9.2.1　Geomagic Qualify 软件简介

本文所使用的点云比对软件是 Geomagic Qualify。这是美国 Geomagic 公司出品的一款逆向校核软件，通过在零件的点云数据与标准数模之间进行三维比较，可以用色谱云图的方式显示二者的贴合程度，并能根据使用者选择显示云图上任一点的误差。

Geomagic Qualify 的操作过程：首先在零件的标准数模上建立基准和特征，然后自动生成在点云数据上的相对应的基准和特征。将标准数模与点云数据依据所建立的特征和基准对齐。对齐命令就是将标准数模与点云数据统一到同一个坐标系下，然后进行两者的比较，得到以 3D 和 2D 色谱图显示的比较结果。并可以使用误差注释的命令得到某点的误差详细信息，以便于接下来的零件误差分析与评估。具体操作过程将会在下面的对比分析中详述。

Geomagic Qualify 作为计算机辅助检测的软件，拥有操作容易、检测功能丰富等优点。当然其检测结果也会受到点云数据的质量、创建的基准和特征是否合理以及对齐精度是否符合要求等的影响。本文所用的光学扫描设备的精度可以达到 0.001 mm，通过正确的操作方法，已经获得一个精度很高并且完整的零件点云数据；在创建基准和特征时，是根据实际夹具状态，选择在夹具点位置处创建，这样可以保证检测结果的准确性。

Geomagic Qualify 软件特征：

（1）对齐方式是根据基准和特征的对齐方式；RPS 对齐方式；3-2-1 对齐方式以及最佳拟合对齐方式。

（2）3D 分析，误差色谱图，结果显示为映射模型或者是色点偏差；带有柱状图的可完全自定义的色谱；成败（通过、未通过）分析报告；CMM（稀疏）数据支持；偏差和文本评注；用户自定义的位置设置检查[54]。

（3）2D 分析，偏差线体图；边界边缘和回弹分析。

（4）测定特征和基准的 3D 尺寸注释；2D 剖面尺寸注释；2D 叶片尺寸注释和扭曲分析；平行度、垂直度、角度、圆柱度、位置、表面轮廓的 GD&T 测定。

（5）报告生成，可以生成 HTML、PDF、MS、Word、MS Excel 格式的文件。

（6）文件导入，支持 XYZ/ASCI 格式的所有 3D 数字转换器、照相机和扫描仪，并处理有序和无序表面及体积数据。

9.2.2 扫描件的点云

使用前述的非接触式光栅扫描仪，在底架工序上对左后轮罩、右后后轮罩、后地板总成这三个件的装夹状态进行扫描。扫描前将这三个总成装夹完毕但不焊接，保持装焊夹具的原始定位状态。扫描结果如图 9.9 所示，点云输出为 ASC 格式的文件。

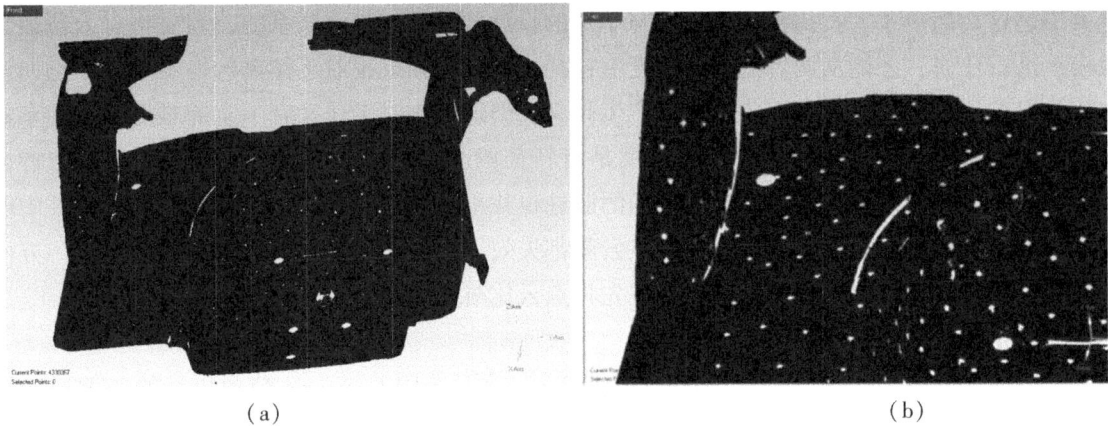

| (a) | (b) |

图 9.9　左后、右后轮罩及后地板总成在装夹状态下的点云

图 9.9（a）为上述三个件扫描后的整体点云，（b）为放大图。从（b）图中可明显看到左后轮罩与后地板之间的缝隙，本文所要治理的就是这部分的误差。

9.2.3 零件的标准数模

图 9.10 所示的 CATIA 数模为与图 9.9 中扫描件点云所对应的车身标准数模。但该数模为特征造型数模，不能被 Qualify 软件所使用。为此，需要在 CATIA 环境下对其进行表面提取，生成图 9.11 所示的表面模型。将该模型保存为 STP 格式，作为扫描点云的比对基准。

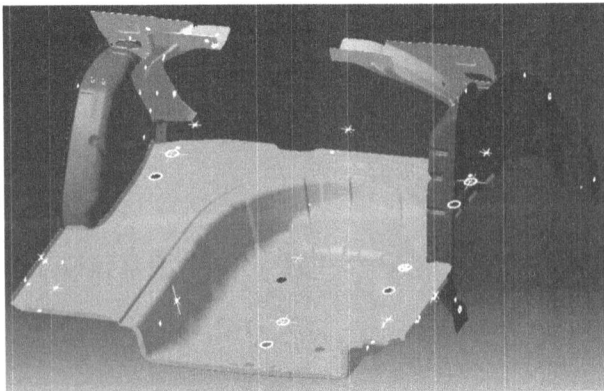

图 9.10　扫描件的标准数模

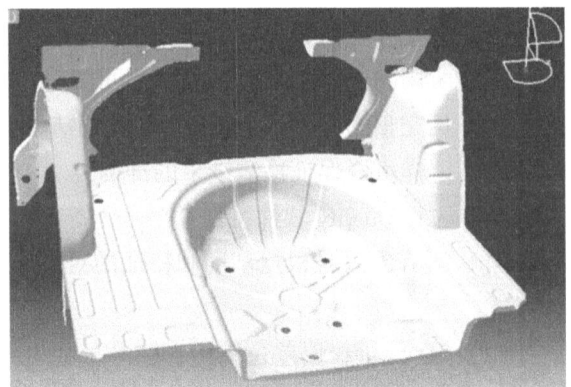

图 9.11　标准数模的表面模型

9.2.4　创建特征和基准

　　首先将扫描件的点云数据导入到 Qualify 中（图 9.12），再将 CATIA 中的标准数模表面模型也导入到 Qualify 中（图 9.13）。

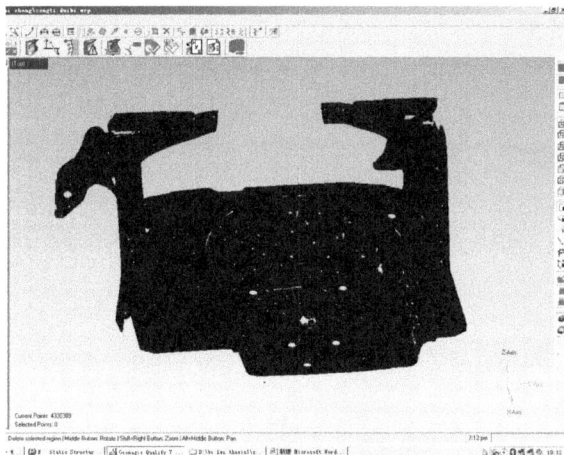

图 9.12　导入后的扫描件点云

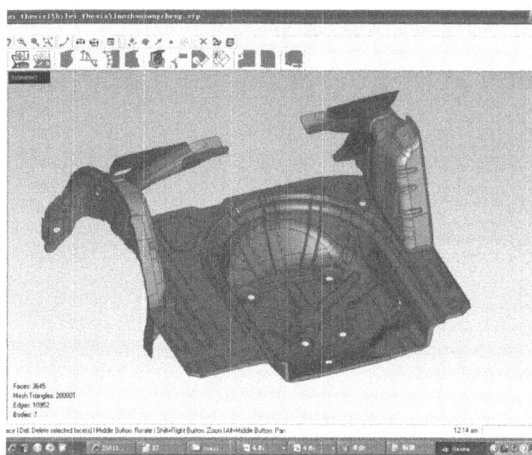

图 9.13　导入后的标准数模

　　下面将在这两个模型上建立相互对应的基准和特征，目的是将点云数据的坐标系对齐到标准数模的坐标系上，以便进行误差比对工作。

　　首先在标准数模上建立孔特征。为了模拟实际夹具的装夹状态，以及为后续有限元仿真分析时设置夹具调整量提供依据，应该按照实际夹具点的位置进行对齐，所以特征和基准尽量选取在夹具定位点处。在 Qualify 的"特征类型"下选择孔基准，依次选取如图 9.14 所示的 10 个孔特征。

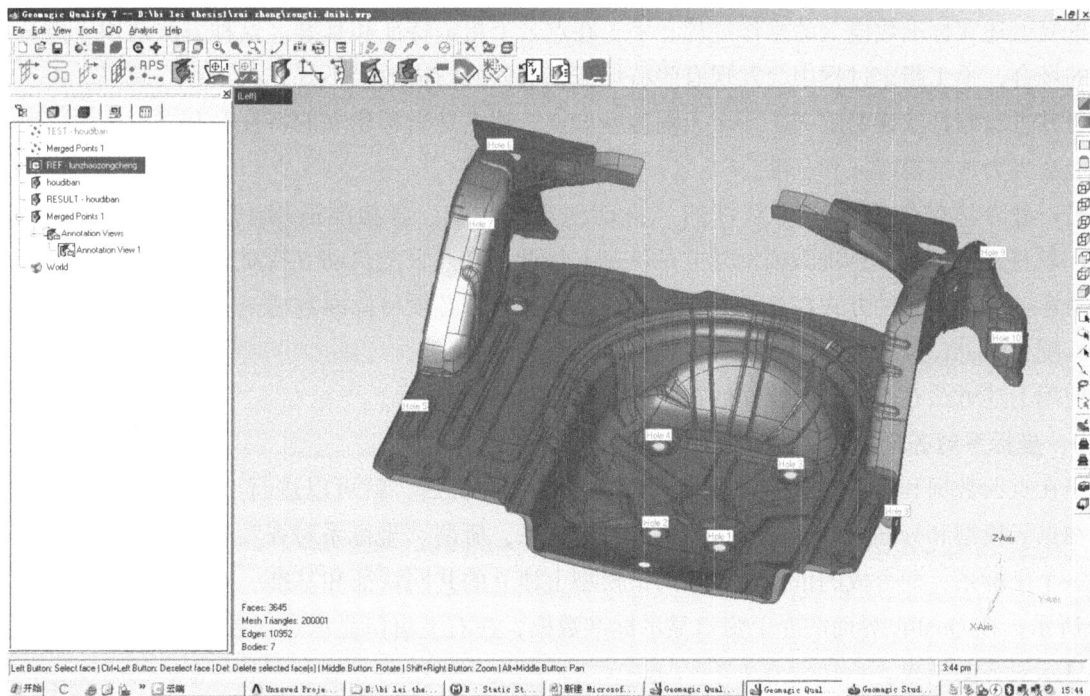

图 9.14　在标准数模上建立的孔特征

然后在标准数模上建立面基准，在 Qualify 的"基准类型"下选择平面，在如图 9.15 所示的两个面上各建立一个面基准特征。

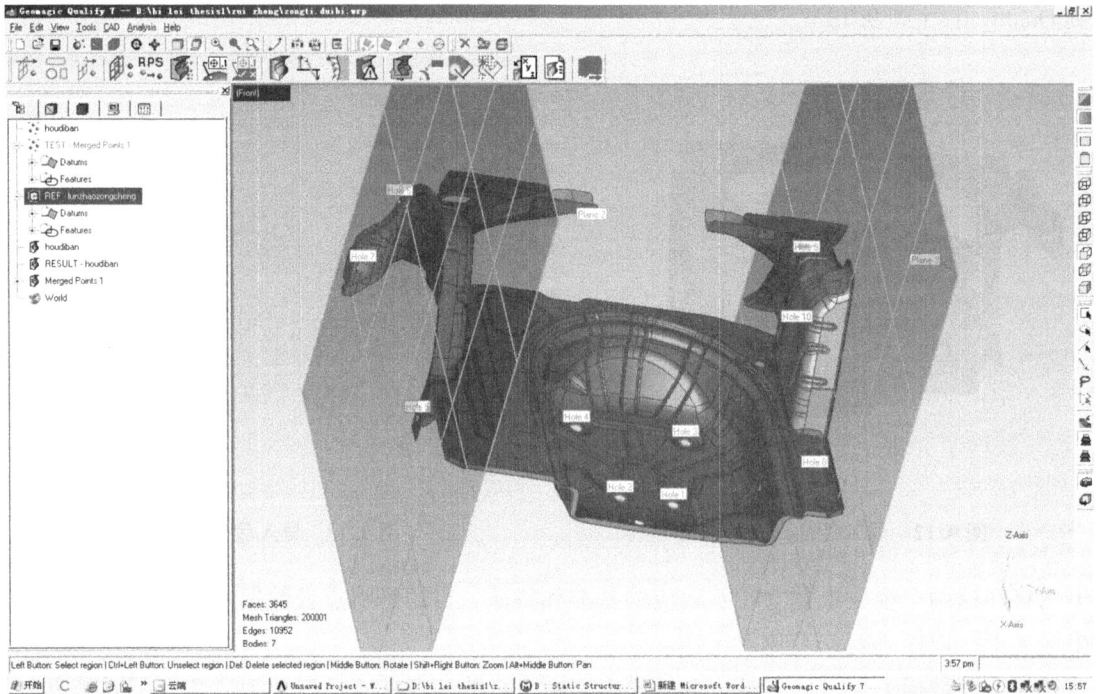

图 9.15   在标准数模上建立的面基准

最后，在点云模型上建立与标准数模相对应的特征和基准。方法有两种：一种方法是在点云模型上重复上述在标准数模上的操作过程，手工在点云上指定特征和基准。这种方法适用于点云质量较差的场合，手工指定过程中会发现有些特征或基准处的扫描效果不好，点云存在缺陷。手工指定时可对其进行修补或强制定义，不至于漏掉基准点。缺点是当所建立的特征和基准过多时，手工指定可能会人为地漏掉特征和基准。

另一种方法是使用 Qualify 软件的"自动创建"功能。该功能适用于点云质量较好的场合，Qualify 软件能够根据在标准数模上建立的特征和属性，在点云上自动寻找对应的特征和属性。

注意：无论用哪种方式在点云上建立特征和属性，都必须与标准数模一一对应。如果特征或属性不匹配，Qualify 软件将拒绝比对。

使用上述方法在点云上所建立的特征和基准如图 9.16 所示。

9.2.5   坐标系对齐

当在点云数据和标准数模上建立了对应的基准和特征后，就可以进行"坐标系对齐"的工作了。在点云模型和标准数模上都有自己本身的坐标系，所谓"坐标系对齐"就是将这两个坐标系合成为一个坐标系，而合成的依据就是在两个模型上建立的共同特征和基准。对齐坐标系的过程如图 9.17 所示，在 Qualify 界面的左上窗口显示标准数模，在右上窗口显示点云数模，在下面的"对齐"窗口显示对齐的结果。

对齐过程就是手工创建"特征对"和"基准对"的过程。手工指定点云模型和标准模型上的特性或基准，告知 Qualify 软件它们是一对，软件就会按配对操作来搬移点云，最终将两个模型的

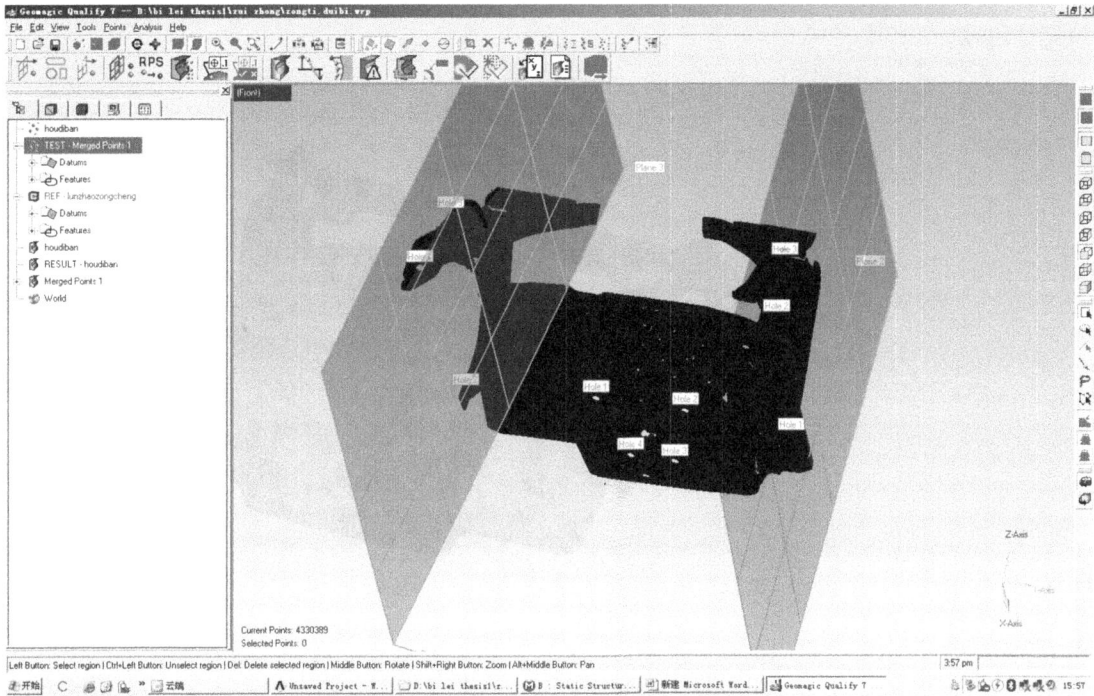

图 9.16　在点云上建立的基准和特征

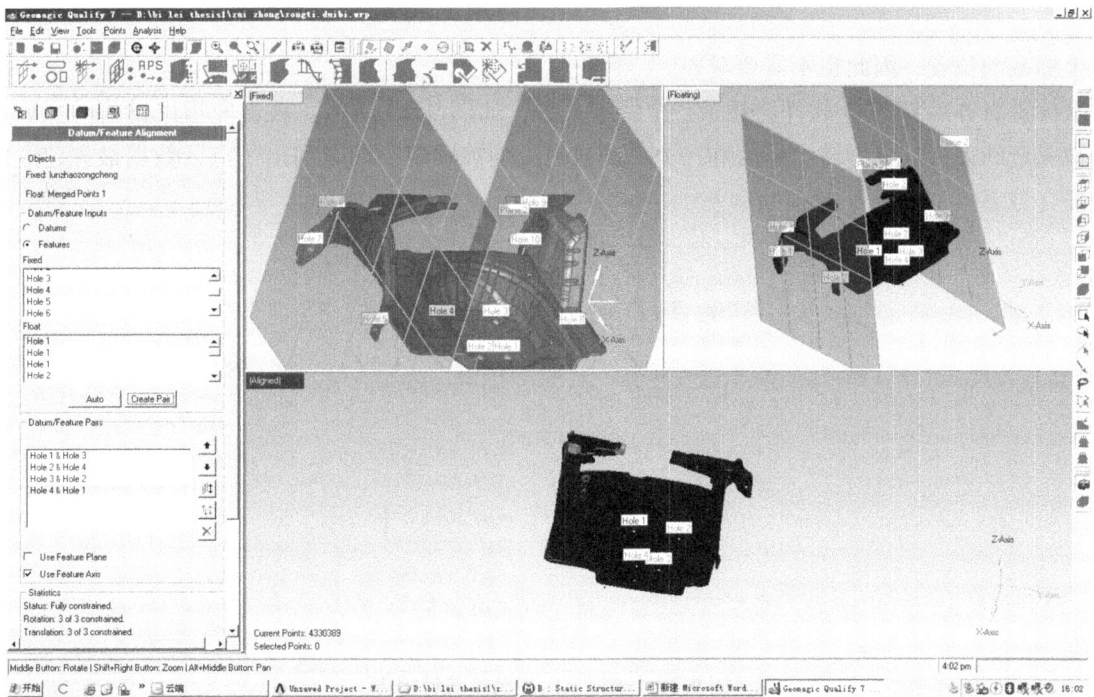

图 9.17　两个模型的对齐操作

坐标系对齐。点云模型和标准数模就"贴合"在一起了。其效果如图 9.18 所示。

　　在这里也体现了扫描检测与逆向工程的区别，扫描检测必须将点云数据的坐标系与整车的坐标系（即标准数模坐标系）对齐，才能够获取扫描点云的误差数据，而在做逆向工程时扫描点云不必

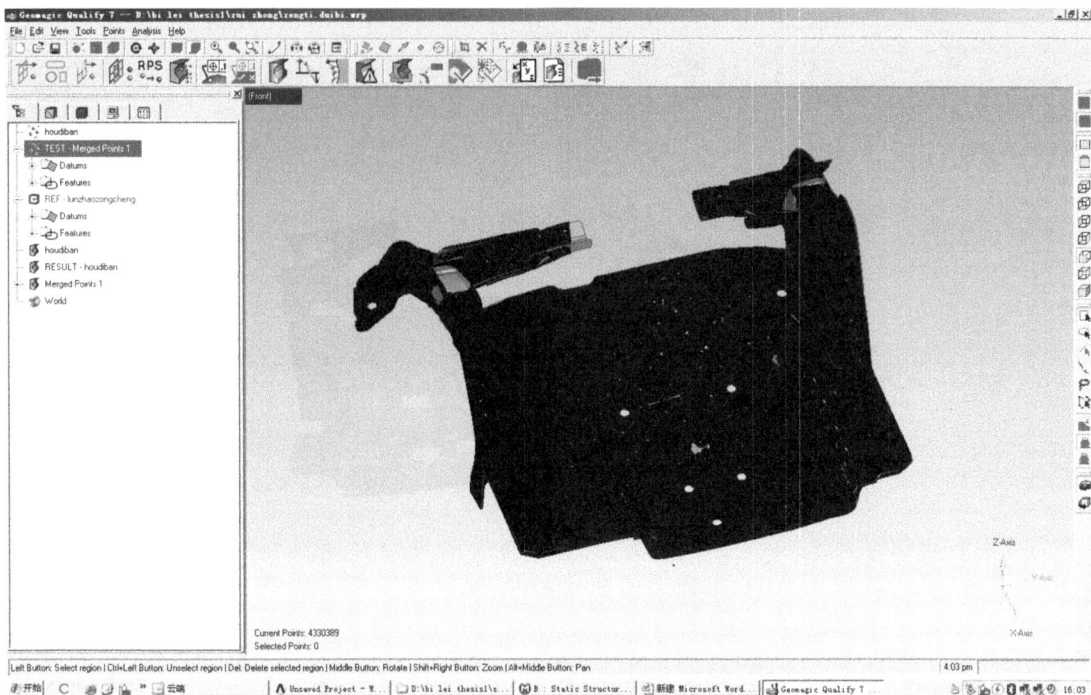

图 9.18　点云数模与标准数模对齐后的效果

顾及坐标系的位置，因此也不需要对齐。

　　坐标系对齐后 Qualify 软件会显示一个统计报告，如图 9.19 所示。报告中指出目前的点云数据已经被完全约束；三个旋转自由度和三个移动自由度均被锁定；同时列出了点云数据最先建立的三对特征（或基准）与标准数模的偏差。

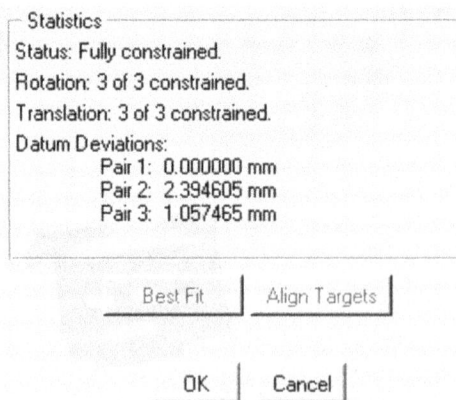

图 9.19　坐标系对齐精度统计报告

　　这三个偏差值提示了在坐标系对齐操作中的两个应该注意的问题：一是首先选择的三个对应特征（或基准）很重要，这三个对应特征的误差基本上决定了坐标系对齐的精度。因此既要选择跨度较大的基准点又要注意基准点处点云的扫描质量。二是坐标系对齐并不是刚性的，Qualify 软件是在允许基准点出现偏差的情况下尽量将点云与标准数模"贴合"在一起的。

9.3　误差提取与评价

完成上述准备工作后，就可以提取扫描件的误差并进行质量评价了。Qualify 软件的误差提取方式有两种：3D 形式和 2D 形式。所谓"3D 形式"就是在三维模型上比对出点云和标准数模之间的误差，其显示方式为色谱图。并可以用点选的方式来观察三维模型中任一位置的误差。而"2D 形式"则可以在模型上截取任一截面，截面上会显示点云与标准数模的误差曲线。这两种误差提取形式结合起来会很方便地观察和评价扫描件的误差。

9.3.1　扫描件的 3D 比对

Qualify 软件的 3D 比对功能对偏差的定义是有方向的。其定义为：测试对象到参考对象（即扫描点云到标准数模）上任一个点的最短距离。因此其色谱图的颜色不但代表了偏差的大小，还指出了偏差的方向。色谱图一般以浅黄和浅绿为分界线，黄色以上的部分为正偏差，绿色以下的部分为负偏差。而偏差的正负是按标准数模的曲面法线方向定义的。偏差与法线同向为正（误差使表面外凸），反向为负（误差使表面内凹）。

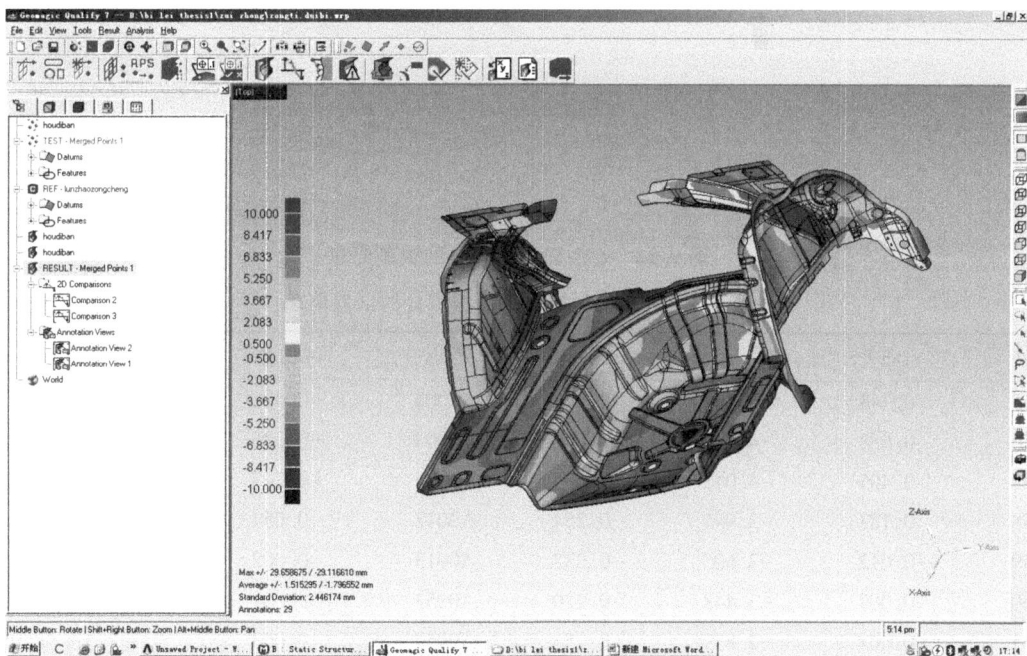

图 9.20　扫描件的 3D 比较结果图

选择 Qualify 软件的 3D 比对功能，所生成的色谱图如图 9.20 所示。图中显示了在装夹状态下左后轮罩、右后轮罩、后地板总成这三个件的误差分布形态，可以从宏观上观察这道工序的误差。

对于所关心的左后轮罩与后地板之间的缝隙处的误差状态，在 3D 比对的环境下可以用拾取误差点的方法来显示。[55]。

拾取误差点后在 3D 窗口中会显示如图 9.21 所示误差注释。图中 D 代表点云上被选中的测点到标准数模曲面的最短距离，即该点的偏差；Dx、Dy、

图 9.21　误差注释格式

Dz 为该偏差的三个分量。

在左后轮罩与后地板缝隙的部位拾取两排共 14 个误差点，其误差信息如图 9.22 及表 9.1 所示。作为对比，在右后轮罩与后地板连接处也拾取两排误差点，共计 12 个，其误差信息如图 9.23 及表 9.2 所示。

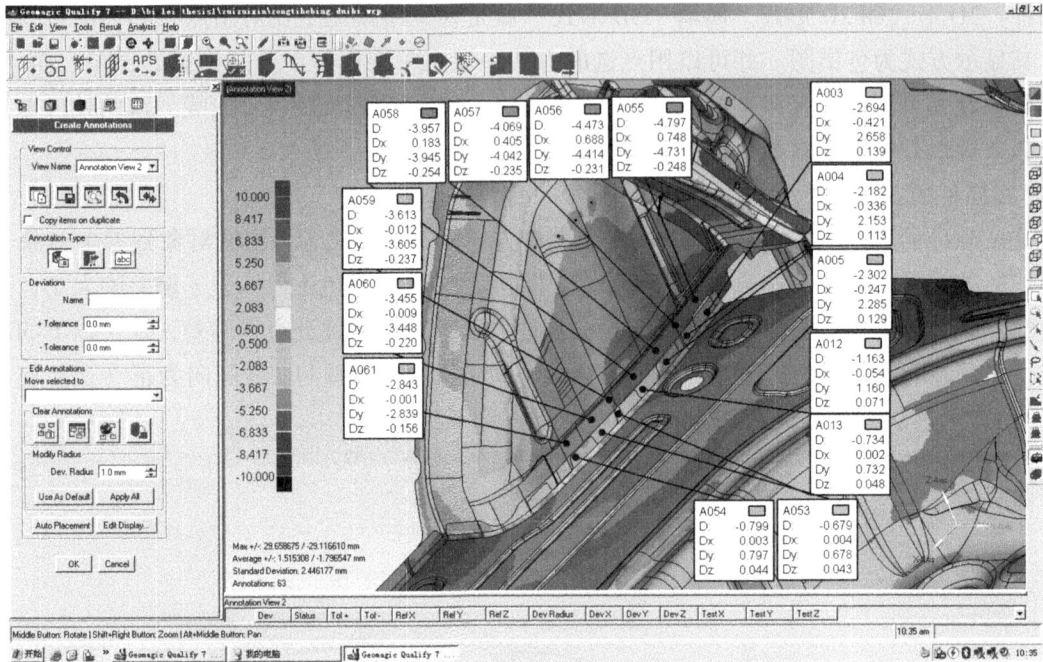

图 9.22　左后轮罩缝隙处的误差信息

表 9.1　左后轮罩与后地板缝隙处的误差信息

Dev	DevX	DevY	DevZ	Dev	DevX	DevY	DevZ
A055	0.748	−4.731	−0.248	A003	−0.421	2.658	0.139
A056	0.688	−4.414	−0.231	A004	−0.336	2.153	0.113
A057	0.405	−4.042	−0.235	A005	−0.247	2.285	0.129
A058	0.183	−3.945	−0.254	A0012	−0.054	1.160	0.071
A059	−0.012	−3.605	−0.237	A0013	0.002	0.732	0.048
A060	−0.009	−3.448	−0.220	A0053	0.004	0.678	0.043
A061	−0.001	−2.839	−0.156	A0054	0.003	0.797	0.044

表 9.2　右后轮罩与后地板连接处的误差信息

Dev	DevX	DevY	DevZ	Dev	DevX	DevY	DevZ
A003	0.042	0.263	−0.014	A002	0.039	0.243	−0.013
A020	0.042	0.267	−0.014	A005	0.043	0.275	−0.014
A008	0.058	0.555	−0.031	A007	0.026	0.231	−0.014
A010	0.046	0.888	−0.055	A009	0.021	0.401	−0.024
A012	−0.004	1.152	−0.076	A011	−0.002	0.857	−0.056
A014	−0.003	1.071	−0.068	A013	−0.005	0.988	−0.062

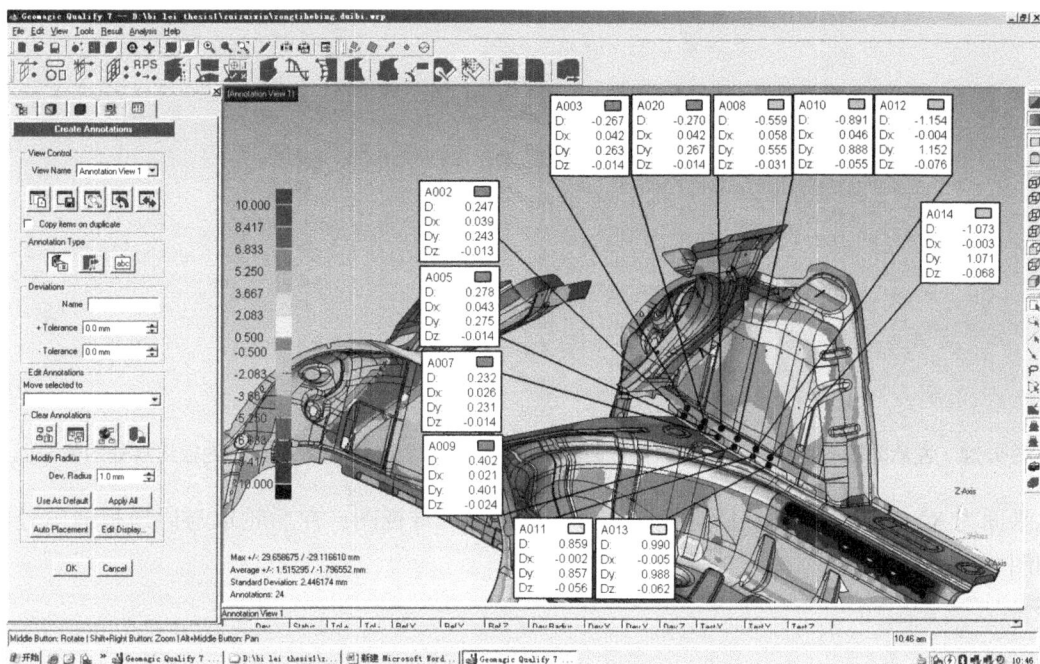

图 9.23　右后轮罩与后地板连接处的误差信息

由误差注释的信息看，左后轮罩与后地板产生的缝隙方向主要是在 Y 方向，A055 点与 A003 点在 Y 方向的差值为 7.389mm，以此往后每两点之间的差值为 6.567mm、6.327mm、5.105mm、4.337mm、4.126mm、3.636mm，由此可见此缝隙为前大后小的 V 形缝隙。

还可以通过图中零件显示的颜色信息来判断，左侧的色谱代表误差的分布形态，绿色代表扫描点云与其标准数模配合良好，偏差极小。上边的红色代表着扫描点云相对于标准数模朝着 X、Y、Z 正方向的偏差值，下边的蓝色代表着扫描点云相对于标准数模朝着 X、Y、Z 负方向的偏差值，颜色越深代表误差值越大。由图中缝隙周围的颜色可以看出，缝隙前部的颜色较深，后部的颜色较浅，说明左后轮罩与后地板之间的缝隙呈现 V 形，其与误差注释信息和扫描的结果一致。

从右后轮罩与后地板的误差信息看，从前到后的缝隙相对左轮罩要小得多，从前往后每两点在 Y 方向的差值为 0.020mm、0.008mm、0.324mm、0.487mm、0.295mm、0.083mm，可见缝隙很小，不影响焊钳的焊接工艺。

据此可得出 3D 比对环境下的扫描件误差评价：左后轮罩与后地板总成之间的缝隙严重超差，超差量及偏差方向见表 9.1，该处误差需要治理；右后轮罩与后地板总成之间的缝隙不超差，偏差值及方向见表 9.2，该处误差不需要治理。

9.3.2　扫描件的 2D 比对

扫描件的 2D 比对功能是用横截面贯穿扫描对象，然后以二维视图的形式显示横截面的信息（包括色谱图和误差信息）。这种方式与 3D 比对相比信息量小，但能更加详细和直观地显示某些截面的误差分布。本文的缝隙误差更适合使用 2D 比对方法。

选择 Qualify 软件的 2D 比对功能，将横截面位置分别选择在左右后轮罩与后地板连接处的中间位置，如图 9.24 和图 9.25 所示。

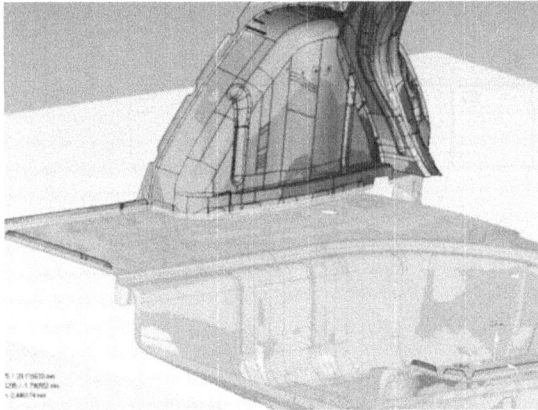

图9.24   左后轮罩与后地板连接处的横截面

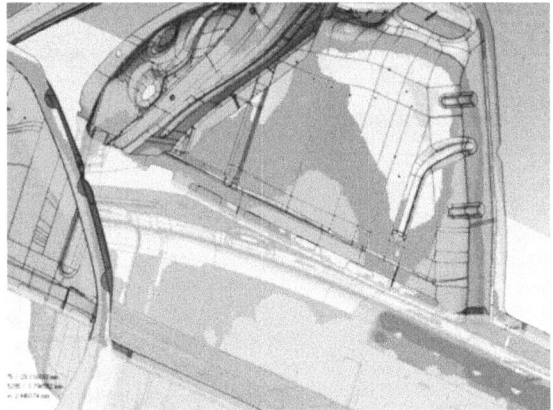

图9.25   右后轮罩与后地板连接处的横截面

此平面为 XY 平面方向，然后选择计算命令，创建二维视图，左后轮罩与后地板缝隙处的二维视图如图9.26所示。

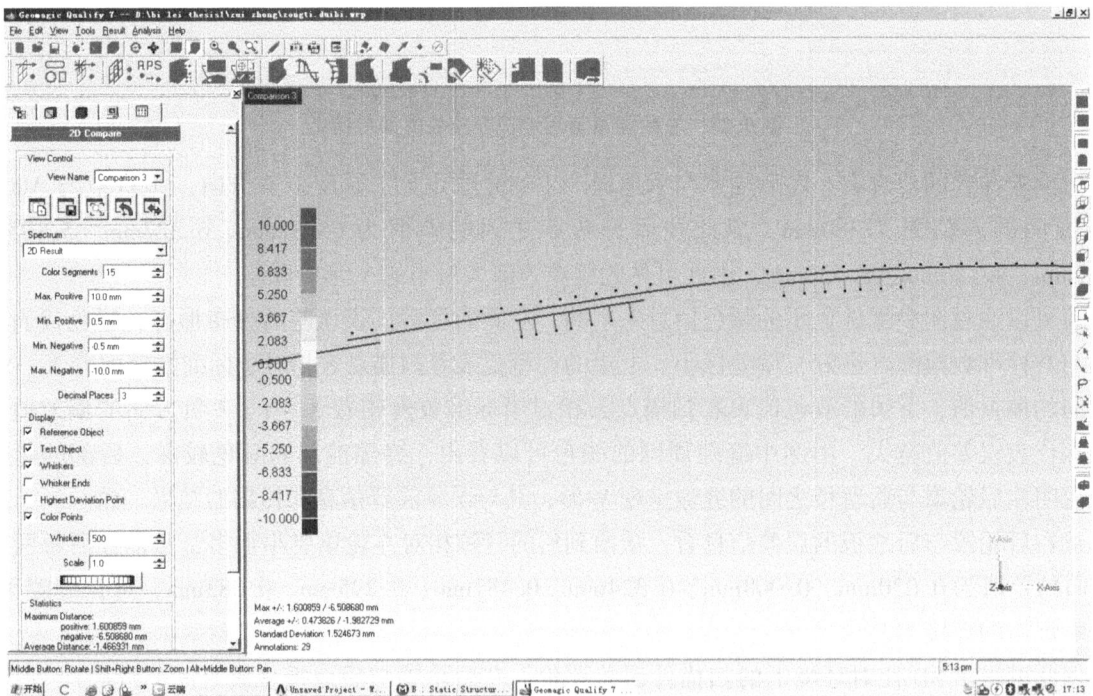

图9.26   左后轮罩与后地板连接处的二维视图

图中下方的短红线代表左后轮罩的标准数模，上边的一条长红线代表后地板标准数模，最下边的黑点代表左后轮罩的扫描点云，最上边的黑点代表后地板的扫描点云。中间的蓝色竖线则分别代表扫描点云与标准数模在 XY 平面之间的垂直距离。从图中显示的缝隙处的偏差状态可以看出，左后轮罩的扫描点云相对其标准数模向 Y 轴负向偏移，后地板扫描点云相对其标准数模向 Y 轴正向偏移，所以在轮罩地板总成的扫描点云中出现的缝隙可以从二维图中清晰地看出。

图9.26显示出了一个重要的现象：左后轮罩与后地板之间的缝隙主要是由于左后轮罩的偏差造成的。这使得使用夹具补偿技术治理该部分的误差成为可能。因为后地板装配到目前的总成状

态，其刚度已经很大了。若偏差主要在地板上，则无法用调整装焊夹具的方法来补偿了。而后轮罩目前只是个合件，且缝隙部位刚度较小，故具备使用夹具补偿技术的条件。

在 2D 比对中也可以像 3D 比对那样标注误差点的信息，操作方法与 3D 比对相同。参考图 9.22，同样在图 9.26 的缝隙处两侧各拾取 7 个点，其误差信息如图 9.27 和表 9.3 所示。这两个图表中的数据量化了缝隙处的误差，进一步证明缝隙主要是由左后轮罩的偏差引起的，为后续的夹具补偿提供了依据。

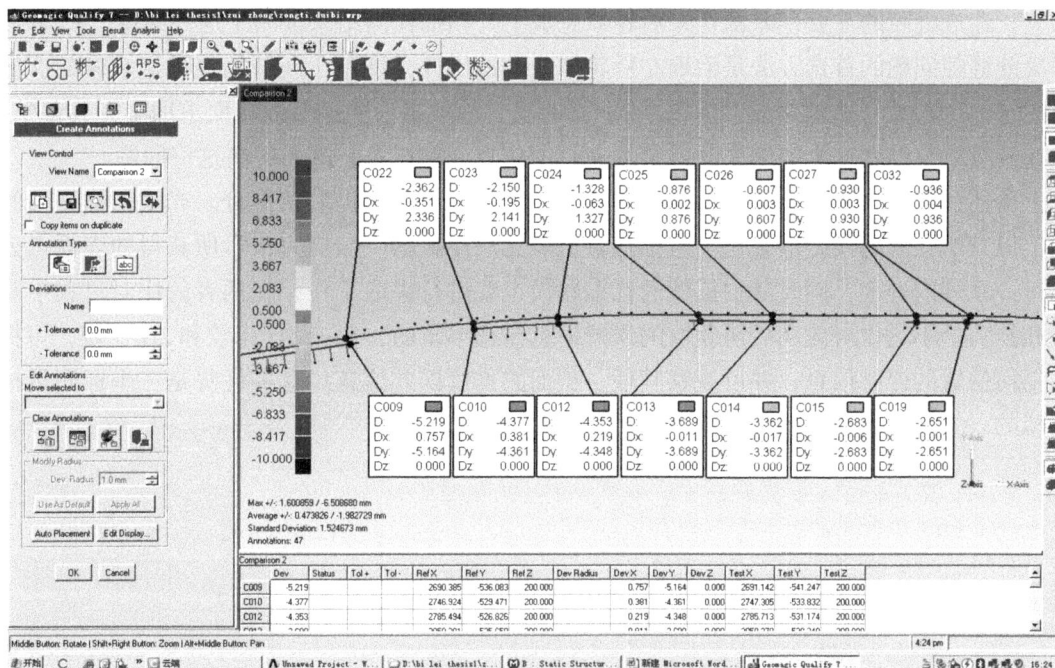

图 9.27　左后轮罩与后地板连接处的二维视图的误差注释

表 9.3　右后轮罩与后地板连接处的误差信息

Dev	DevX	DevY	DevZ	Dev	DevX	DevY	DevZ
C022	−0.351	2.336	0.000	C009	0.757	−5.164	0.000
C023	−0.195	2.141	0.000	C010	0.381	−4.361	0.000
C024	−0.063	1.327	0.000	C012	0.219	−4.348	0.000
C025	0.002	0.867	0.000	C013	−0.011	−3.689	0.000
C026	0.003	0.607	0.000	C014	−0.017	−3.362	0.000
C027	0.003	0.930	0.000	C015	−0.006	−2.683	0.000
C032	0.004	0.936	0.000	C019	−0.001	−2.651	0.000

右后轮罩处的横截面误差信息在 3D 色谱图中已经给出，识别方法与左后轮罩处的横截面识别方法类似，在这里不再赘述。

9.3.3　误差评价

汽车白车身的制造误差主要可分为两类：一类是冲压件本身的制造误差，另一类是装焊夹具的定位和制造误差。这两类误差分属不同的误差源，需分别修正，但两者综合作用的结果可以互补。

产生此缝隙的原因可判定如下：

首先，组成左后轮罩及后地板的冲压件均存在误差，该误差来自于模具。若时间允许应予以治理。

第二，整个装焊过程会积累误差。由于后地板的装焊线比较长，故积累误差主要来源于后地板总成。但扫描检测结果显示，后地板在缝隙处基本不超差，且偏差左右对称，故缝隙处的误差源不在地板总成的装焊工序。

第三，造成缝隙的主要误差源在左后轮罩总成上。扫描检测结果证明了这一结论。

解决此缝隙问题的首选方法是治理左后轮罩上的冲压件，试制车间开始也是这么做的。但由于该轮罩的回弹比较大（这就是设计原因了），修改模具后效果不明显。故转而求助于夹具调整技术。本文将在后续章节结合这个实例来介绍装焊夹具的仿真调整技术，进而解决这一问题。

综上所述，白车身装焊误差的扫描检测技术包括扫描和误差提取两部分。光学扫描技术的效率虽然低，但其所获取的误差信息是三坐标测量机所无法比拟的。扫描完成后所获得的表面点云信息需要进行一系列的处理，同时对扫描件的标准数模也要进行提取工作，在两者的比对过程中需要一些经验和技巧。不过比对成功后所获取的误差信息是很丰富的，包括 3D 比较和 2D 比较，可提取出扫描件任何位置的误差信息，并可观察其任一截面的连续误差信息。这些优势是三坐标测量技术所无法比拟的。

第 10 章　装焊夹具仿真调整的前期准备

在 8.4.1 节中介绍了夹具调整技术所依据的误差补偿原理。该原理是在已知冲压件形状误差的条件下，通过调整夹具制造出反向误差来补偿冲压件原有的误差。该原理在白车身的产前调试阶段和现生产阶段都可以使用。现生产阶段是依靠统计数据和"反复试错"的方式实施的，而在产前调试阶段则可以使用装焊夹具仿真调整的方式实施。

通过第 9 章所介绍的扫描检测，已经获取了扫描件的点云。注意到这种该点云数据是在扫描件处于装夹状态下测得的，这就为夹具的仿真调整提供了良好的基础。只要在此基础上仿真调整夹具定位点使误差得以弥补，在装焊线上根据仿真结果进行夹具调整，治理误差的效果就会很明显。

第 9 章中所获得的扫描件表面信息是以点云形式表达的。这种点云数据用于误差检测还可以，但有限元分析软件不能接收这种格式，必须将其转化成曲面实体；而且在转化过程中还要对点云数据进行多种处理。这些仿真前期的准备工作很多，故在本章中一并介绍。

10.1　Geomagic Studio 软件简介

夹具仿真是在 ANSYS 环境下进行的，而仿真得以实现的前提是 ANSYS 软件能够接收前述扫描数模。因此必须对扫描所得点云进行前处理。本文使用 Geomagic Studio 软件完成此项工作，现将该软件简介如下：

Geomagic Studio 是由美国 Geomagic 公司出品的逆向工程和三维检测软件。逆向工程在重建零件几何模型方面主要有三种曲面重建方案：一是以 NURBS 曲面为基础的曲面构造方案；二是以三角 B6zier 曲面为基础的曲面构造方案；三是以多面体方式来描述曲面物体的方案。Geomagie Studio 的几何模型重建方案属于第一种，它可以比较容易地从扫描得到的点云数据中创建出多边形模型和网格，并可以将其自动转换为 NURBS 曲面。其逆向曲面重建模块能快速地整理点云文件并自动生成网格面，以便于构建任何复杂模型的精确曲面。其逆向设计原理是用许多细小的空间三角片来逼近、还原 CAD 实体模型。在建模策略上，Geomagic 采用的是用曲面片拟合直接创建 NURBS 曲面模型的策略，其具体的曲面重建流程为点阶段—多边形阶段—形状阶段。该软件是除了 Imageware 外应用最为广泛的逆向工程软件。

Geomagic Studio 主要包括六个模块：基础模块、点处理模块、多边形处理模块、形状模块、Fashion 模块、参数转换模块。主要功能包括：对导入的点云数据进行降噪、取样、拟合等预处理，将其处理为整齐有序的点云数据，并将点云数据进行三角面片网格化封装；对封装数据进行细化、填充孔、锐化边界、打磨表面等操作，以便于获得光顺而又完整的三角面片网格；对三角面片网格进行探测轮廓线、曲率线进而构造曲面片；实现数据的分割与曲面重构，定义面板类型构造格栅而获得整齐的网格划分，从而拟合出光顺的 NURBS 曲面[56]。所拟合出的 NURBS 曲面就可以被 AN-SYS 等大多数有限元分析软件所接受了。本文就是使用 Geomagic Studio 软件完成点云数据的曲面重建工作。

10.2 对点云数据的前期处理

扫描件的点云数据都是有缺陷的，在对其进行曲面重建前要进行一些人工处理。其主要内容如下：

1）导入点云数据

将扫描件的点云数据导入到 Geomagic Studio 中，如图 10.1 所示。

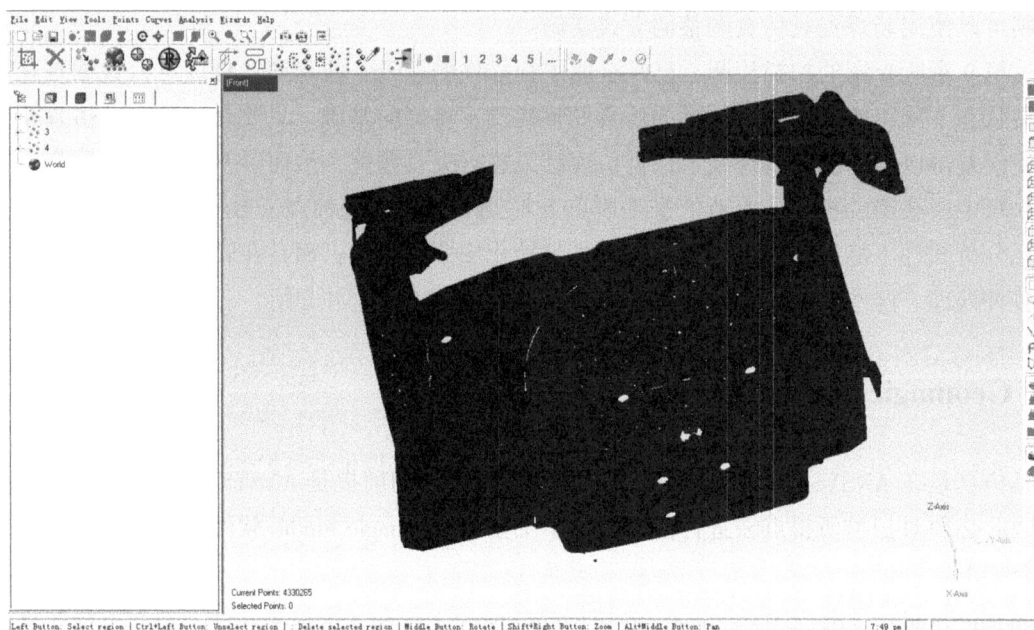

图 10.1 扫描件的点云数据

2）删除不连续的点云和体外孤点

由于扫描测量时的反光现象，扫描过程中不可避免地会扫描到背景物体，如装焊夹具的夹紧机构等。这些部位的点云与扫描件不接触，称为"不连续的点云"。还有一些是背景中的反光点，因其出现得莫名其妙，故称为"孤点"。这些部分当然不能允许进入 NUBRS 曲面，故将其手动删除。如图 10.2 所示。

3）点云降噪处理

所谓"噪音点"是造成扫描件粗糙、不均匀的表面点云。其产生的原因很复杂，但均与被扫描表面的反光特点有关。这些噪音点必须被平滑掉，否则将严重影响 NUBRS 曲面的拟合质量。不但影响其光顺性，而且会造成文件庞大，表面结构复杂，对后续的有限元分析造成严重障碍。Geomagic Studio 软件具有点云降噪功能，可按需求调整降噪效果。图 10.3 所示为降噪前后的效果。

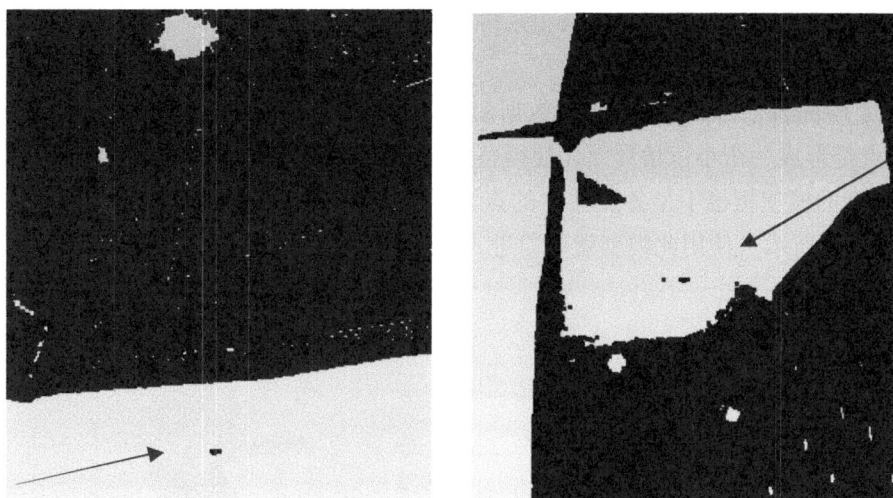

<table>
<tr><td align="center">（a）狐点</td><td align="center">（b）不连续点云</td></tr>
</table>

图 10.2　狐点和不连续点云

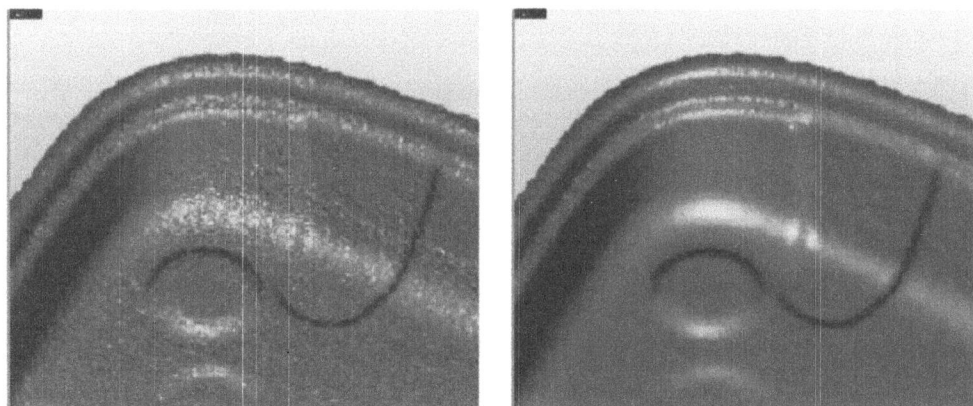

<table>
<tr><td align="center">（a）降噪前的封装状态</td><td align="center">（b）降噪后的封装状态</td></tr>
</table>

图 10.3　对点云进行降噪处理

4）对点云的重新采样

光栅扫描仪的采样密度是很高的。以本文的轮罩地板总成为例，其点云数量达到 4330623 个点，如此多的点在后期拟合曲面时肯定会占用很大的计算机空间，所生成的文件也很大。因此在不丢失表面几何特征的前提下，可以对点云进行重新采样。本文将采样点距设置为 0.7mm 时，点云数量就降低到了 3203311 个点，而

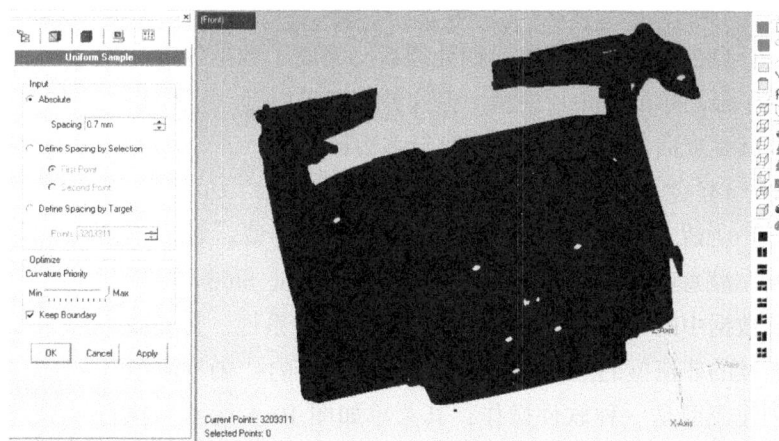

图 10.4　重新采样后的点云

且原来点云细部几何形状均保持完好。其重采样效果如图 10.4 所示。

5）封装数据

封装数据是 Geomagic Studio 进行点云数据前期处理的最后一步，该功能遍历全部点云数据，将相邻的每 3 个点都形成一个小三角形面。使得整个点云以三角形单元的方式连接在一起，称为"数据封装"。封装后的模型再也不是各点独立的点云，而是一种各点之间有联系的型面模型了。封装后的模型如图 10.5 所示。使用此模型就可以进入后续的多边形处理阶段了[57]。

图 10.5   封装数据后的扫描件模型

10.3   对封装数据的多边形处理

点云数据经过上述前期处理后，完成了数据封装，生成了最简单的三角片模型。但这种模型仍旧是"点模型"。在其生成曲面模型之前还要进行多边形处理。

1）创建流型

所谓"流型"是指表面流畅的曲面类型。而"不流畅"就意味着表面的曲率不连续。Geomagic Studio 根据封装数据中的"小三角片"来测量曲率的联系性，将导致不连续的非流型的三角片去掉，这就是所谓的"创建流型"。创建流型是一种软件操作，其菜单如图 10.6 所示。执行此命令后扫描件模型从外观上没有变化。

2）填充空洞

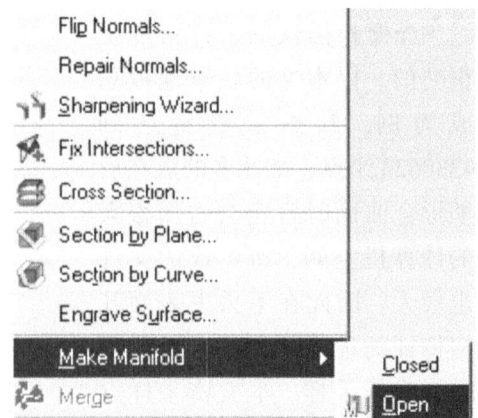

图 10.6   创建流型

由于扫描时要在零件的表面上粘贴标记点，扫描所得到的点云中这些标志点处没有点云，形成"空洞"。此外，在零件的边界上有些部位识别不全，也会形成缺口。这些部位都需要填充，填充前后的效果如图 10.7 所示。

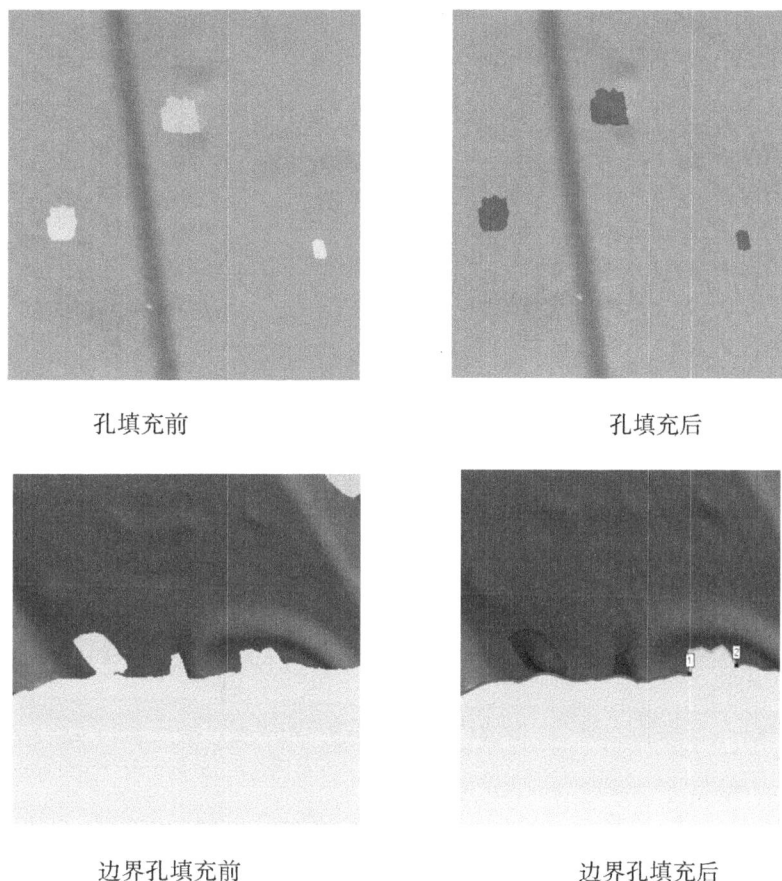

孔填充前　　　　　　　　　　　　　　　　　孔填充后

边界孔填充前　　　　　　　　　　　　　　　边界孔填充后

图 10.7　填充边界孔

3）简化多边形

前述的统一采样是在轮罩地板总成点云处理阶段减少了点云的数量，提高了运算效率。但是数据封装形成多边形模型后，其数据量比点云阶段会有所增加。所以还要通过减少多边形的数量来降低数据量。在执行此操作时，只要局部放大扫描件的表面就会看到网格的疏密在变化。所以简化程度可以人为控制，以不影响扫描件的细部特征为原则。本文的轮罩地板总成经过简化处理后，其三角形的数量由 3837934 个减小到 2220143 个。简化后的模型如图 10.8 所示。

4）砂纸打磨

所谓"砂纸打磨"是 Geomagic Studio 软件提供的一种表面局部光顺工具，可用其去除表面的局部缺陷。其打磨效果如图 10.9 所示。

5）编辑边界

扫描得到的曲面其边界不可能是完整的，一般都会形成"毛边"。这种毛边对误差分析没有什么意义，但却会加重有限元分析的负担，故应该进行圆整。Geomagic Studio 软件提供了边界编辑功能，通过编辑会使边界变得平滑一些。图 10.10 显示了边界编辑前后的效果。

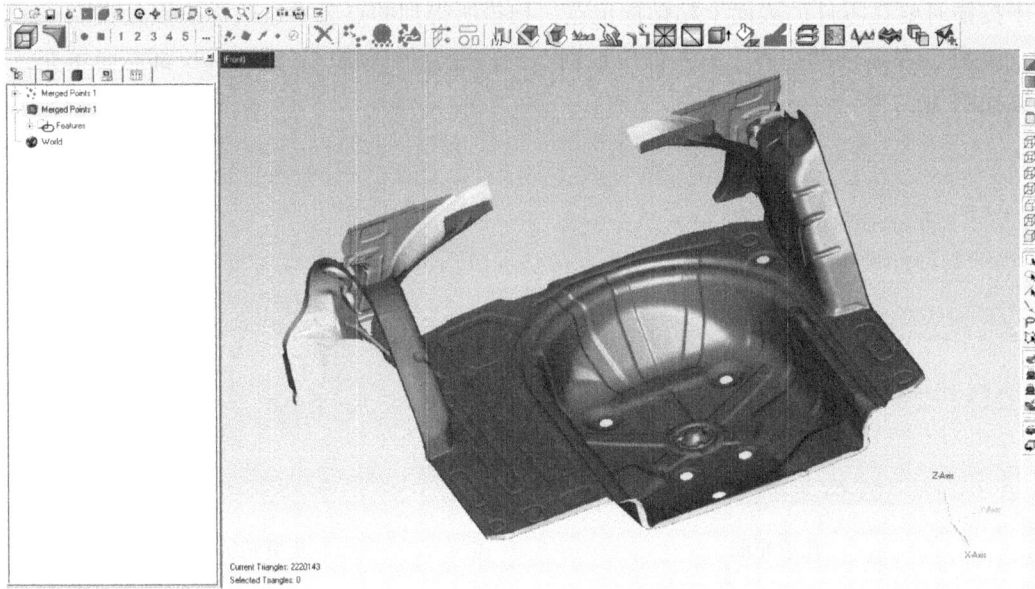

图 10.8   简化多边形后的模型

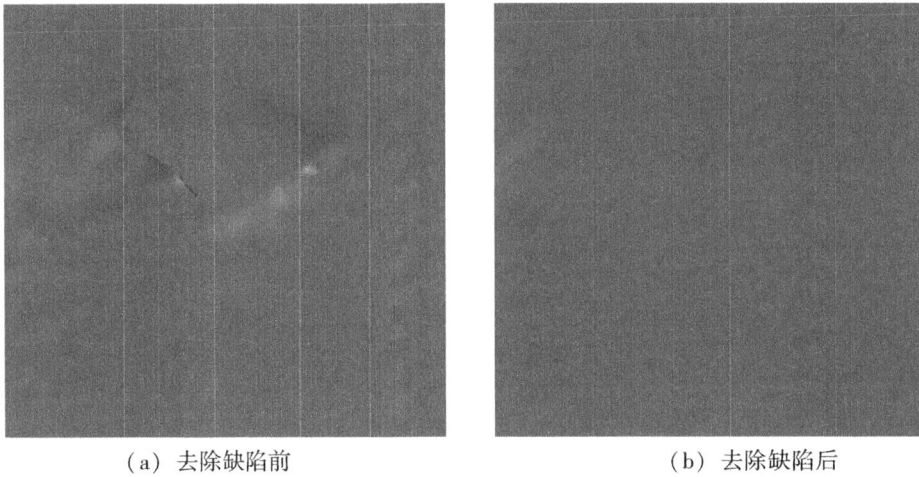

（a）去除缺陷前　　　　　　　　　　　　　　　　（b）去除缺陷后

图 10.9   砂纸打磨

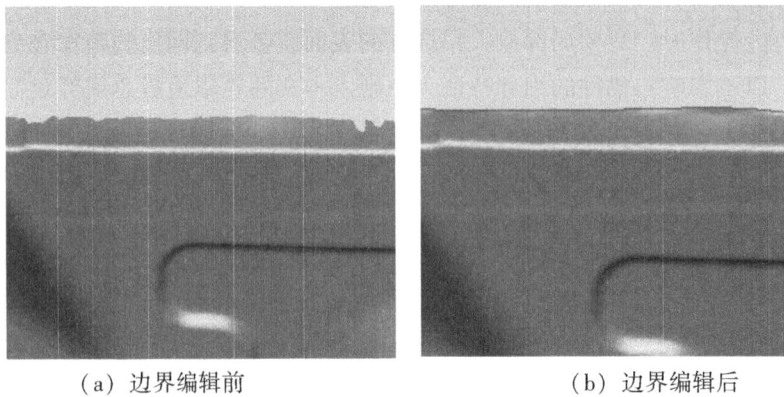

（a）边界编辑前　　　　　　　　　　　　　　　　（b）边界编辑后

图 10.10   编辑边界

至此，对封装数据的多边形处理阶段就结束了，其结果被称为"多边形模型"，如图 10.11 所示。此时扫描件的数据结构仍是封装数据时的三角面，只是三角面的数量减少了，模型中的许多缺陷被去除了。使用这种模型就可以进行后续的曲面生成工作了[58]。

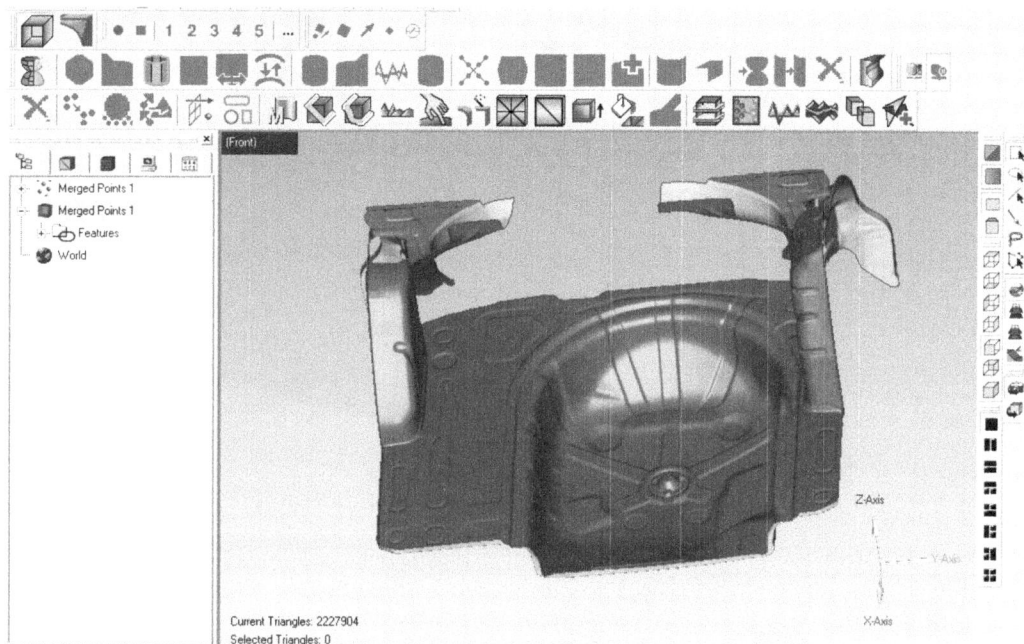

图 10.11　扫描件的多边形模型

10.4　生成曲面模型

生成曲面的算法是固定的，但曲面的形状却是多种多样的，有的会非常复杂。如果任由计算机根据数据自动识别，人工干预困难的话，所生成的曲面将很难令人满意，软件的适应性也就不强了。而 Geomagic Studio 软件则充分考虑到了这一点。该软件在生成曲面模型时采用的是人机交互模式，一方面提供了丰富的曲面处理功能，另一方面这些功能的处理效果完全由操作者自行控制。对扫描件的曲面生成可以反复进行，不断改进，最终达到满意的结果。其基本的曲面生成流程如下：

1）探测曲率

该操作根据扫描件表面的曲率自动生成轮廓线，用黑色线框将曲面划分成多个曲面区域，并在曲率最大的区域生成橘黄色的轮廓线，如图 10.12 所示。

2）升级轮廓线和构造曲面片

图 10.12 中显示的曲率轮廓线将曲面划分成三角形，为了便于进行 NURBS 曲面转换需要将曲面区域变成四边形。通过升级黑色轮廓线为橘黄色，将整个曲面分成几个大区域。在每个区域里构造曲面片，构造好后如图 10.13 所示。

3）移动面板

图 10.13 所构造的四边形曲面片是杂乱无章的，为了构造出更好的 NURBS 曲面，需要使曲面片规则排布。首先将不规则曲面片处的顶点移动到适当位置，使其尽量变得规则。接下来对曲面片

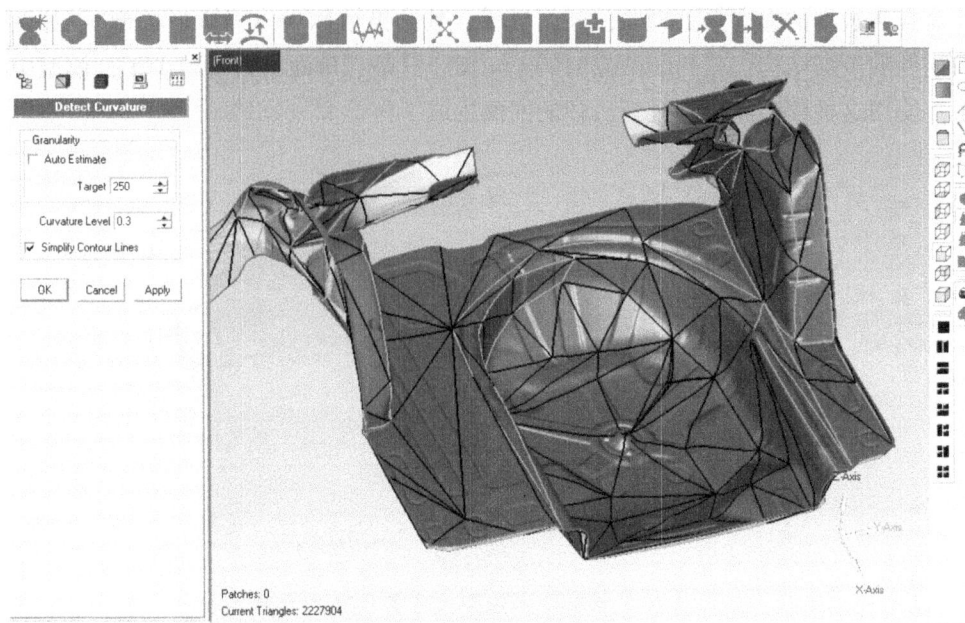

图 10.12　探测曲率

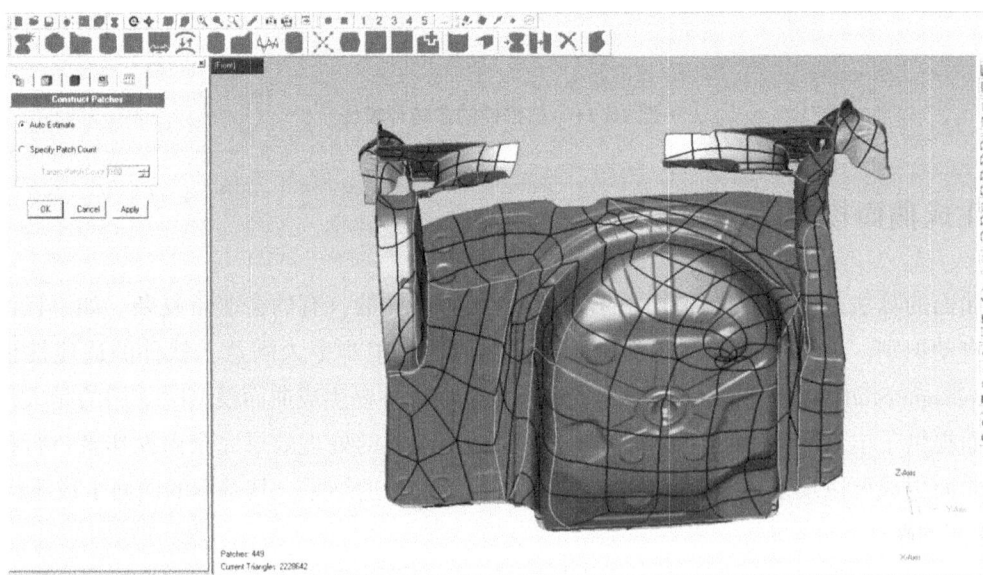

图 10.13　构造好的曲面片

进行定义，选择轮罩模型上被橘黄色轮廓线包围的每个区域，该区域将会以白色高亮显示，同时选中区域的每个角点使其变为红色，在每两个红色角点之间的数字代表两个角点之间曲面片的数量，如果是红色说明两对面的曲面片数不相等，则需要调整数量使其相等，相等之后两角点之间的数字就变成了绿色，最后选择类型栏里的格栅命令，执行后则使这个区域的曲面片重新布局，调整好后的四边形曲面片如图 10.14 所示。

4）解压缩曲面片

为了获得更理想的曲面质量，需要快速地增加曲面片的数量。在如图所示的区域点击一点后这

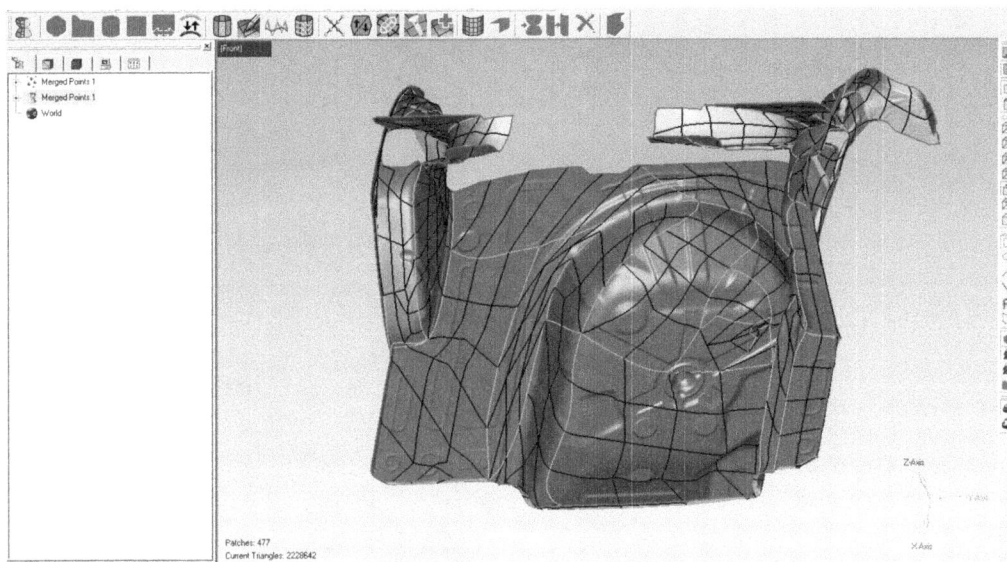

图 10. 14　重新布局曲面片

个区域被加亮，然后执行，那么这个区域则会快速增加一排曲面片，如图 10. 15 所示。

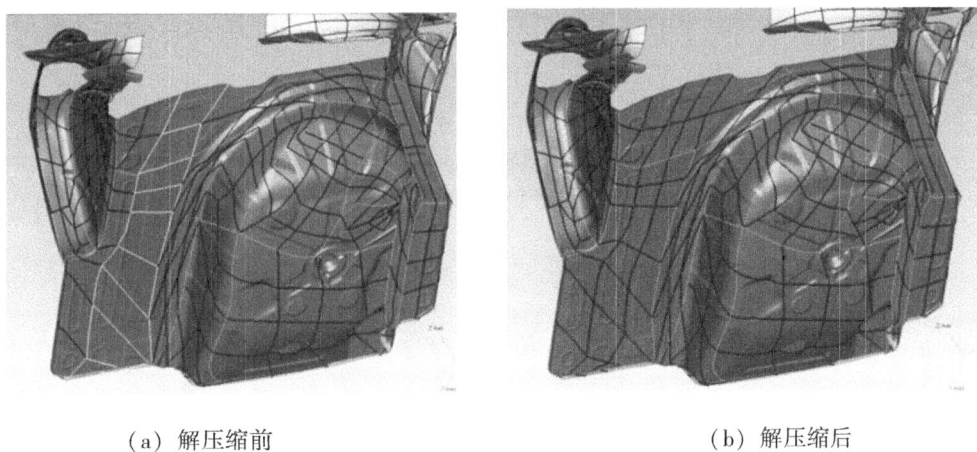

（a）解压缩前　　　　　　　　　　　　　　　（b）解压缩后

图 10. 15　解压缩前后的曲面片

　　5）构建格栅

　　选择工具栏里的构建格栅命令，设置更小的分辨率（如 20），在每个曲面片里将会再生成多个更小的曲面片（比如再增加 20 个）。这些曲面片分布于大的曲面片里，NURBS 曲面的控制点将按照这些数据检查相交的格栅并进行修复。构建格栅完成后，其形态如图 10. 16 所示。

　　6）最终拟合出曲面

　　生成格栅是曲面拟合前的最后一步准备工作。软件对格栅的检查通过后就进入到曲面拟合阶段了。选择工具栏里的拟合曲面命令后，软件会自动拟合一个连续的 NURBS 曲面到格栅网上。对拟合完毕的曲面还可以进行调整，其指标是"表面张力"。该参数可以协调曲面精度和平滑度之间的关系，表面张力的数值越高，曲面精度越高，但平滑度将下降。最终生成的扫描件曲面如图 10. 17 所示。

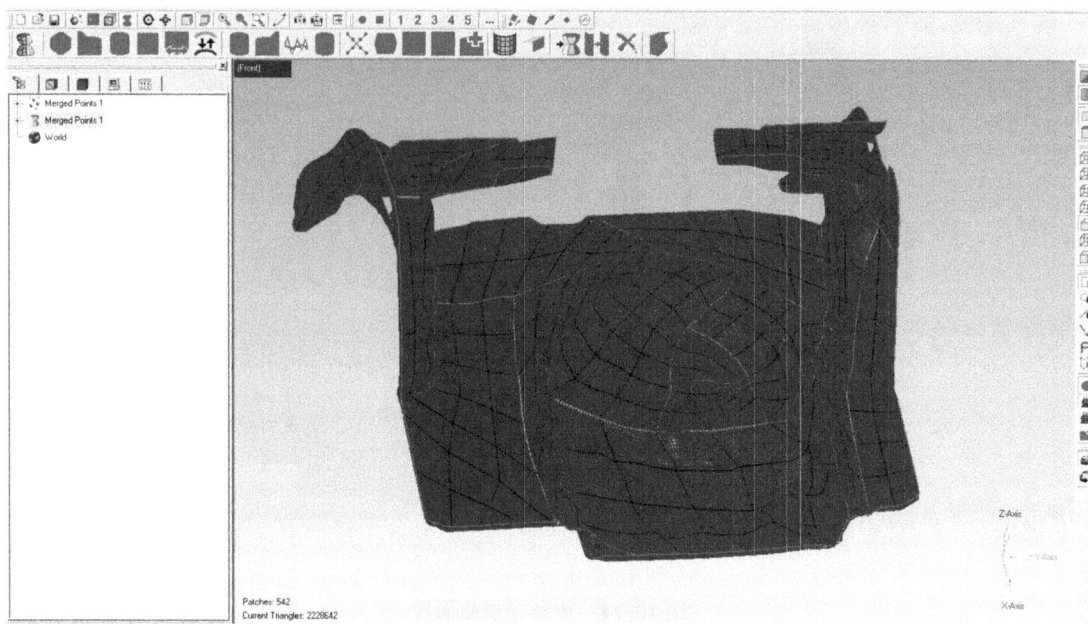

图 10.16   构建后的格栅

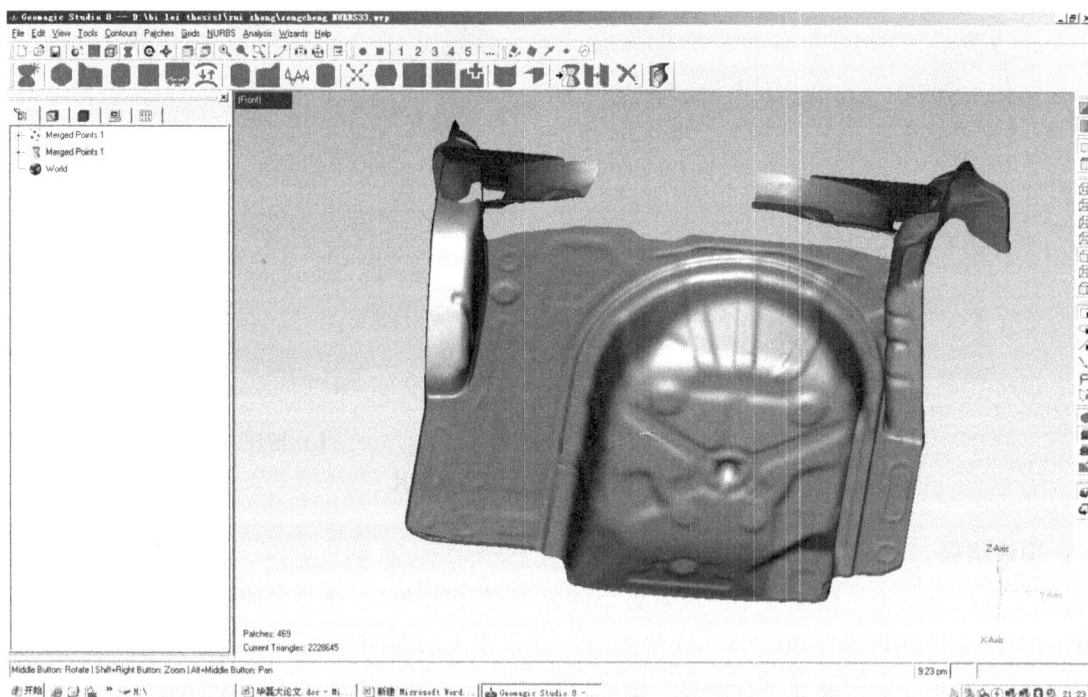

图 10.17   扫描件的 NURBS 曲面

7）在曲面上剪出定位孔

在原始轮罩地板总成零件上有几个定位孔，在 9.2 节中在扫描点云中已经建立了这些特征孔。在将点云拟合成曲面的过程中，为了不干扰曲面拟合而将这些孔在多边形阶段填充上了，现在要将这些孔剪切出来。但这些孔是定位孔，其精度要求是很高的，不能用手工随意剪切，否则将严重损害曲面模型在后续分析中的定位精度。而 Geomagic Studio 软件充分考虑到了这一点，提供了 To

CAD Phase 功能。使用此功能切出的孔与点云中原始孔的形状和位置完全对应，保持了这些定位孔的原貌。

　　剪切出定位孔后，轮罩地板总成 NURBS 曲面的建立完成，如图 10.18 所示。为了能将该曲面模型导入 ANSYS Workbench 软件中进行后续的有限元分析，将其存储为 STP 格式[59]。

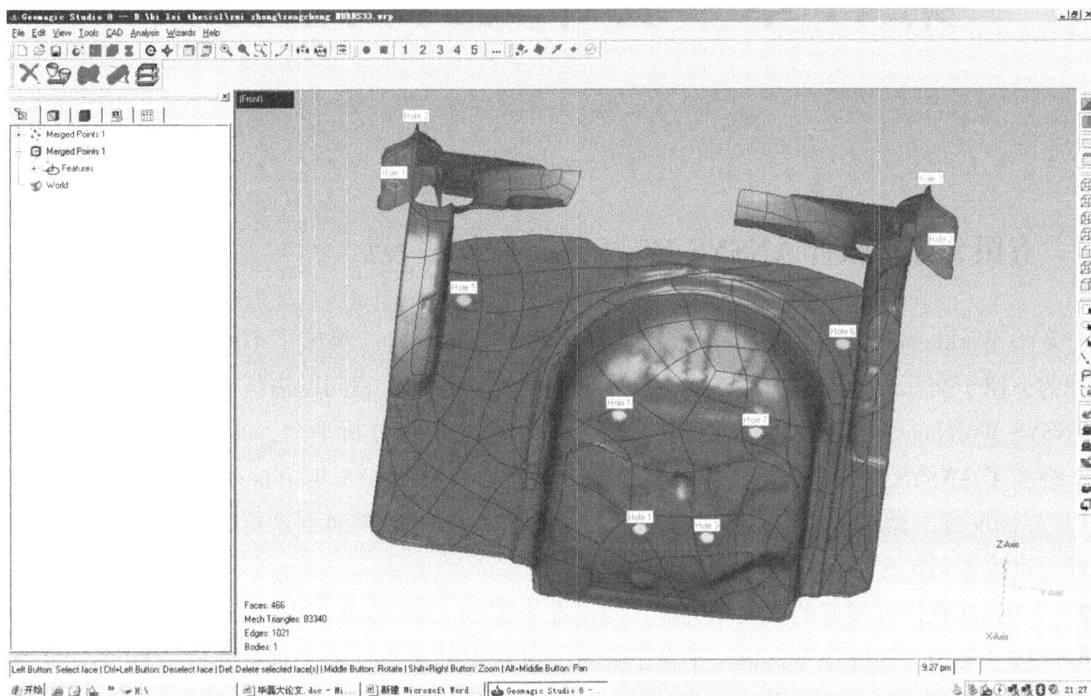

图 10.18　剪切出孔后的曲面

　　本章首先介绍了逆向工程的概念以及 Geomagic Studio 软件的介绍，以左右后轮罩与后地板总成点云数据为例介绍了整个逆向操作的过程，详细说明了从点阶段处理到多边形处理最后到形状阶段处理技术的全过程，最终拟合出了轮罩地板总成零件的 NURBS 曲面，为其导入到 ANSYS Workbench 中进行有限元分析做好了准备。

第11章　装焊夹具调整仿真

11.1　有限元分析软件 ANSYS Workbench 及其特点

ANSYS Workbench 协同仿真环境是一个开放式的 CAE 平台，集成了不同的前后处理器，是一个直观的、便于交互式操作的仿真系统，能方便快捷地对各种工程问题进行分析。

ANSYS Workbench 作为安世亚太公司开发的一个新的工程分析平台，集成了 ANSYS 的多个求解器，继承了 ANSYS 软件强大的模拟分析功能，除此之外，ANSYS Workbench 还具有以下特点：

1) 界面友好，操作方便。所有设置和计算过程都在统一的界面下进行管理和操作。数据交换和处理的过程则封装在后台进行。

2) 与 CAD 软件有很好的双向相关性，与现在主流的 CAD 软件都有接口，能够与 CAD 软件实现无缝连接。由于该软件在 Windows 平台下开发，其数据的通用性非常强，能够方便地与各种主流 CAD 软件进行数据参数的双向传递，很好地解决了模型在 CAD 软件与 CAE 软件相互传递时数据丢失的问题。

3) 接触对的自动探测功能，ANSYS Workbench 能够自动探测复杂装配体之间的接触，并能够根据经验数据修改探测接触的初始公差值，然后针对实际情况对默认的接触行为参数进行改动。在大型的复杂装配体的有限元分析中，接触关系往往数量繁多，用户如果一样一个地手动去设置，不仅效率低，而且很容易遗漏需要设置的接触关系，影响分析结果的准确性。ANSYS Workbench 能够自动生成装配体中的大量接触关系，从而解决了这个问题。

4) 强大的网格划分功能，能够自动生成高质量的网格。ANSYS Workbench 在大型装配体的网格自动划分上有很大的优势，大大地节省了人工处理网格的时间。系统默认的网格划分一般能够满足用户的要求，用户也可以凭自己的经验对网格进行划分和局部细化。

5) 强大的分析功能，集成了结构分析、热分析、电磁分析等多种分析功能为一体，并能够进行多物理场的耦合分析。

6) 在有限元分析的后处理中，ANSYS Workbench 中的操作比经典的 ANSYS 软件更加方便，并且附带了很多结果分析工具，方便用户对结果进行查阅和处理。

7) 有开放式的结构和接口，可以集成多种求解器和第三方软件，便于系统的拓展，能够方便用户进行定制化开发[60]。

鉴于 Workbench 的以上优点，本文使用该模块进行后轮罩与后地板总成装焊夹具调整的仿真分析。

11.2　后轮罩与后地板的有限元分析

本文所分析的对象是左右后轮罩与后地板总成点云被拟合后的 NURBS 曲面，将其在 ANSYS Workbench 中进行有限元分析，模拟实际夹具的装夹状态和误差提取的结果施加边界条件，最终将产生的缝隙误差消除，根据仿真的夹具调整量来指导夹具补偿操作。

11.2.1　导入数据

使用 10.4 节所生成的左右后轮罩与后地板总成的 STP 格式文件，将其导入到 ANSYS Workbench 中进行前处理操作，此模块为 Geometry 模块，总成零件导入后如图 11.1 所示。图中的单位设置为毫米。

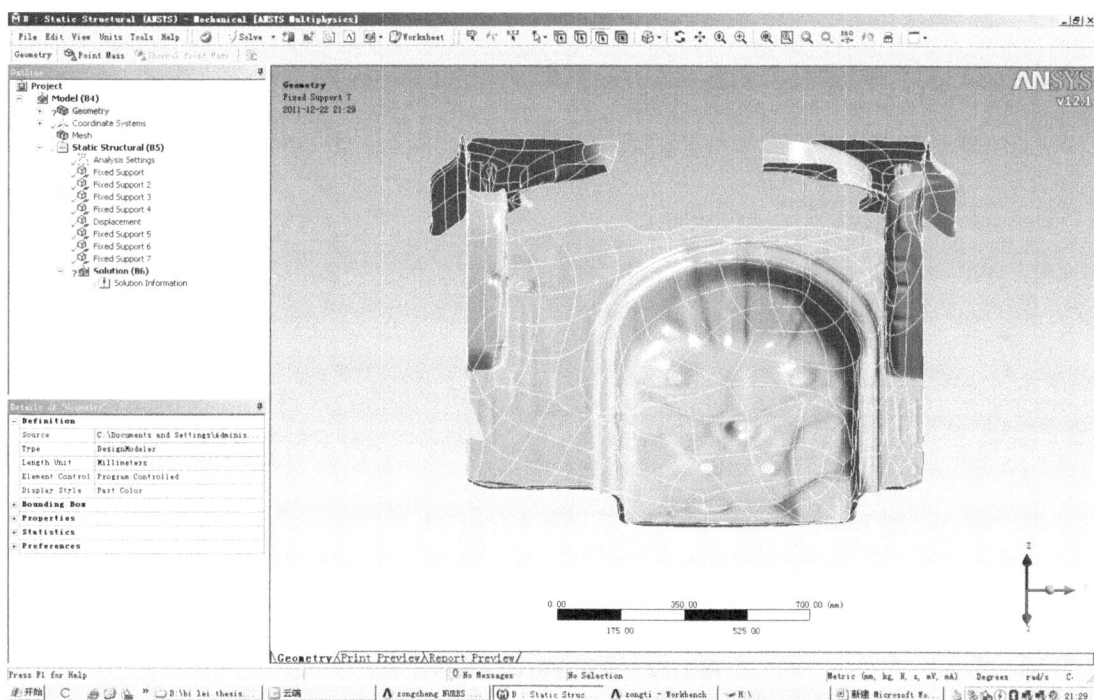

图 11.1　左右后轮罩与后地板总成导入到 Geometry 模块

11.2.2　设置材料属性

后轮罩与后地板的材料为铝合金。进入 Model 模块，选择 General Materials 模式下的 Aluminum Alloy，导入铝合金材料。如图 11.2 所示，在图表的下方显示密度、拉伸强度等信息[61]。

11.2.3　划分网格

划分网格目的是实现几何模型到有限元模型的转化，需要掌握的原则是整体网格的控制再到局部网格的细化。这里需要权衡计算成本和网格划分份数之间的矛盾。细密的网格可以使结果更精确，但是会增加计算时间和需要更大的存储空间。由于有限元分析是依靠节点来传递载荷和约束，所以网格质量的好坏直接影响到求解结果的准确度。

划分网格之前先选中 Mesh 项后在详细栏里选择物理类型为 Mechanical，在形状检查类型里选择 Standard Mechanical，其适用于线性应力和线性模型的分析，然后右击 Mesh 项选择自动的网格划分

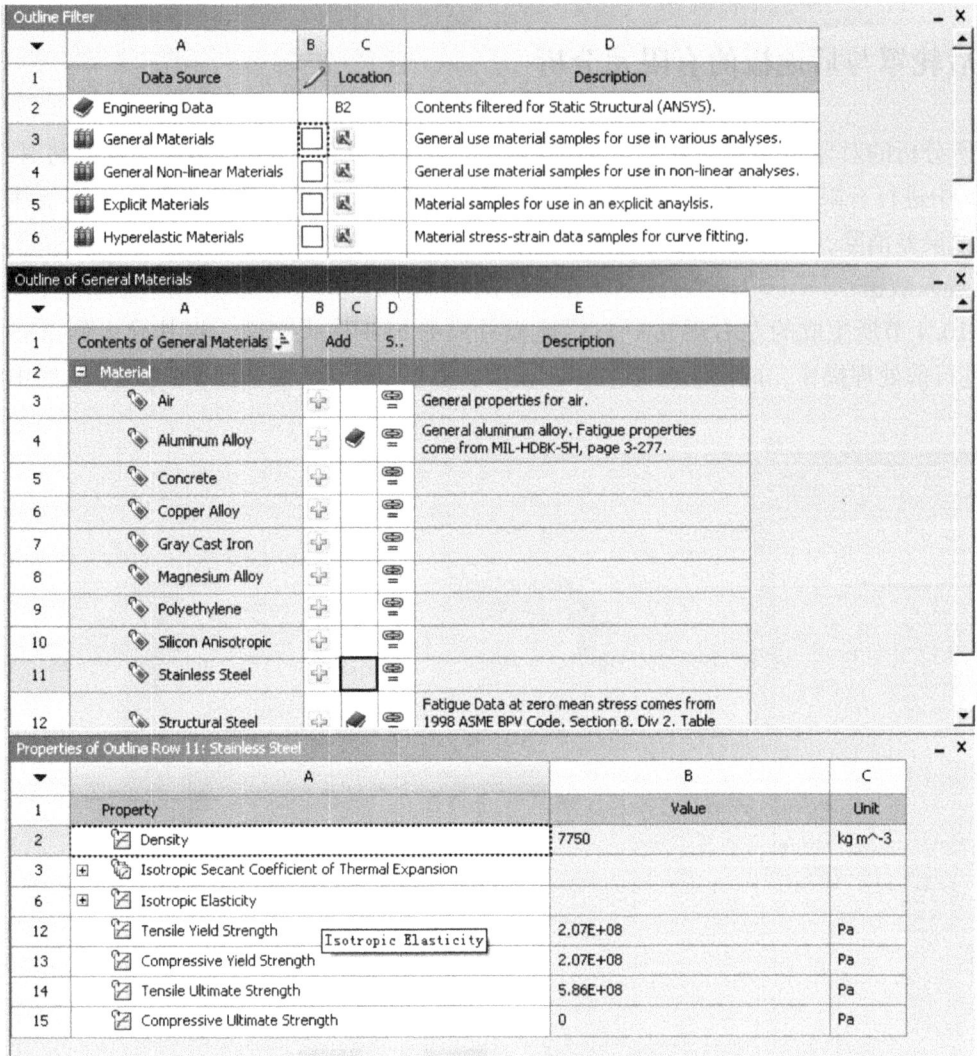

图 11.2 设置材料属性为铝合金

方法，其就是在四面体和六面体网格划分之间自动切换，这主要取决于轮罩地板总成零件是否规则，在十分不规则的区域就按四面体网格划分，其他就按照六面体网格划分[62]。点击生成网格命令就开始划分网格，划分完后有限元模型的单元数为 82111，节点数为 82267，如图 11.3 所示。

11.2.4 设置边界条件

边界条件的设置包括载荷和约束的施加，都是作用在几何实体上，通过节点和单元进行传递的。本文的装夹仿真具体体现在边界条件的设定上，因试图在装夹过程中通过调整装焊夹具来纠正左后轮罩与后地板之间的缝隙，故在边界条件设定时应当遵循零件真实的装夹状态。使用第 9.3 节中的检测方法，拾取左后轮罩及后地板处各夹具点位置处的误差信息，如图 11.4、图 11.5 所示，误差数据见表 11.1。

左后轮罩的装夹状态如图 11.4 所示，前后共有三个夹具点来定位，根据产生的缝隙形式为前大后小的 V 形缝，准备通过调整装焊夹具的方式来弥补这个缝隙。

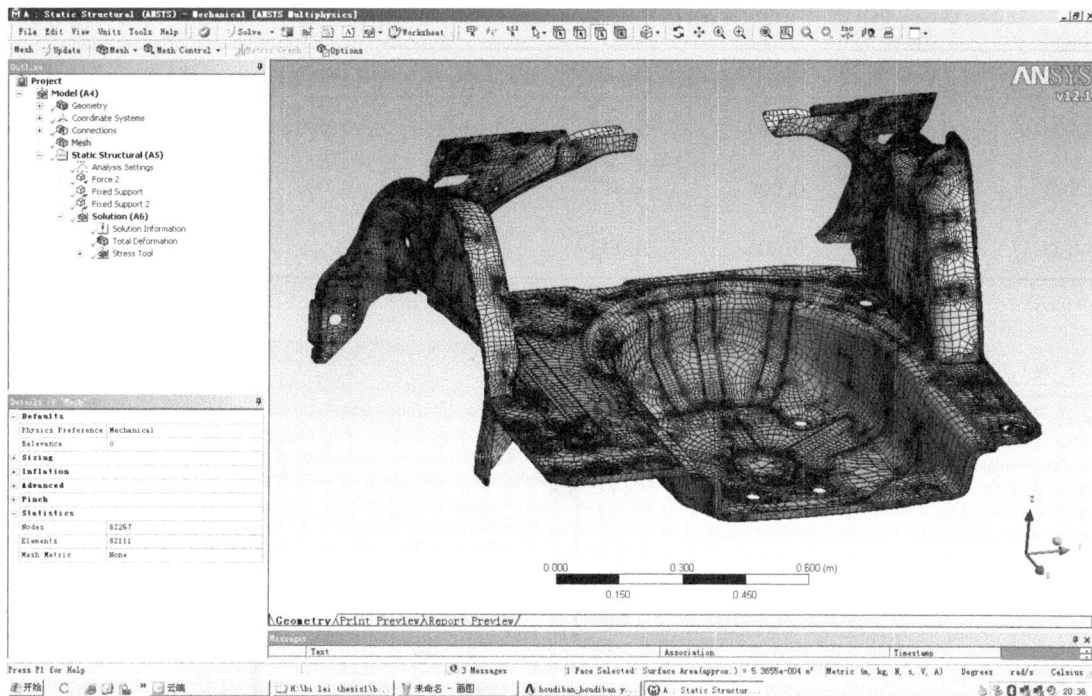

图 11.3　划分网格后的有限元模型

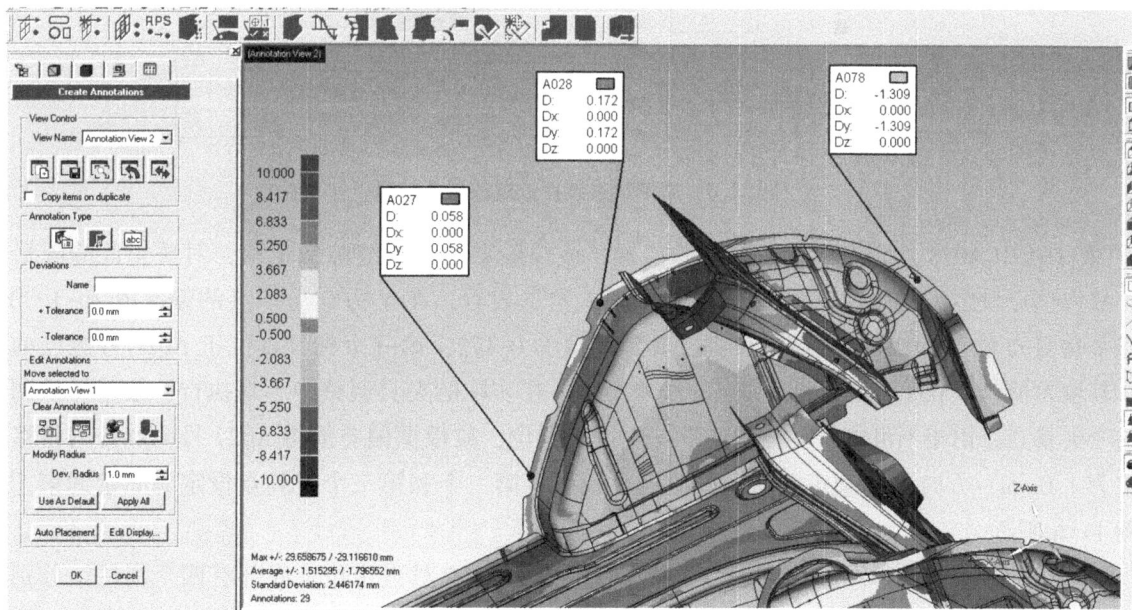

图 11.4　左后轮罩夹具点位置的误差信息

表 11.1　左后轮罩与后地板缝隙处的误差信息

Dev	DevX	DevY	DevZ	Dev	DevX	DevY	DevZ
第 1 点	0.000	−1.309	0.000	第 7 点	−0.007	0.002	−0.019
第 2 点	0.000	0.172	0.000	第 8 点	0.000	0.000	1.901
第 3 点	0.000	0.058	0.000	第 9 点	0.000	0.000	−0.176

续表

Dev	DevX	DevY	DevZ	Dev	DevX	DevY	DevZ
第4点	0.000	0.000	-3.389	第10点	0.000	0.000	0.244
第5点	0.000	0.000	-1.397	第11点	0.009	-0.023	0.122
第6点	-0.026	0.005	0.142				

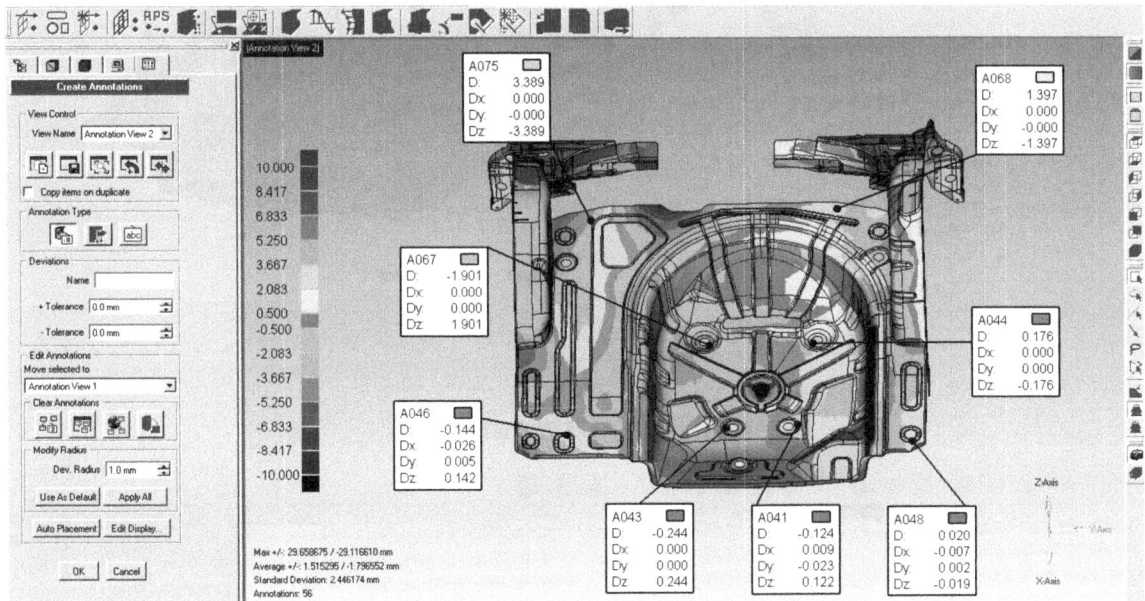

图11.5 后地板夹具点位置的误差信息

图11.4中A078号测点位于夹具点的位置，该位置靠近误差缝隙的末端，对矫正此缝隙最有利，故将该点设定为位移约束。从表11.1的误差信息表看，在Y方向上该点的偏差值为-1.309；第二个夹具点位于A028号测点的位置，其偏差值为0.172；第三个夹具点位于A027号测点的位置，其偏差值为0.058。后两个夹具点的偏差不大，在实际的夹具调整中不易执行，故选择只调整第一个夹具点。由于不可能将夹具调整量一次设置到位，故根据偏差值将A027号测点处的位移值设定为1.0mm，方向为Y轴正方向，按照夹具状态将第二个和第三个夹具点设定为固定约束[63]，如图11.6所示。

后地板的装夹状态如图11.5所示，前后两边共有四个夹具点定位，底部有四个圆柱销分别插入底板的四个孔，限制其在XY平面内的移动自由度和绕X轴、Y轴的转动自由度。

根据产生缝隙的位置，设想利用缝隙一侧的第4个夹具点（A075号测点）来辅助弥补左后轮罩处的缝隙误差，故将该点也设为位移约束。根据表11.1所示的A075号测点的误差信息，调整第4点位移值，初步设定为3.0mm，方向为Z轴正方向。在第5、6、7夹具点位置设为固定约束，底部的四个夹具点8、9、10、11设为圆柱面约束，如图11.7所示，边界条件的设置见表11.2。

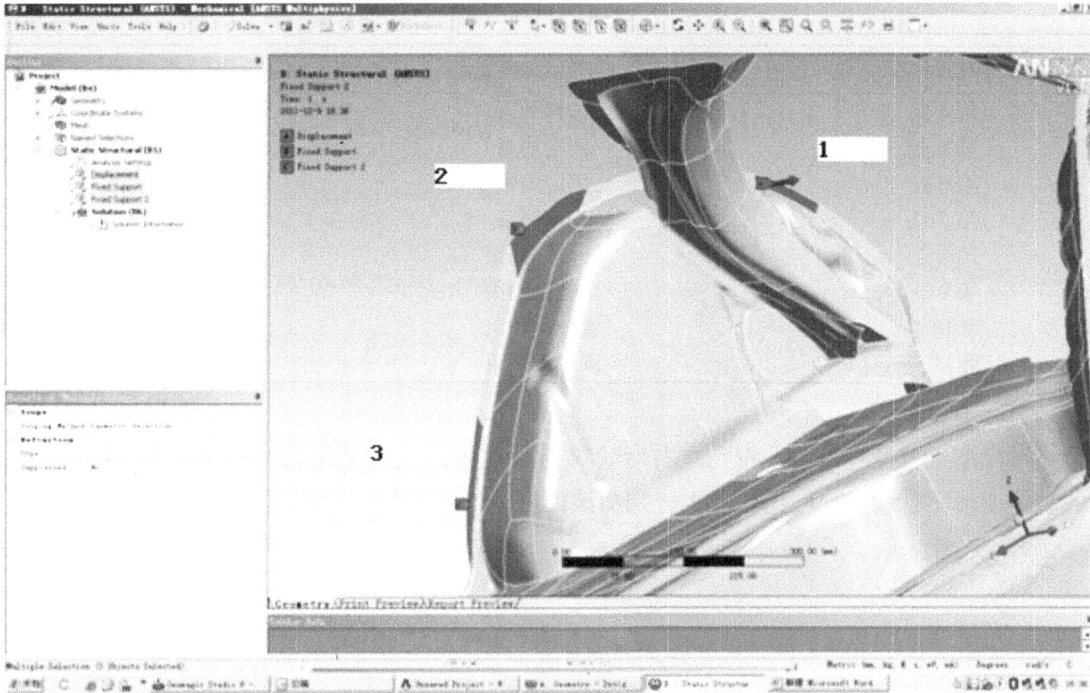

图 11.6　左后轮罩模型设置的边界条件

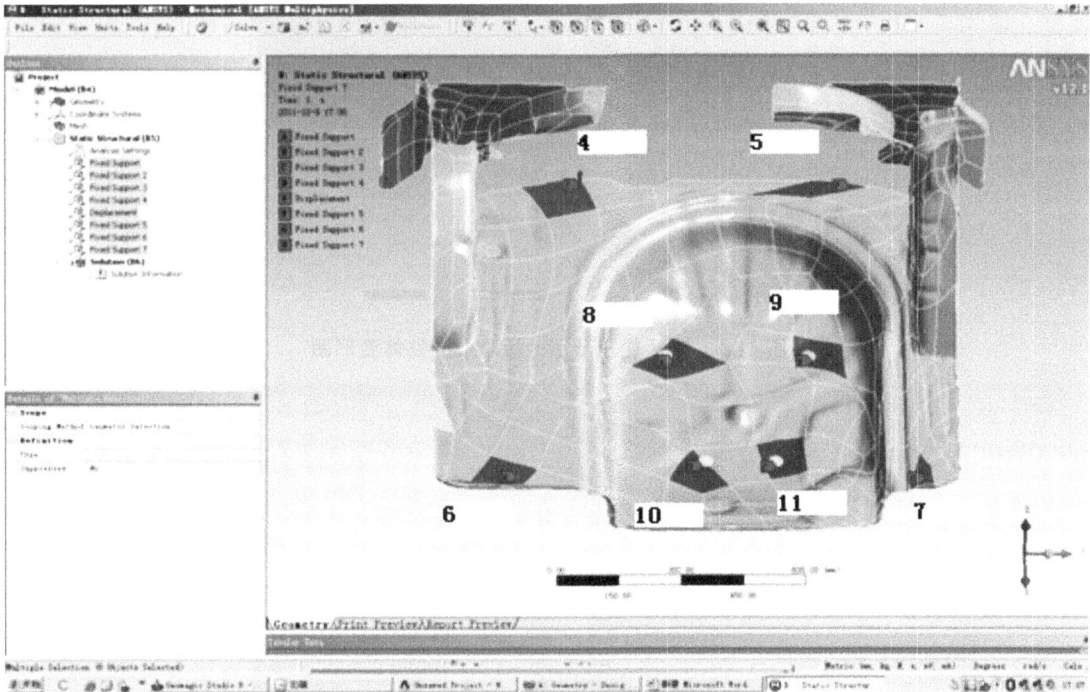

图 11.7　后地板设置的边界条件

表 11.2　边界条件的设置表

夹具点位置	边界条件设置	调整量
第 1 点	位移约束	1.0mm（Y 轴正向）
第 2 点	固定约束	0
第 3 点	固定约束	0

续表

夹具点位置	边界条件设置	调整量
第 4 点	位移约束	3.0mm（Z 轴正向）
第 5 点	固定约束	0
第 6 点	固定约束	0
第 7 点	固定约束	0
第 8 点	圆柱面约束	0
第 9 点	圆柱面约束	0
第 10 点	圆柱面约束	0
第 11 点	圆柱面约束	0

11.2.5　求解计算

最终对模型进行计算求解，得到左右后轮罩与后地板总成的装夹仿真结果。图 11.8 所示为该模型的整体变形图；图 11.9~图 11.11 分别为该模型沿 X、Y、Z 三个方向的变形图。

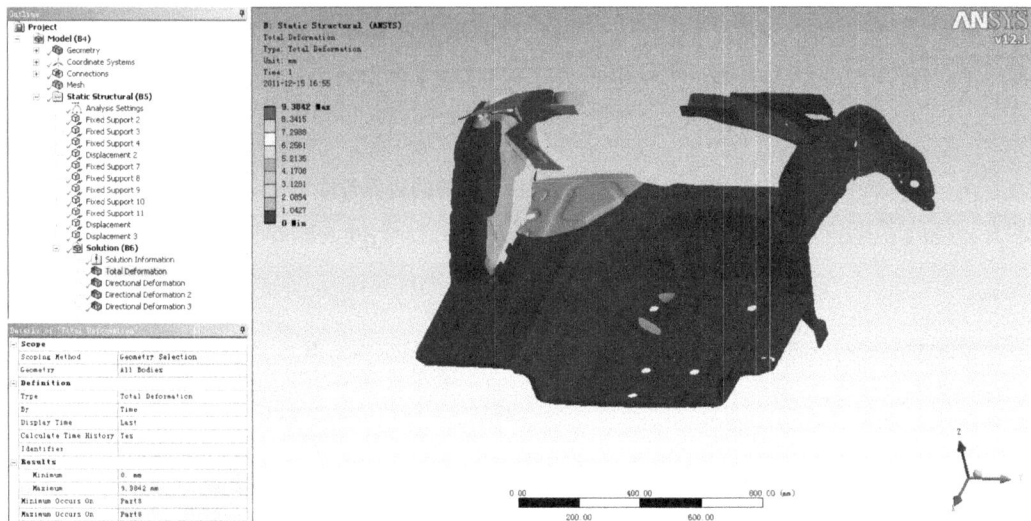

图 11.8　左后轮罩及后地板总成的整体变形图

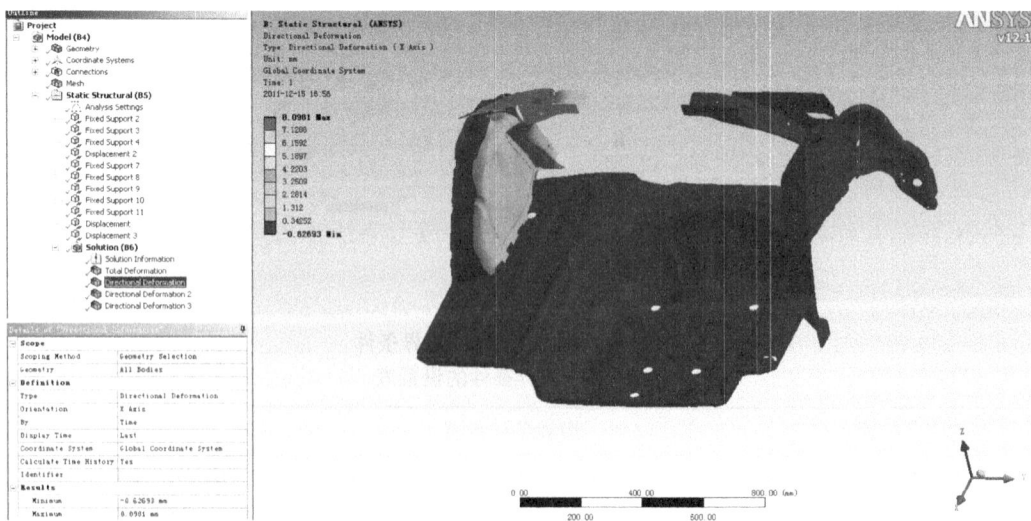

图 11.9　左后轮罩及后地板总成沿 X 方向的变形图

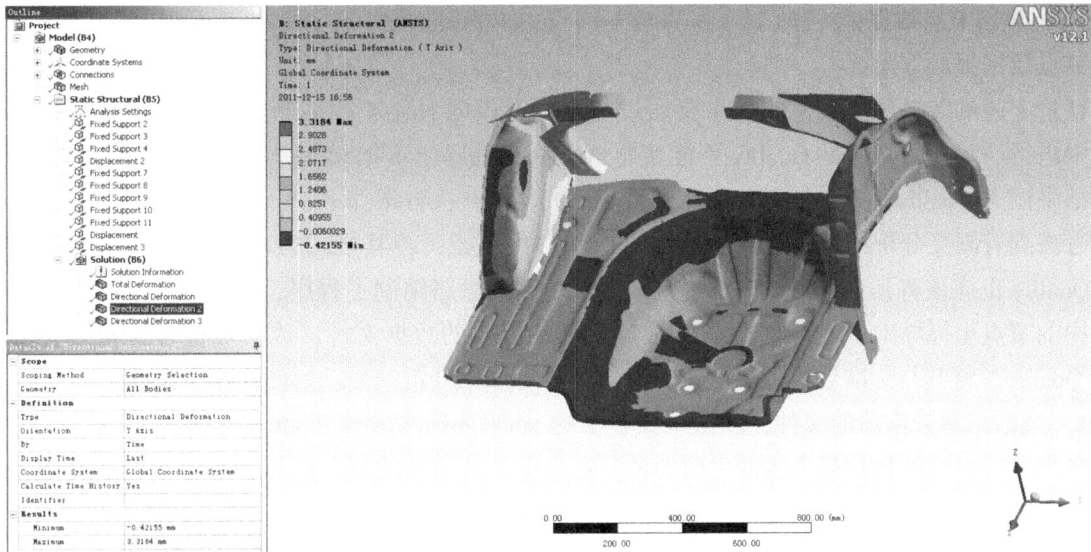

图 11.10　左后轮罩及后地板总成沿 Y 方向的变形图

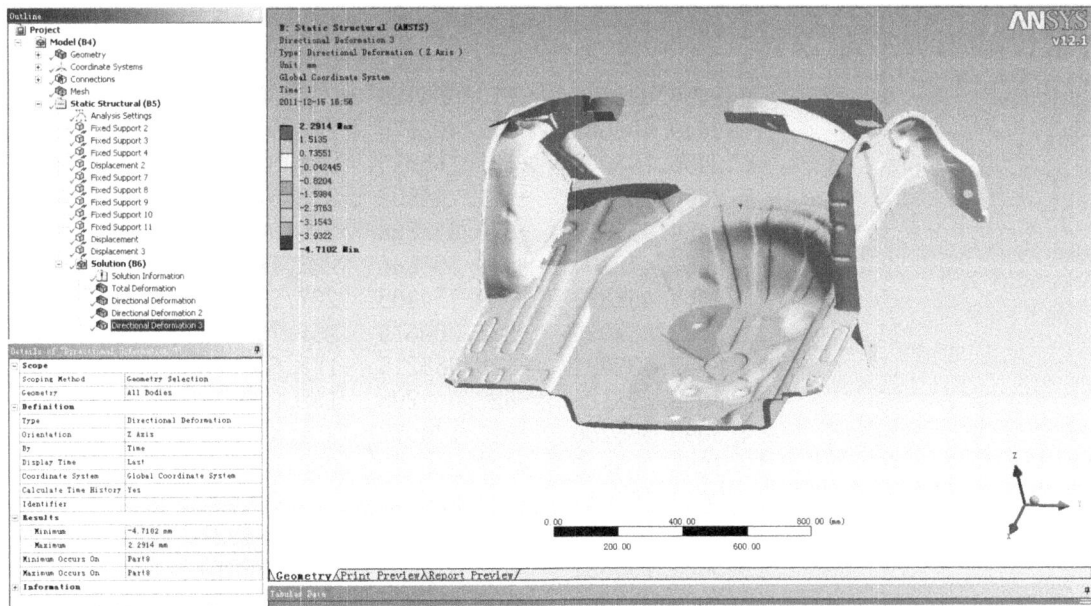

图 11.11　左后轮罩及后地板总成沿 Z 方向的变形图

由整体总成零件的变形图可以看出左后轮罩与后地板在缝隙连接部位都产生了变形，其 Y 方向的变形更明显。接下来将会把整体零件变形后的有限元节点坐标导出，导出后的形式类似于扫描点云的状态，并在 Qualify 软件中与标准数模相比对，观察对比结果并评价夹具调整量是否合适。如果对比结果不理想，左后轮罩与后地板的缝隙没有减小到最佳状态，可以继续调整夹具点处的位移约束，重新设置调整量，直到将左后轮罩与后地板处的缝隙减小为最佳状态为止。

这体现了本文的中心思想：通过有限元仿真的方式调整装焊夹具，预设夹具调整量，进而调整并消除零件的误差。如果调整量不合适还可以重新调整，直到满意为止。避免了直接在零件实物上反复进行调整而造成的很大浪费。这样做节省了很多时间，减少了制造成本。具体缝隙大小的评价处理将会在接下来的操作中进行。

11.2.6 导出节点数据

节点数据提取方案：

评价上述的装夹仿真操作的效果要通过与标准数模的对比才能判断，而对比仍需要在 Qualify 软件中进行。目前的问题是 Qualify 不能接收 ANSYS Workbench 的结果文件。如何才能将有限元的分析结果调入 Qualify，本文针对此问题进行了研究，其解决方案如下：

考虑到有限元分析结果的节点坐标也可以理解为点云，若其格式为 Qualify 所能接收的数据文件，Qualify 也应该将其当作点云而读入。故本文依照此思路编制了程序，将 ANSYS workbench 分析结果中的节点坐标导出，再编制成 Qualify 软件所能接收的数据文件，成功地将有限元分析结果导入了 Qualify。将其与标准数模进行对比，最终评价有限元分析结果。具体操作步骤如下：

1）选取求解计算前的文件，点击工具栏上的 tools—write ansys input file. 命令，导出有限元模型网格划分后而约束和载荷未施加之前的各节点坐标。由前面的划分网格信息可知，共有 82267 个节点，所以共导出 82267 个点坐标，如图 11.12 所示。

	A	B	C	D
1	1	2450.142446	−572.174656	278.971210
2	2	2455.103794	−571.183730	280.918957
3	3	2448.305629	−572.479845	278.487091
4	4	2456.441876	−570.654556	281.352518
5	5	2449.405502	−572.492675	278.904784
6	6	2455.783028	−571.165320	281.389637
7	7	2450.266815	−571.744502	278.605910
8	8	2454.953596	−570.648898	280.096475
9	9	2463.472204	−569.306546	287.160710
10	10	2463.452898	−569.734403	287.953739
11	11	3080.883090	−585.260614	259.726362
12	12	3092.685491	−625.563216	188.618938
13	13	3092.398186	−622.852203	188.620233
14	14	3090.955206	−616.174077	221.477816
15	15	3085.085828	−595.273628	250.226464
16	16	3082.299674	−580.229547	254.636952
17	17	3081.176385	−593.341240	260.658922
18	18	3083.193581	−617.021899	261.882319
19	19	3089.213362	−593.611845	190.054008
20	20	3087.888535	−588.812545	214.558130
21	21	3092.144363	−620.476534	184.057304
22	22	3087.336223	−600.626973	242.015515
23	23	3078.287570	−584.814392	264.744316
24	24	3089.817347	−601.869040	204.492216
25	25	3089.983549	−604.458942	210.517606
26	26	3083.508613	−626.890376	263.353456
27	27	3091.334407	−616.632354	213.703555

图 11.12　总成有限元模型的节点坐标

2）然后分别在 X、Y、Z 三个方向的变形结果上右键点击输出命令，这样就输出了有限元模型在施加约束和载荷后的各节点在 X、Y、Z 三个方向上的变形量数值，如图 11.13 所示。

	A	B	C
1	0.380220	−1.812000	−0.146230
2	0.398010	−1.884900	−0.152370
3	0.374590	−1.780900	−0.145550
4	0.408750	−1.906500	−0.158660
5	0.373280	−1.797000	−0.142130
6	0.397370	−1.891300	−0.151040
7	0.390740	−1.821900	−0.154170
8	0.411600	−1.896400	−0.162560
9	0.421400	−1.952100	−0.161690
10	0.411660	−1.939500	−0.154950
11	0.042662	−0.001972	0.031878
12	0.006680	0.007502	0.001339
13	0.000491	0.007012	0.001996
14	−0.002927	0.002208	0.005819
15	0.023440	−0.001190	0.020143
16	0.034893	−0.001133	0.031248
17	0.031643	−0.002939	0.024104
18	0.004142	−0.005144	0.005121
19	−0.193660	−0.013034	0.011264
20	−0.148260	−0.013593	0.012922
21	−0.008513	0.006838	0.002272
22	0.015311	0.000028	0.015603
23	0.054218	−0.001477	0.038136
24	−0.113930	−0.007729	0.008440

图 11.13 总成有限元模型各节点在 X、Y、Z 方向上的变形量

3）以上两组坐标分别为零件变形前的有限元节点的坐标和施加约束与载荷后的各节点三个方向的变形量，为了导出零件变形后的有限元节点坐标值，需要将上述两组数据分列相加。故在 Excel 表格里编写了一个 VB 程序，将这两列数据相加起来，所得结果如图 11.14 所示。

	A	B	C	D	E	F	G	H	I	J	K	L
1	1	2450.142446	−572.174656	278.971210		0.380220	−1.812000	−0.146230		2450.522666	−573.986656	278.824980
2	2	2455.103794	−571.183730	280.918957		0.398010	−1.884900	−0.152370		2455.501804	−573.068630	280.766587
3	3	2448.305629	−572.479845	278.487091		0.374590	−1.780900	−0.145550		2448.680219	−574.260745	278.341541
4	4	2456.441876	−570.654556	281.352518		0.408750	−1.906500	−0.158660		2456.850626	−572.561056	281.193858
5	5	2449.405502	−572.492675	278.904784		0.373280	−1.797000	−0.142130		2449.778782	−574.289675	278.762654
6	6	2455.783028	−571.165320	281.389637		0.397370	−1.891300	−0.151040		2456.180398	−573.056620	281.238597
7	7	2450.266815	−571.744502	278.605910		0.390740	−1.821900	−0.154170		2450.657555	−573.566402	278.451740
8	8	2454.953596	−570.648898	280.096475		0.411600	−1.896400	−0.162560		2455.365196	−572.545298	279.933915
9	9	2463.472204	−569.306546	287.160710		0.421400	−1.952100	−0.161690		2463.893604	−571.258646	286.999020
10	10	2463.452898	−569.734403	287.953739		0.411660	−1.939500	−0.154950		2463.864558	−571.673903	287.798789
11	11	3080.883090	−585.260614	259.726362		0.042662	−0.001972	0.031878		3080.925752	−585.262586	259.758240
12	12	3092.685491	−625.563216	188.618938		0.006680	0.007502	0.001339		3092.692171	−625.555713	188.620277
13	13	3092.852203	−622.852203	188.620233		0.000491	0.007012	0.001996		3092.398677	−622.845192	188.622229
14	14	3090.955206	−616.174077	221.477816		−0.002927	0.002208	0.005819		3090.952279	−616.171868	221.483636
15	15	3085.085828	−595.273628	250.226464		0.023440	−0.001190	0.020143		3085.109268	−595.274818	250.246607
16	16	3082.299674	−580.229547	254.636952		0.034893	−0.001133	0.031248		3082.334567	−580.230680	254.668200
17	17	3081.176385	−593.341240	260.658922		0.031643	−0.002939	0.024104		3081.208028	−593.344179	260.683026
18	18	3083.193581	−617.021899	261.882319		0.004142	−0.005144	0.005121		3083.197723	−617.027043	261.887439
19	19	3089.213362	−593.611845	190.054008		−0.193660	−0.013034	0.011264		3089.019702	−593.624879	190.065272
20	20	3087.888535	−588.812545	214.558130		−0.148260	−0.013593	0.012922		3087.740275	−588.826138	214.571052
21	21	3092.144363	−620.476534	184.057304		−0.008513	0.006838	0.002272		3092.135850	−620.469696	184.059576
22	22	3087.336223	−600.626973	242.015515		0.015311	0.000028	0.015603		3087.351534	−600.626945	242.031118
23	23	3078.287570	−584.814392	264.744316		0.054218	−0.001477	0.038136		3078.341788	−584.815868	264.782452
24	24	3089.817347	−601.869040	204.492216		−0.113930	−0.007729	0.008440		3089.703417	−601.876770	204.500655
25	25	3089.983549	−604.458942	210.517606		−0.076932	−0.004366	0.008139		3089.906617	−604.463308	210.525745
26	26	3083.508613	−626.890376	263.353456		−0.006286	−0.005934	−0.001686		3083.502327	−626.896310	263.351770
27	27	3091.334407	−616.632354	213.703555		−0.010535	0.002626	0.005112		3091.323872	−616.629728	213.708667

图 11.14 数据相加后的结果

图 11.14 后三列的数据则为左右后轮罩与后地板有限元模型变形后的节点坐标值。将其存储为文本文档格式并保存，如图 11.15 所示。

新建 文本文档.txt - 记事本

文件(F) 编辑(E) 格式(O) 查看(V) 帮助(H)

2450.522666	-573.986656	278.824980
2455.501804	-573.068630	280.766587
2448.680219	-574.260745	278.341541
2456.850626	-572.561056	281.193858
2449.778782	-574.289675	278.762654
2456.180398	-573.056620	281.238597
2450.657555	-573.566402	278.451740
2455.365196	-572.545298	279.933915
2463.893604	-571.258646	286.999020
2463.864558	-571.673903	287.798789
3080.925752	-585.262586	259.758240
3092.692171	-625.555713	188.620277
3092.398677	-622.845192	188.622229
3090.952279	-616.171868	221.483636
3085.109268	-595.274818	250.246607
3082.334567	-580.230680	254.668200
3081.208028	-593.344179	260.683026
3083.197723	-617.027043	261.887439
3089.019702	-593.624879	190.065272
3087.740275	-588.826138	214.571052
3092.135850	-620.469696	184.059576
3087.351534	-600.626945	242.031118
3078.341788	-584.815868	264.782452
3089.703417	-601.876770	204.500655

图 11.15　数据相加后的结果（文本文档）

将上述存储的总成有限元模型变形后的节点坐标的文本文档导入到 Qualify 中，其点云如图 11.16 所示。这样就将有限元分析的结果导入了 Qualify 软件。

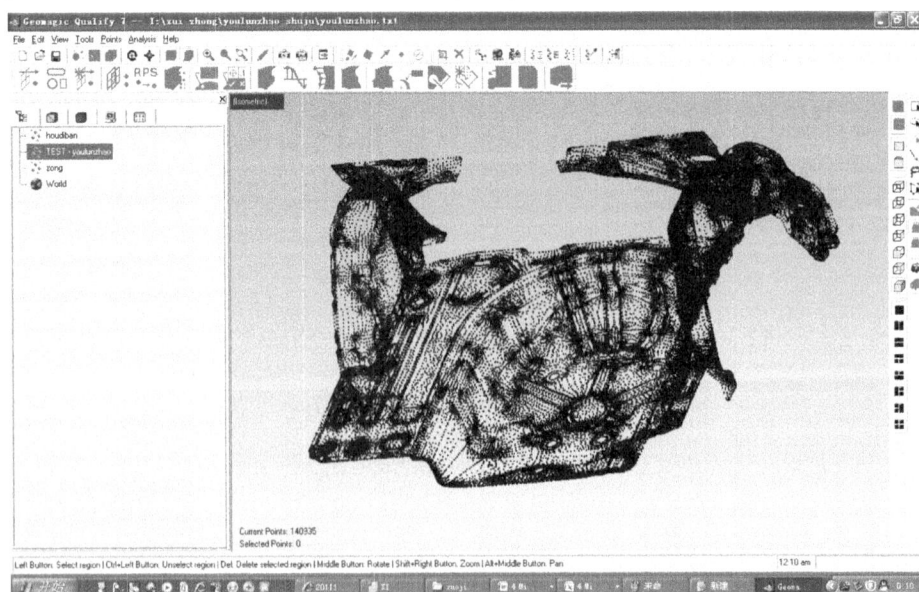

图 11.16　装夹仿真结果在 Qualify 中所生成的点云

11.3　装夹仿真结果分析

将第 9.2.3 节中所提取的左右后轮罩与后地板的标准数模导入到 Qualify 中，如图 11.17 所示。

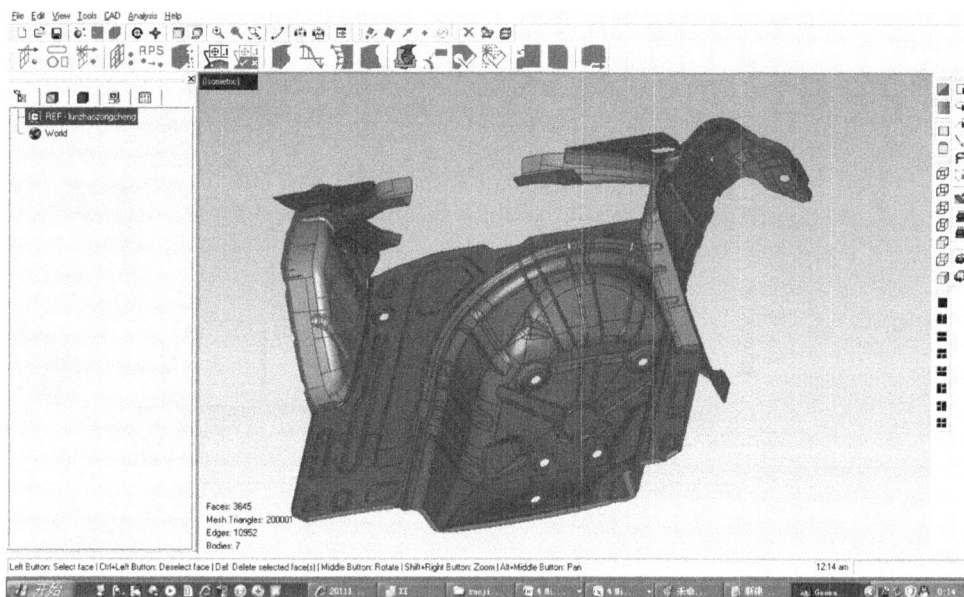

图 11.17　标准数模导入到 Qualify 中

现在，图 11.16 中的仿真结果所生成的点云相当于扫描件，图 11.17 为该扫描件的标准数模。下面的工作即可按照从第 9.2.4 节开始的工作流程进行，检测和评价装夹仿真结果的误差。在 Qualify 软件中将有限元模型变形后的云图与标准数模进行对比，结果如图 11.18 所示。

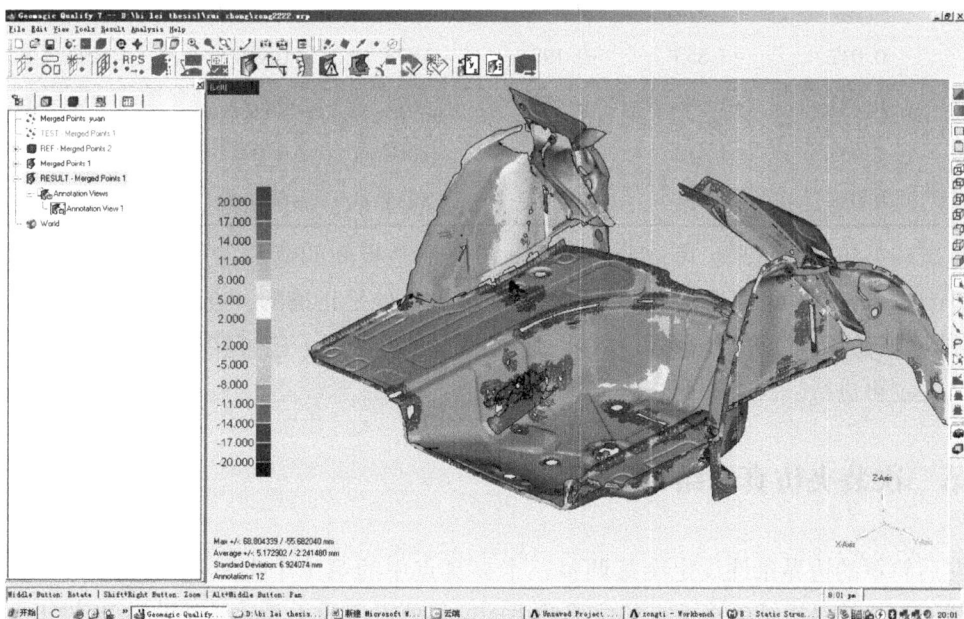

图 11.18　装夹仿真的比对结果

拾取左后轮罩与后地板处的缝隙的误差信息，如图 11.19 和表 11.3 所示。

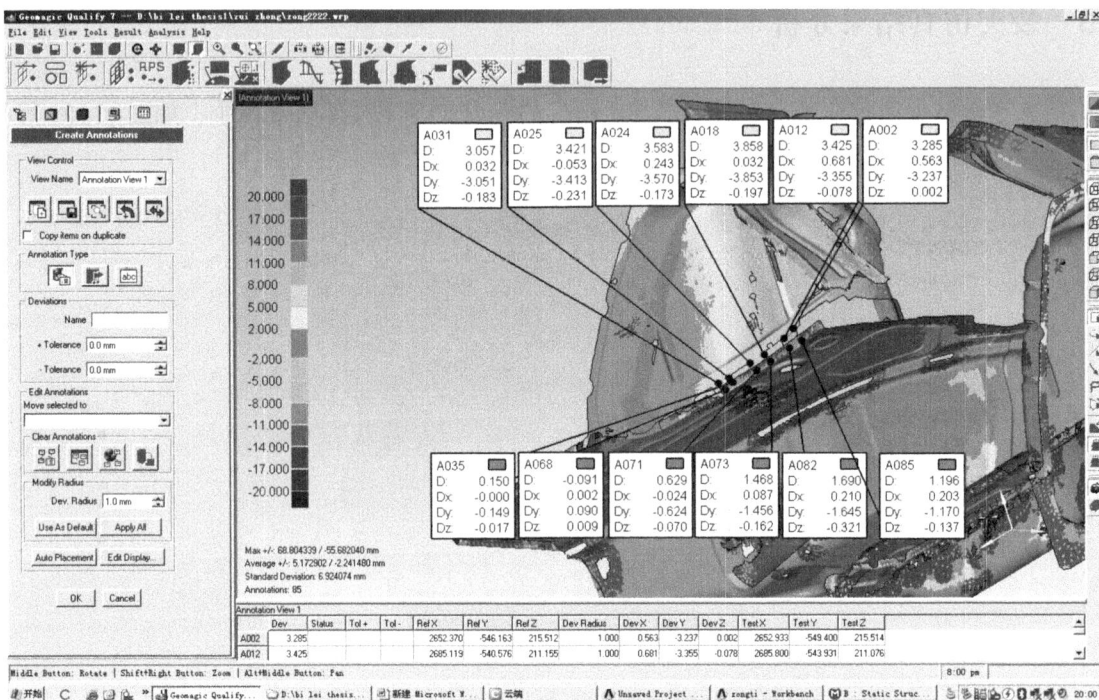

图 11.19 装夹仿真后左后轮罩处缝隙的误差信息

表 11.3 装夹仿真后左后轮罩与后地板缝隙处的误差信息

Dev	DevX	DevY	DevZ	Dev	DevX	DevY	DevZ
A002	0.563	−3.237	0.002	A085	0.203	−1.170	−0.137
A012	0.681	−3.355	−0.078	A082	0.210	−1.645	−0.321
A018	0.032	−3.853	−0.197	A073	0.087	−1.456	−0.162
A024	0.243	−3.570	−0.173	A071	−0.024	−0.624	−0.070
A025	−0.053	−3.413	−0.231	A068	0.002	0.090	0.009
A031	0.032	−3.051	−0.183	A035	−0.000	−0.149	−0.017

分析本次装夹仿真的结果，可以看出左后轮罩与后地板间的缝隙已明显减小（从原来的最大 7.0mm 减小到 3.5mm），说明选择夹具定位点作为边界条件是正确的，夹具调整量也是有效的；所余 3.5mm 的缝隙在装焊过程中用焊钳可以消除，已达到了点焊工艺可实施的要求。但考虑到仿真误差，本文决定再进行一次夹具调整仿真。

11.4 第二次装夹仿真及结果分析

针对左后轮罩的边界条件设定继续调整三个夹具点中的第 1 个夹具点来矫正此轮罩的制造误差，根据图 11.19 的对比结果将该点的位移约束的位移值设定为 1.5mm，方向为 Y 轴正方向，按照夹具状态将后两个点设定为固定约束。

　　后地板的装夹状态依然是前后两边有四个夹紧点定位,底部有四个圆柱销插入底板的四个孔。在缝隙一侧的第 4 个夹具点的位移约束的位移值根据图 11.19 对比结果设定为 3.5mm,方向为 Z 轴正方向。其他三个夹紧点依然设为固定约束,底部的四个孔设为圆柱面约束,边界条件的设置如表 11.4 所示。

表 11.4　边界条件的设置

夹具点位置	边界条件设置	调整量
第 1 点	位移约束	1.5mm（Y 轴正向）
第 2 点	固定约束	0
第 3 点	固定约束	0
第 4 点	位移约束	3.5mm（Z 轴正向）
第 5 点	固定约束	0
第 6 点	固定约束	0
第 7 点	固定约束	0
第 8 点	圆柱面约束	0
第 9 点	圆柱面约束	0
第 10 点	圆柱面约束	0
第 11 点	圆柱面约束	0

　　重复进行上边所述的求解计算和导出数据的过程,将零件变形后的节点坐标的文本文档导入到 Qualify 中,再将标准数模导入 Qualify 中,两者对比结果如图 11.20 所示。

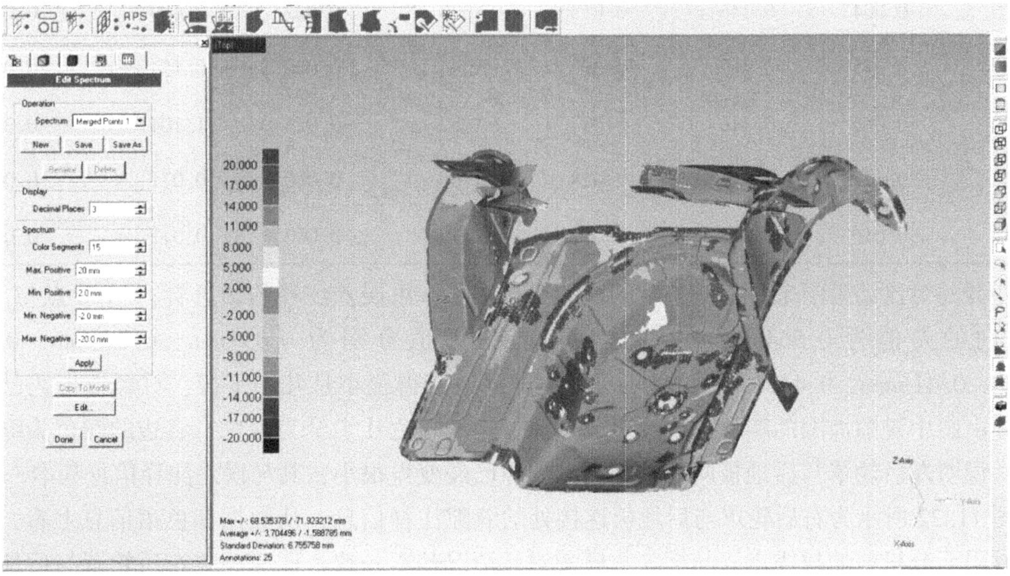

图 11.20　对比结果

测量左后轮罩与后地板连接处的缝隙，获取误差信息，如图 11.21 和表 11.5 所示。

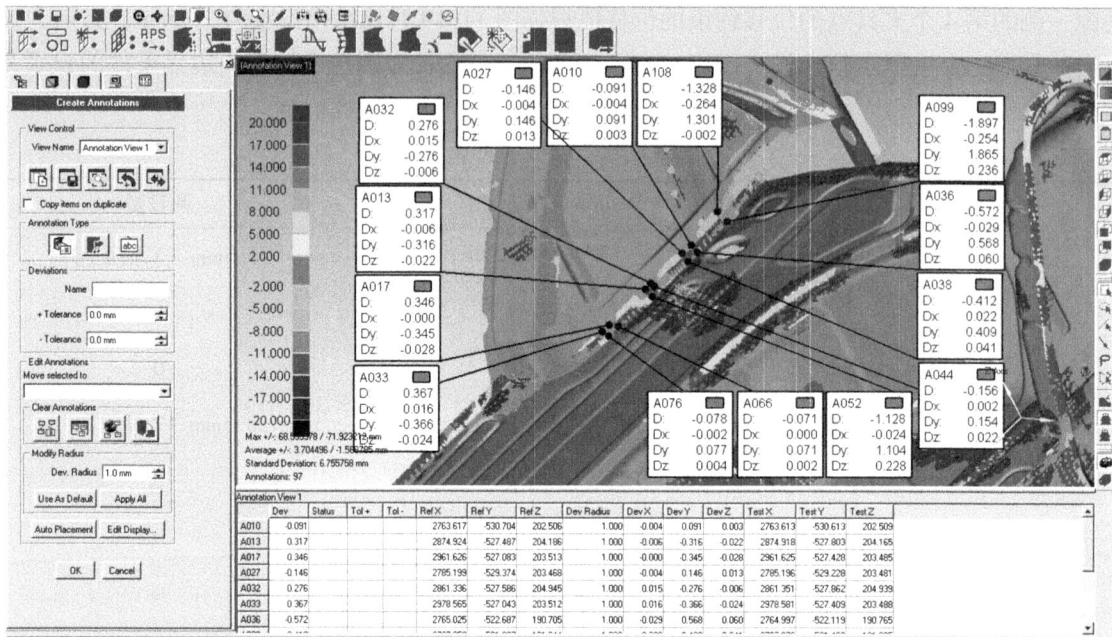

图 11.21 左后轮罩处缝隙的误差信息

表 11.5 左后轮罩与后地板缝隙处的误差信息

Dev	DevX	DevY	DevZ	Dev	DevX	DevY	DevZ
A108	−0.264	1.301	−0.002	A099	−0.254	1.865	0.236
A010	−0.004	0.091	0.003	A036	−0.029	0.588	0.060
A027	−0.004	0.146	0.013	A038	0.022	0.409	0.041
A032	0.015	−0.267	−0.006	A044	0.002	0.154	0.022
A013	−0.006	−0.316	−0.022	A052	−0.024	1.104	0.228
A017	−0.000	−0.345	−0.028	A066	0.000	0.071	0.002
A033	0.016	−0.366	−0.024	A076	−0.002	0.077	0.004

从两者的对比结果图来看，调整后的缝隙明显减小，由误差注释的信息看，A108 点与 A099 点在 Y 方向的差值为 0.564mm，以此往后各点的差值分别为 0.497mm、0.263mm、0.43mm、0.788mm、0.416mm、0.443mm，由此可见此缝隙已经变得很小且几乎平行，对焊接工艺已经不产生影响。由图中缝隙周围的颜色可以看出，缝隙左边的颜色几乎全为绿色，右边的颜色为绿色加上浅蓝色，说明左后轮罩与后地板两零件之间的缝隙已经变得很小，其与误差注释信息基本一致。

如图 11.22 所示为右后轮罩与后地板连接处的缝隙注释信息，从数据和色谱信息上看，此误差数据与有限元分析前的扫描点云与标准数模的对比情况基本一致，证明调整左后轮罩与后地板的缝隙对右后轮罩处的缝隙影响很小。

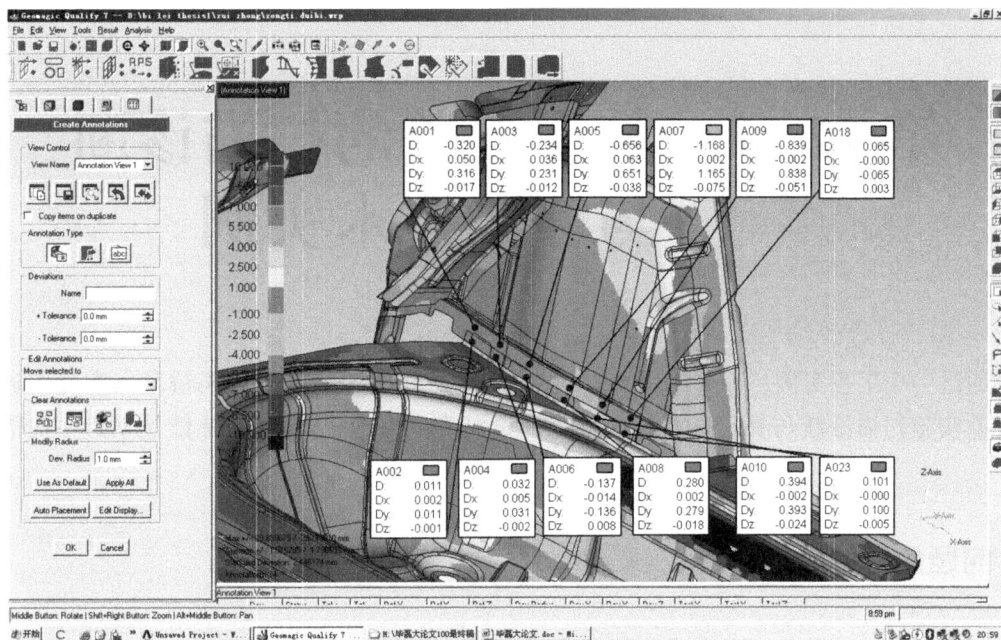

图 11.22 左后轮罩处缝隙的误差信息

11.5 最终确定夹具调整方案

经过对装焊夹具的有限元仿真，从有限元模型上验证了经夹具调整以后达到了最佳效果，将左后轮罩与后地板连接处的缝隙拟合到了最小程度，并对右后轮罩处的缝隙不产生影响，所以这种调整方案可行。在实际装焊中，在左后轮罩与后地板相应位置夹具点处（第 1 点、第 4 点）通过加垫片的方式来执行有限元仿真的过程。夹具调整量依照第二次装夹仿真过程中设置的数值[64]，如表11.6 所示。

表 11.6 预测的夹具调整量

夹具点位置	边界条件设置	调整量
第 1 点	位移约束	1.5mm（Y 轴正向）
第 4 点	位移约束	3.5mm（Z 轴正向）

最终将零件总成调整到最佳状态，消除了左后轮罩与后地板连接处的缝隙，保证了整车的制造精度。这样就完成了对 A4 轿车左右后轮罩与后地板的制造误差的诊断与修正。

本章首先介绍了有限元分析软件 ANSYS Workbench 及其特点，针对左后轮罩与后地板的缝隙误差进行有限元仿真分析，在仿真环境下模拟装焊夹具的调整来修正零件的误差，预测了夹具调整量，并有效地解决了将有限元分析的结果导入 Qualify 的问题。经过对结果的分析，反映出仿真之后的结果达到了最佳状态，将缝隙捏合到了最小的程度，根据仿真的夹具调整位置和调整量可以指导实际夹具的调整。此方法可节省手工反复调整夹具所耗费的大量时间和成本，节省人力物力。

第 12 章　装焊误差的扫描诊断 与补偿技术实例

本章通过一个工程实例，综合使用第 8 至第 11 章所介绍的技术，对某轿车白车身中通道部位的装焊误差实施扫描诊断与补偿。并结合该实例介绍另一种装焊误差的补偿技术——扫描配作技术。

12.1　问题的特殊性

在对某产前调试阶段的白车身进行扫描检测时，发现其底板总成中的一个主要承载件——中通道——存在制造误差。此误差比较复杂，表现为中通道与中地板上的加强爪贴合不严，右侧加强爪歪斜，两个零件之间出现"张嘴"现象，缝隙达到 3mm。由于该部位的刚度很大，焊钳无法将其弥合，导致装焊无法进行。但经过检测，该缝隙主要由中通道自身的误差造成，如图 12.1 所示。

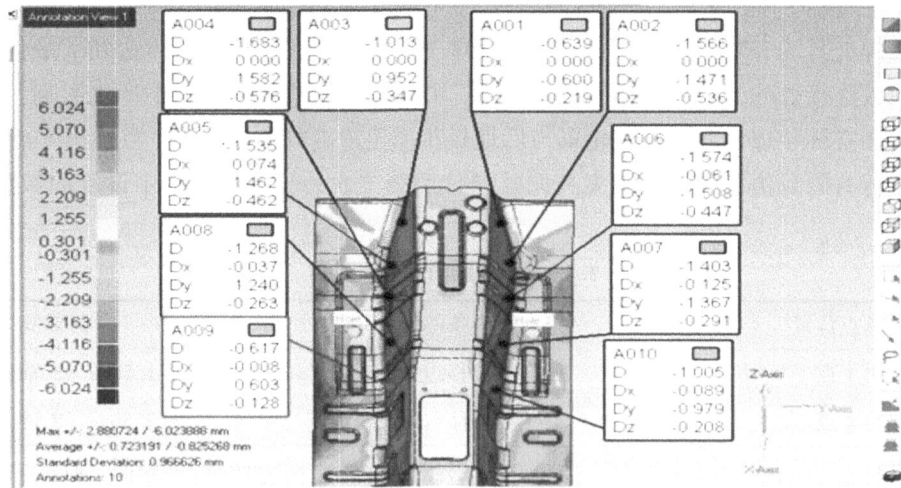

图 12.1　中通道部位的误差

中通道是一个整体冲压件，既然误差主要集中在自身，修改其冲压模具就可以了。但本次所遇到的问题的复杂性在于：这个中通道是个"借用件"，有三种现生产的轿车也在使用它！如果修改模具来治理这个中通道，其他三种车型就都会出现问题了。因此，本实例所面临的问题是：一个有误差的中通道零件在本白车身上变成了"标准件"，需要修改其周围的装焊件来适应该误差。面对此特殊问题，本例采用了相关零件配作、调整装焊夹具等方法。

12.2　中通道部位的扫描检测

12.2.1　现场扫描

在试制车间的中地板装焊工位对中通道部位进行现场扫描。扫描前将中底板的所有冲压件装夹到位，但不焊接。扫描现场如图 12.2 所示。扫描获得的点云见图 12.3。扫描结果采集的是中底板总成的装夹状态。

图 12.2　中地板总成点云

图 12.3　中地板总成装夹状态的点云

12.2.2　误差提取

在 CATIA 环境下，提取出所有中地板总成以及单件的标准数模，并保存成 Geomagic Qualify 软件可读取的 STP 文件格式，作为对点云进行误差诊断的依据。标准数模如图 12.4 所示。

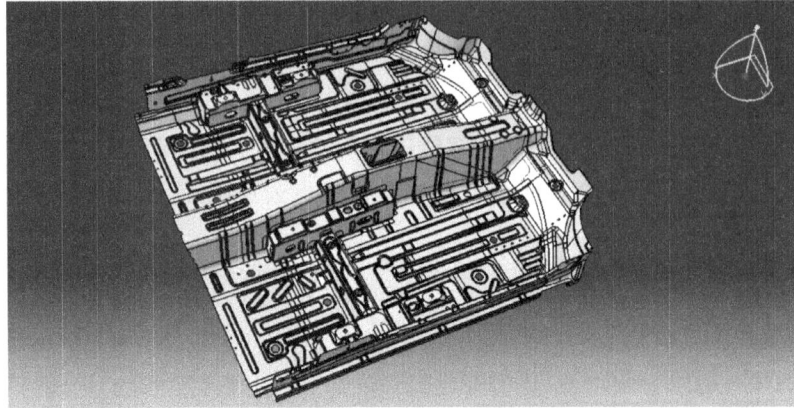

图 12.4　中地板总成的标准数模

将点云数据与标准数模导入 Geomagic Qualify 软件。如图 12.5 所示。

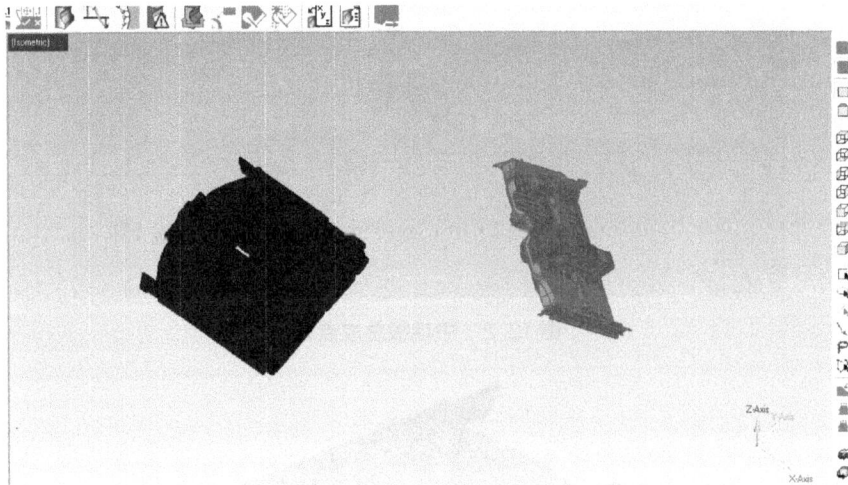

图 12.5　导入点云和标准数模

　　然后在标准数模上创建特征。按照该工序的夹具定位点的位置，在中地板总成的标准数模上选择四个定位孔、一个基准面来创建特征。如图 12.6 所示。

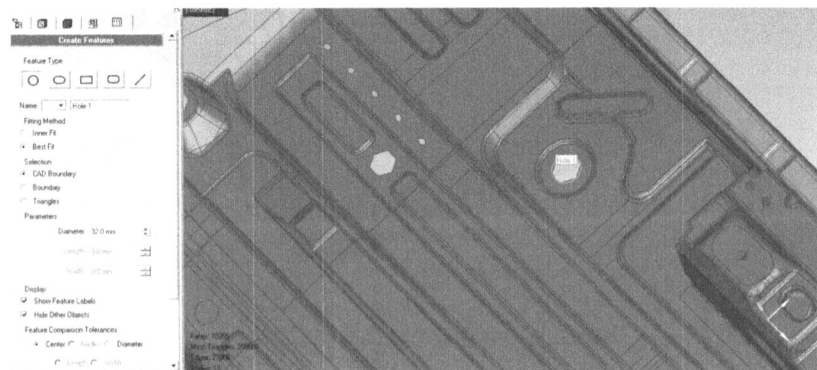

图 12.6　标准数模上的定位孔特征

标准数模上的特征创建后，在点云上的对应位置创建特征孔和基准面。如图 12.7 所示。

图 12.7　点云上的特征孔

　　然后进行特征对齐。在工具栏中选择"基于特征对齐"命令，依次选中点云特征和标准数模对应进行配对，使四个特征孔和一个基准面依次配对。配对过程中有时会出现特征无法找到的情况，需要对点云特征核对或重新生成特征。配对过程如图 12.8 所示。

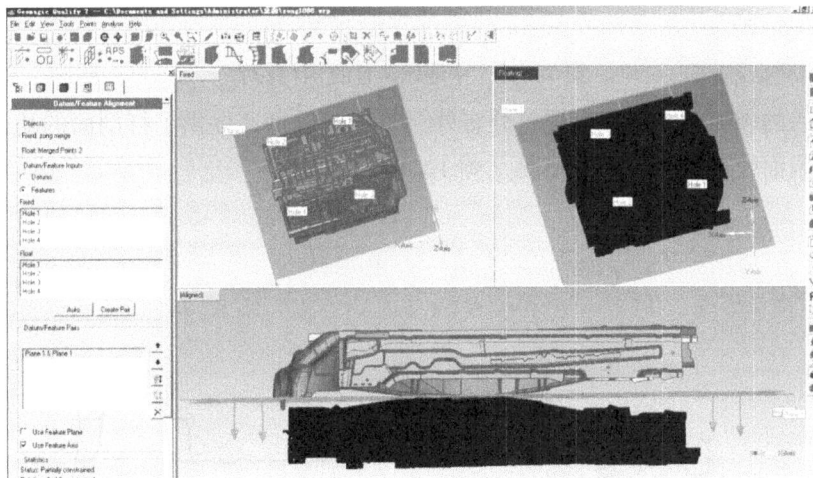

图 12.8　特征对齐过程

　　将点云与标准数模按特征匹配后，点云与标准数模实现了对齐，对齐后结果如图 12.9 所示。

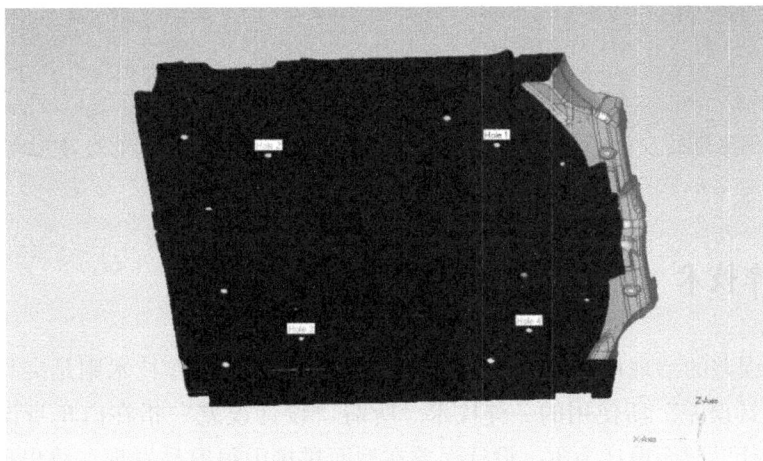

图 12.9　点云与标准数模的对齐结果

对齐完成后，就可以对点云进行误差检测了。检测方法有 3D 比对和 2D 比对两种，图 12.10 为 3D 比对的结果，图 12.11 为 2D 比对的结果。

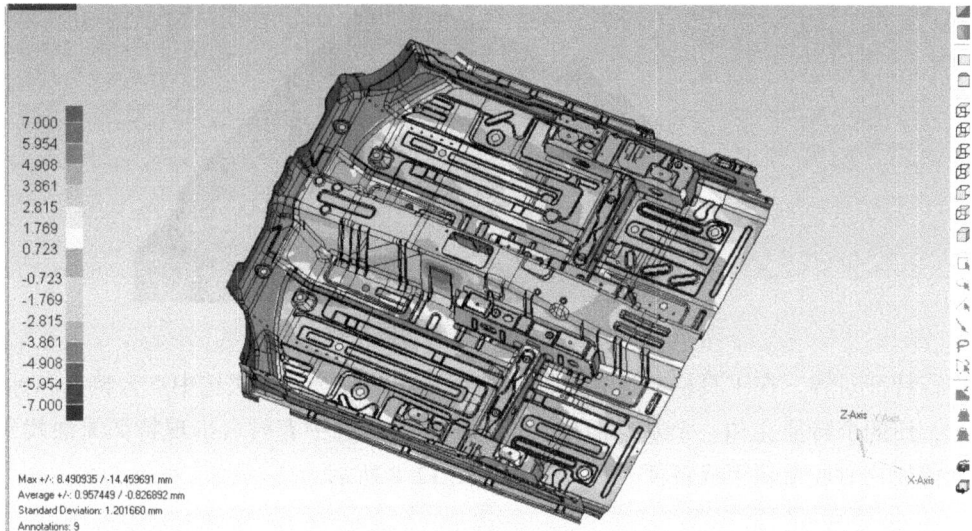

图 12.10　中地板误差的 3D 比对

除了从对比后的表面颜色上观察误差分布外，Qualify 软件还提供了打剖面的功能。通过设置剖面位置，可显示截面处冲压件的贴合情况（图 12.11）。

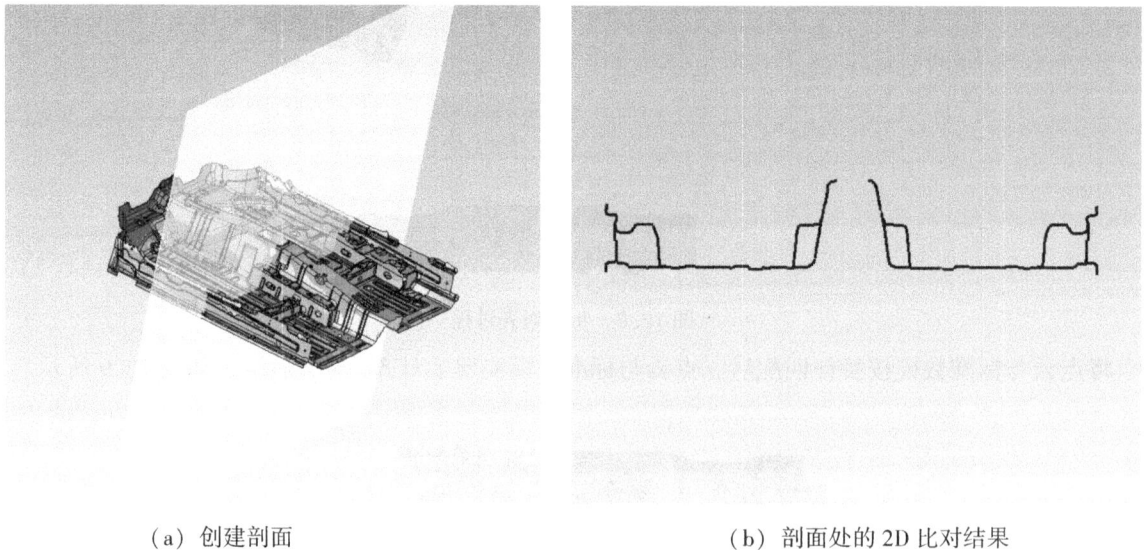

（a）创建剖面　　　　　　　　　　　（b）剖面处的 2D 比对结果

图 12.11　中地板误差的 2D 比对

12.3　扫描配作技术

本书中对装焊误差的治理均采用"装焊夹具补偿技术"。而配作技术则是夹具补偿技术的一种延伸，是面对"设计误差"所使用的一种技术。所谓"设计误差"指在白车身设计过程中出现的误差，由于车身设计以型面设计为主，设计误差在型面拼接中很容易发现，故出现设计误差的可能性不大。但本章的中通道却出现了这个问题。究其原因，问题出在图纸与实物不匹配上。该中通道是个借用件，在首次设计时是没有设计误差的。但该冲压件在实际使用中对模具进行了改动，而改动后的实际型面又没有传递给设计部门（如果不扫描这个实际型面，也无法传递给设计部门），造成了图纸与实物不符。在设计新车时，设计部门还沿用着中通道的原始数模，设计出的中地板总成自然就出现误差了。只要在新车型中使用借用件，出现此类问题就在所难免，且只能在白车身的产前调试阶段才能发现。此时将这类问题返回给设计部门已经来不及了，只能就地解决。

解决设计误差的方法有两种：如果误差不大，仍可以使用装焊夹具补偿技术来解决。但有两种情况夹具调整无能为力，一是设计误差过大，二是出现误差的部位刚度很大。这两种情况均无法用调整装焊夹具的方法来解决，本章的中通道误差属于后者。

另一种解决设计误差的方法是"配作"，即使用所检测到的实际误差来修改与其相连接的其他零件，将误差转移到这些相邻零件上去。由于是按照现场误差来重新设计和制造这些相邻件，故将这种方式称为"配作"，被配作的相邻件就称为"配作件"。下面结合误差治理过程来介绍这种配作技术。

12.3.1　扫描检测中通道

因为试制现场问题出于中通道部位，因此首先对中通道制造误差进行诊断分析。其 3D 比对结果如图 12.12 所示。

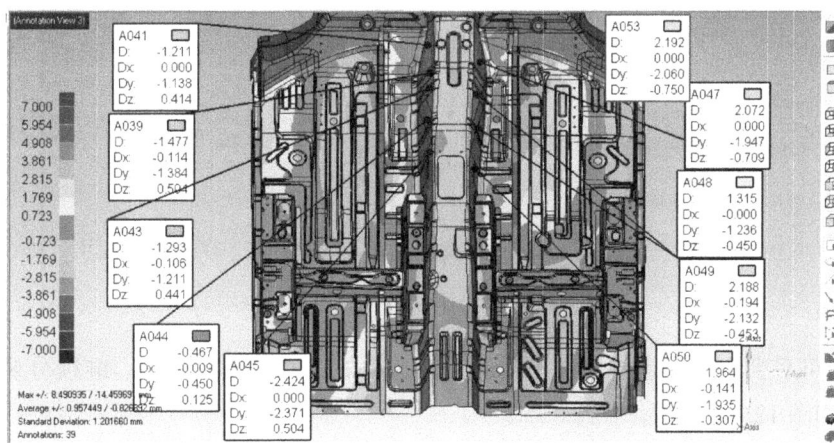

图 12.12　中通道误差分析图

从结果可看出，中通道点云相对数模两侧向内偏移，偏移范围 1~2 毫米，及中通道有"变窄"的可能，这也很可能是它与两加强爪之间出现缝隙的原因。中通道"变窄"可能是制造误差，也可能是与其他件焊接后产生变形所致，为了诊断误差源需对中通道单件以及左右两加强爪单件进行单独扫描并对比分析。

首先诊断中通道制造误差。在现场试制车间将中通道单件装置于夹具上进行扫描检测（图 12.13）。所得到的点云数据如图 12.14 所示。图 12.15 为中通道的标准数模。

图 12.13　中通道自身的扫描检测

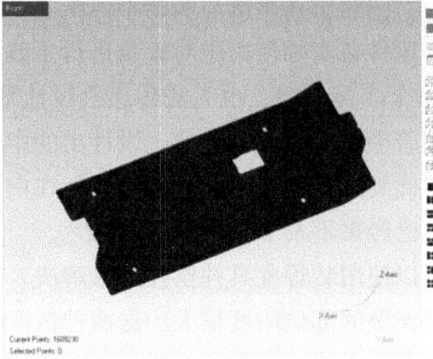

图 12.14   中通道的点云

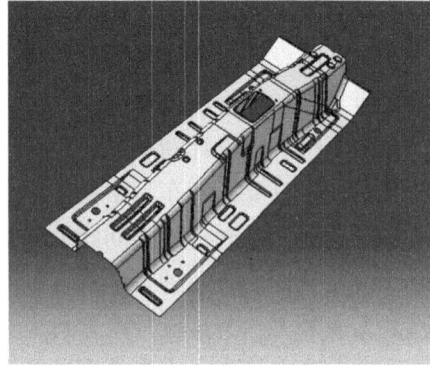

图 12.15   中通道的标准数模

然后将中通道的点云及标准数模一起导入 Geomagic Qualiy 中，按照实际夹具定位点建立四个孔特征，数模与点云按特征对齐后，进行三维对比并创建坐标注释。中通道与中地板相接部分 3D 分析彩图结果如图 12.16 所示。

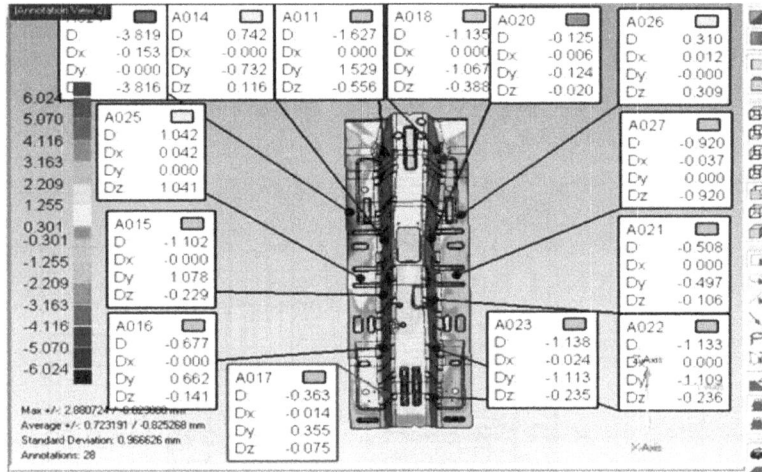

图 12.16   中通道的误差图

由分析结果可看到，中通道与地板相接部分状态良好，Z 向偏差较小。继续分析中通道前部的 3D 比对情况。如图 12.17 所示。

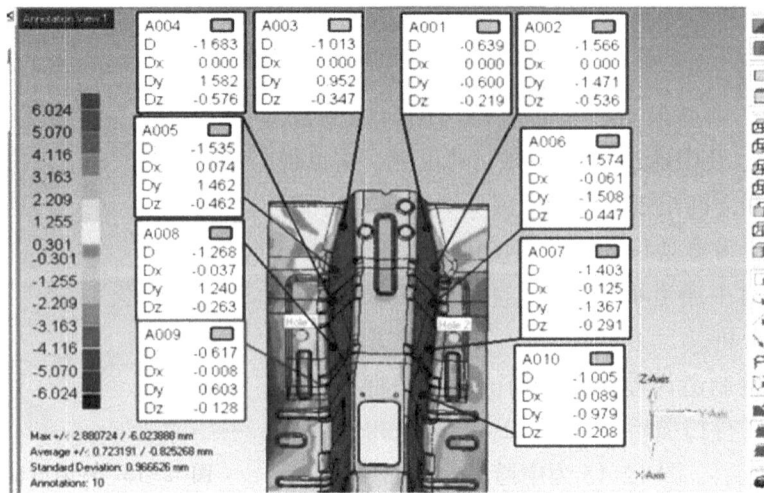

图 12.17   中通道前部的误差情况

由图 12.17 可知，中通道左右两侧的确有收缩现象。观察中通道前部（与加强爪相焊接的部位），其左侧向 -y 方向偏移 1mm 左右，右侧向 -y 方向偏移 1.5mm 左右。两者相加，中通道前部收缩了 2.0mm 左右。初步说明中通道的确存在制造误差。下面扫描检测与其相焊接的加强爪，以确定两者间的缝隙来源。

12.3.2　扫描检测加强爪

左加强爪误差的扫描检测过程与中通道相同。所获得的点云数据如图 12.18 所示。

加强爪　　　　　　　　　　　　　　　　加强爪的点云

图 12.18　加强爪及其点云

将加强爪的点云及标准数模导入 Quality 中，经过 3D 比对得到其误差分布如图 12.19 所示。图中可见加强爪的制造误差均在 1mm 以内，不超差。

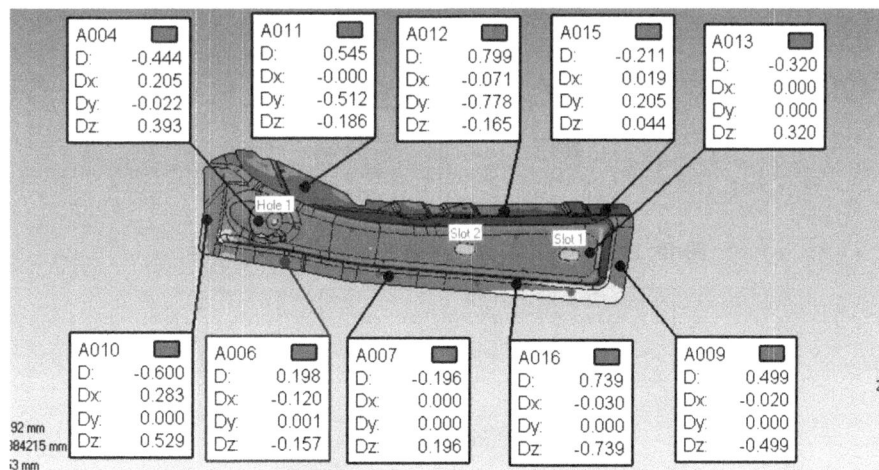

图 12.19　加强爪的误差检测

经过同样的步骤检测右加强爪，发现其也不超差。故可得出结论：左右两个加强爪均为合格件。缝隙问题应该出在中通道上了。

12.3.3　中通道与加强爪的装配检测

将中通道的点云均拟合成曲面，调入 Qualify 软件；再将左、右加强爪的点云也调入 Qualify。将三者进行比对，结果如图 12.20。图中两个加强爪的轮廓已消失，显示的是中通道与左、右加强爪的接触区。

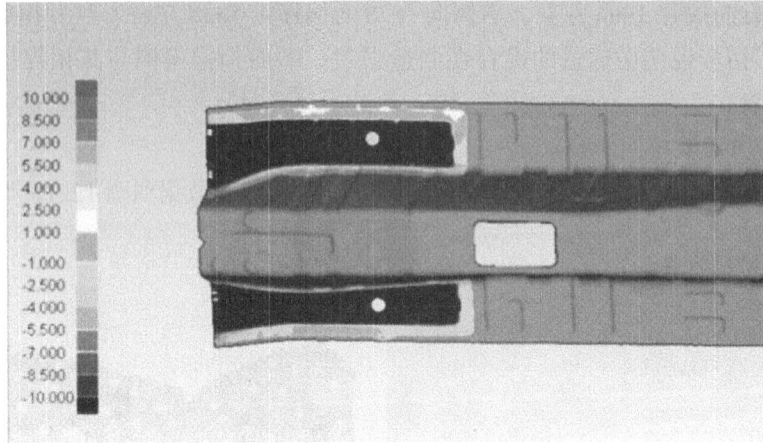

图 12.20   中通道与两个加强爪贴合面的误差比对

从图 12.20 中可看出左右加强爪与中通道的重合部分的误差状态，其边界状态直接影响中通道与加强爪的装焊是否顺利。分别对左、右加强爪与中通道的重合部分进行装配误差检测，其误差状态分别如图 12.21 及图 12.22 所示。

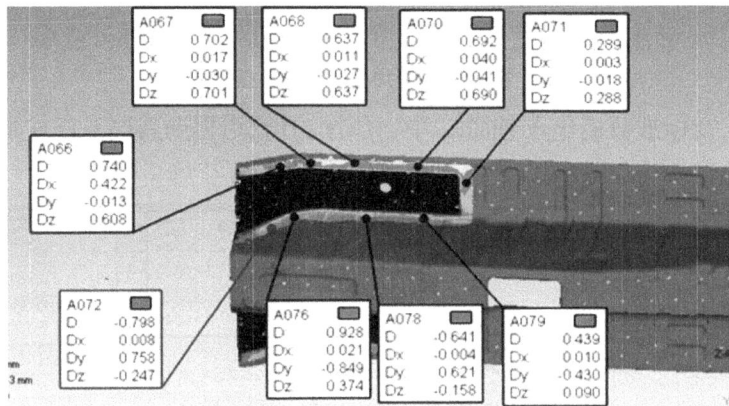

图 12.21   中通道与左侧加强爪贴合面的误差比对

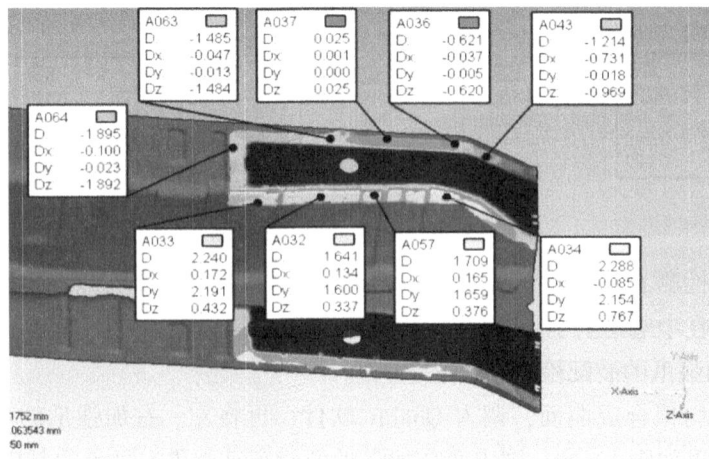

图 12.22   中通道与右侧加强爪贴合面的误差比对

由上两图可看出，左侧加强爪与中通道贴合面误差整体在 1mm 以内（在允许公差范围内），贴合状态良好；而右侧加强爪的左边界侵入中通道体内 2mm 左右。

据现场反映，右侧加强爪与中通道的装夹角度不对，出现"张嘴"现象。本文检测结果可解释此现象。上述对比结果显示，右侧加强爪在正确装夹情况下会侵入中通道体内 2mm（相当于"过盈"），这实际上是不可能的。由于中通道刚度大、定位点多，在装焊工位上又是强行落入，这 2mm 的过盈会挤歪右侧加强爪，导致"张嘴"现象的出现。

注意到本节所进行的装配检验实际上是一种仿真检测技术。上述中通道和加强爪之间的贴合状态是无法实际检测到的，但使用它们各自的实际点云数据进行比对，却可以间接地检验出其贴合部分的误差分布状态。这也是扫描配作技术的一个优势。

12.3.4　右加强爪的配作

前已述及，因中通道是借用件，故其虽有误差也不能修改；而左右加强爪是新开模冲压件，可以修改。故本文采用"配作"的方案来解决上述"张嘴"问题。

根据检测数据，对右加强爪重新配作，如图 12.23 所示。图中数模红色部位即为右加强爪与中通道的贴合面，配作时按此面仿形设计。

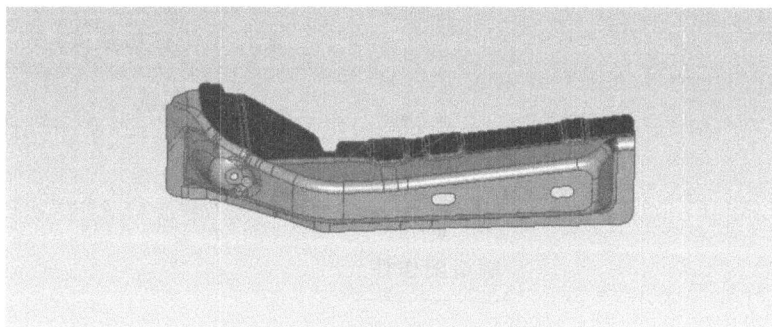

图 12.23　右加强爪的配作数模

将配作后的加强爪数模再与中通道进行误差比对，结果如图 12.24 所示。图中显示其贴合面的偏差值都控制在 1mm 以内，且处于负偏差状态，不会与中通道产生干涉。

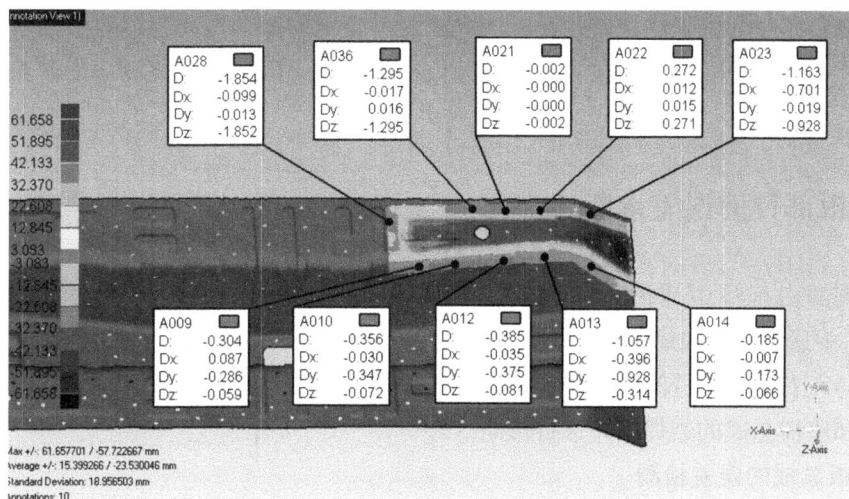

图 12.24　右加强爪配作后的比对结果

配作方法在工厂中经常使用，关键要找准误差源。工厂的操作者通过检具已发现左右加强爪误差不大，因此怀疑中通道有问题。但因没有中通道误差的检测数据，故无法下决心对加强爪进行配作设计。本文通过扫描检测证明了中通道是误差源，并获得了两件相互干涉的具体误差数据。据此重新设计了右加强爪，有效地解决了中地板装焊工序中中通道处的装焊问题。

12.3.5　扫描配作的技术路线

通过上述工程实例，可以总结出扫描配作的技术路线，如图 12.25 所示。

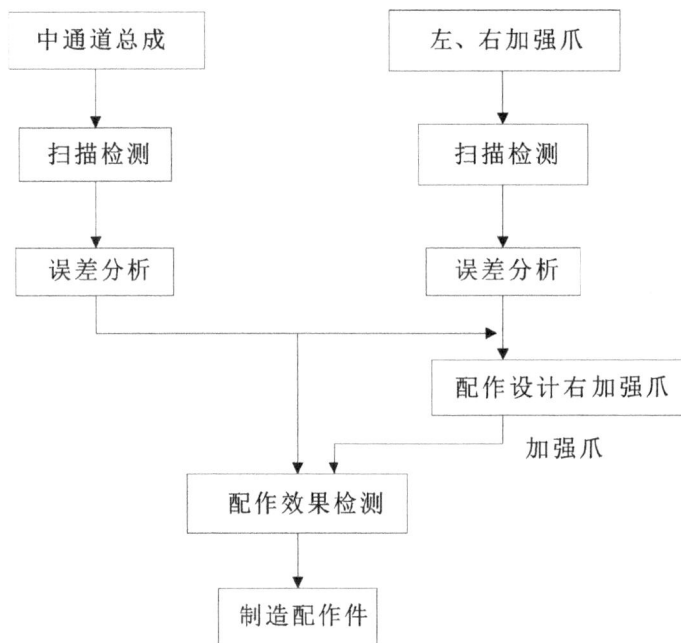

图 12.25　扫描配作的技术路线

该技术路线主要针对配合面的检测：分别扫描相配合的两个冲压件，并将其点云与各自的标准数模相对齐，目的是摆正各自的空间位置；然后将摆正位置之后的两个点云调入 Qualify 软件进行比对，则可检测出其贴合位置的误差状态。该方法既可检测间隙，也可检测过盈。但在白车身装焊的工艺背景下，出现过盈的部位往往会在其他部位产生间隙。因此，对检测出的装配误差要正确解释。

12.4　中地板部位的误差诊断

本章所检测的白车身中地板总成中还有一个问题：中通道前部与地板之间存在缝隙。由图 12.15 可看出，中通道除有收缩现象外，其底部的误差状态良好，Z 向偏差控制在 1mm 以内，由此可推测中通道与左右地板焊缝问题跟中通道本身无关。需要对中地板总成的焊装误差以及与中通道联系的地板件和座椅总成的装焊误差进行诊断。

12.4.1　中地板总成的误差检测

首先通过中地板总成比对结果分析主要超差部位，如图 12.26 及图 12.27 所示。

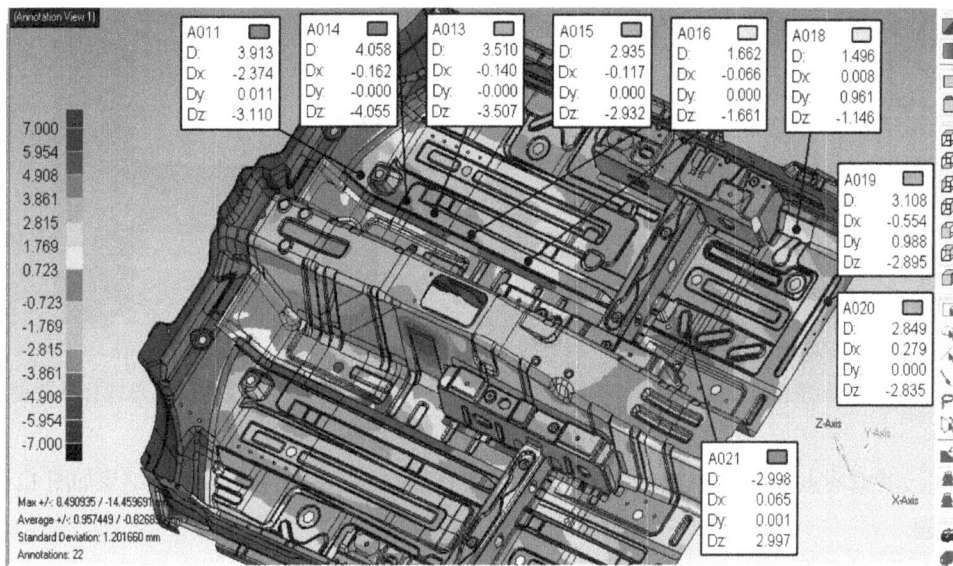

图 12.26　右侧地板的误差分布

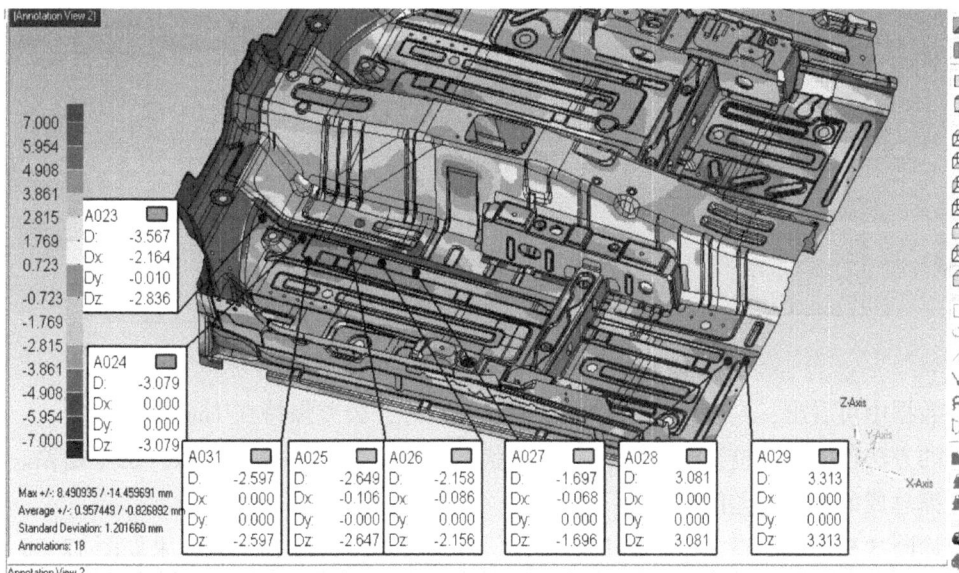

图 12.27　左侧地板的误差分布

由中地板总成三维对比图可以看出，超差部位集中在地板上，右边地板和左地板都出现了 Z 方向的翘曲现象，由左右地板的误差注释图可看到，右地板左上方出现了最大 4mm 的 Z 向负偏差，下方有 2mm 左右的正偏差；而左地板的右上方出现了近 3mm 的 Z 向正偏差，地板下部也有 2mm 左右正偏差。该偏差可能由于地板件制造误差所致，同时也不能排除是由于座椅支撑总成存在制造误差，需要分别对其单件进行扫描检测。

12.4.2　总成中其他零件的单件检测

分别对座椅支架总成和左右地板进行扫描检测并作 qualiy 对比，诊断其制造误差。扫描得到座椅支撑总成的点云，并从其 CATIA 数模中提取出其标准型面，如图 12.28 所示。

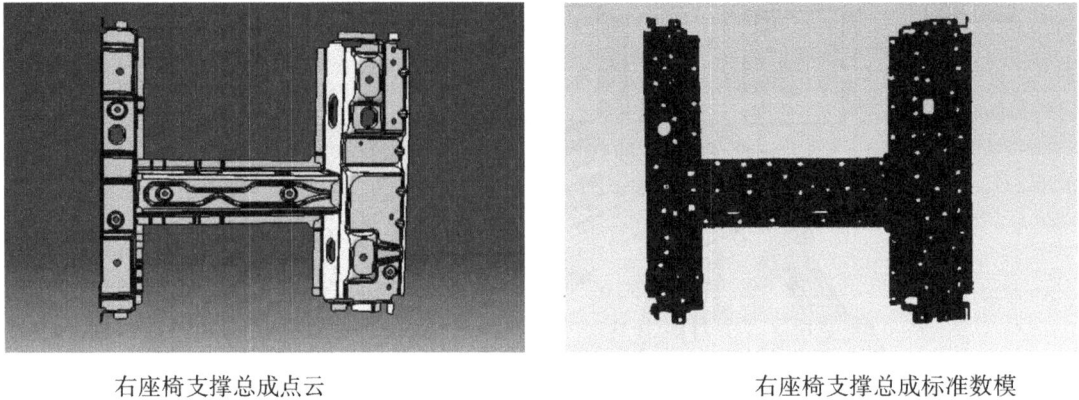

右座椅支撑总成点云 右座椅支撑总成标准数模

图 12.28 右座椅支撑总成

将右座椅支撑总成点云与其 CATIA 标准数模面导入 Qualify 进行对比分析，对比结果如图 12.29 所示。

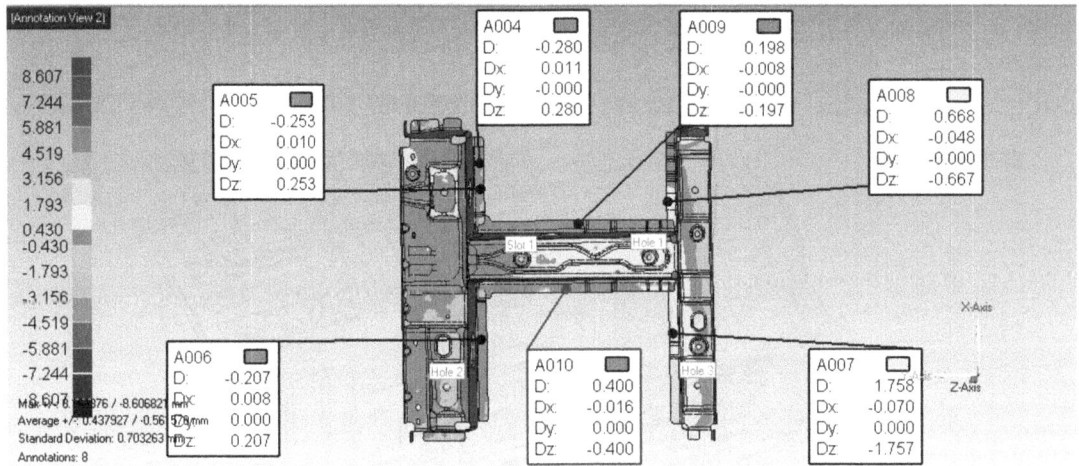

图 12.29 右座椅支撑总成的误差状态

由偏差数据中可看出，左座椅支撑总成误差状态良好，公差保持在 1mm 以内。

用同样的方法检测右座椅支撑总成，其误差状态与左座椅支撑总成相似，也不超差。所以可以排除座椅支撑总成的制造误差问题。

下一步诊断地板件的制造误差。对右地板冲压件进行扫描检测，所得结果如图 12.30 所示。

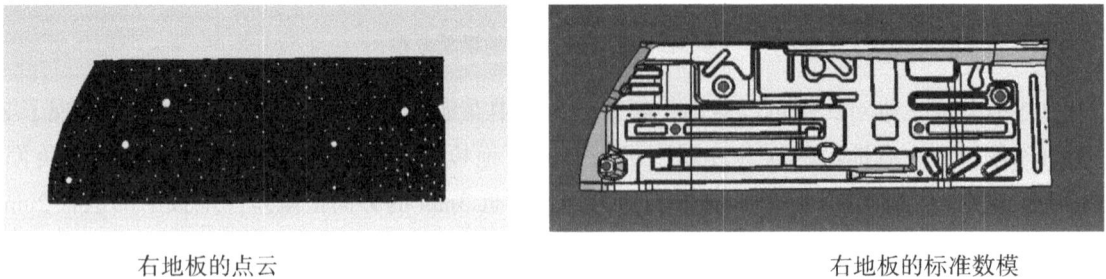

右地板的点云 右地板的标准数模

图 12.30 右地板总成

将右地板扫描点云与其标准数模导入 Qualiy 进行对齐和三维对比，对比结果如图 12.31 所示。

对比结果显示，右地板件的确存在 Z 向偏差，超差范围在 1mm 到 3mm 之间，其上部右侧与左

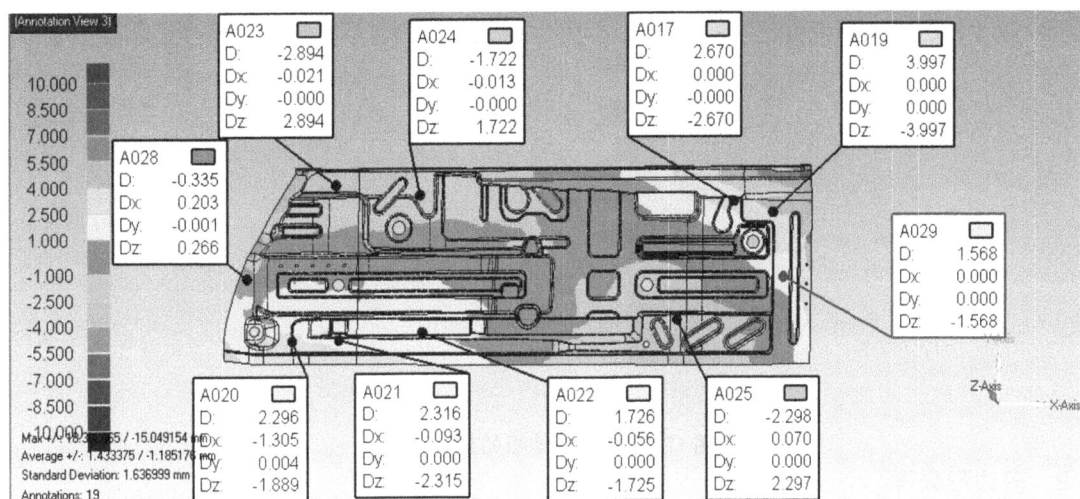

图 12.31　右地板的误差分布

侧呈现扭转趋势。

　　用相同步骤获得左地板件的扫描检测结果，同样有 1mm 到 3mm 的偏差，并且误差的分布状态与中地板总成的误差状态相一致。由此可判断，中通道与中地板、座椅支撑总成的焊接缝隙由中地板制造误差引起。

　　由于地板件的刚度很小，故适合使用夹具补偿技术解决其缝隙问题。下面进行缝隙治理的装夹仿真工作。

12.5　装夹仿真的前期准备

12.5.1　点云处理

　　导入 Geomagic Studio 的左右地板点云如图 12.32 所示。

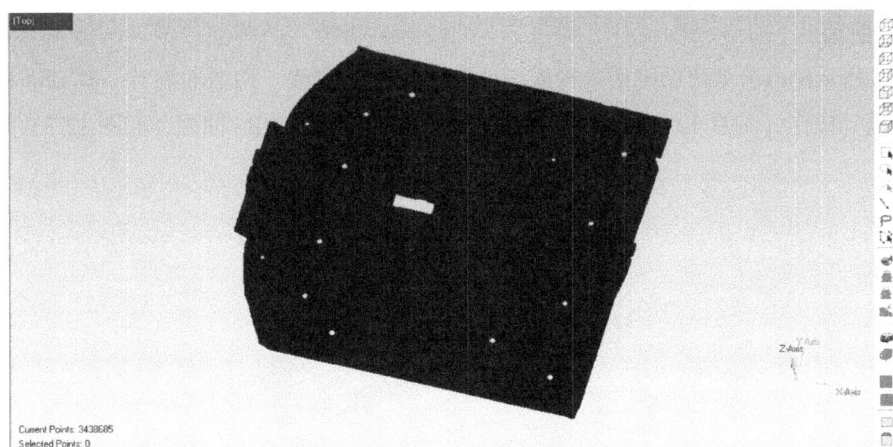

图 12.32　左右地板点云

　　通过去除不连续的点云和狐点、降噪、重采样等操作（参看 10.2 节），最后得到左右地板点云的封装数据，如图 12.33 所示。

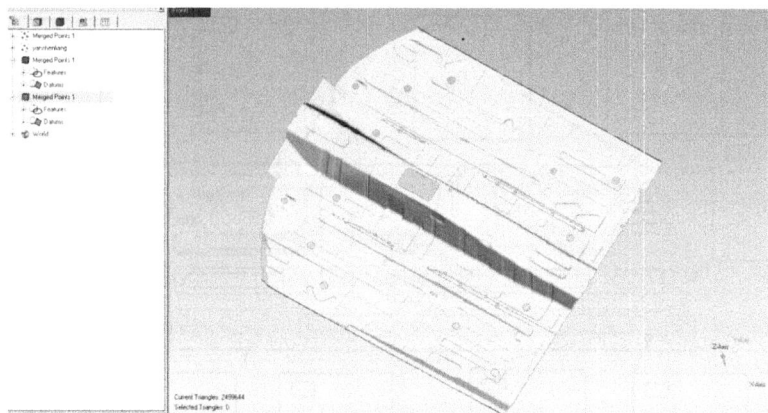

图 12.33　左右地板的封装数据

12.5.2　多边形处理

对图 12.33 的封装数据进行创建流型、填充空洞、简化多边形、光顺和打磨、编辑边界等操作（参看 10.3 节），最后得到左右地板点云的多边形模型，如图 12.34 所示。

图 12.34　左右地板点云的多边形模型

12.5.3　生成曲面

对图 12.34 所示的点云多边形模型进行探测曲率、升级轮廓线、构造曲面片、移动面板、解压缩曲面片、构建格栅等操作（参看 10.4 节），最终拟合出左右地板的 NURBS 曲面，如图 12.35 所示。

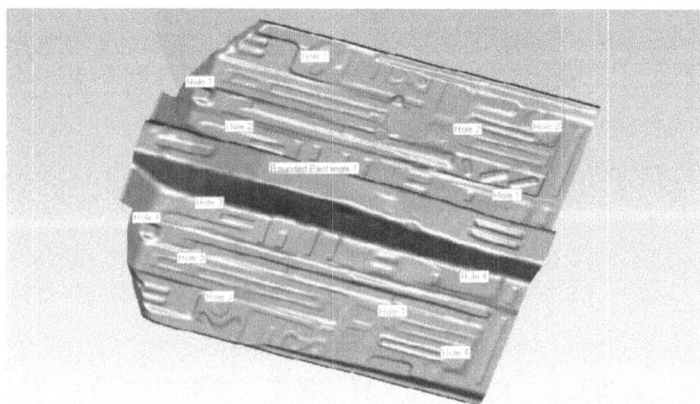

图 12.35　左右地板的 NURBS 曲面

再将地板上的定位孔剪出，就完成了扫描件的曲面生成工作。所生成的左右地板的扫曲面如图 12.36 所示。

图 12.36　左右地板的扫描曲面

12.6　地板件的装夹仿真

12.6.1　装夹仿真过程

将左右地板的扫描曲面调入 ANSYS Workbench，并设置材料属性。导入后的结果如图 12.37 所示。

图 12.37　导入左右地板的扫描曲面

然后按左右地板的定位形式创建约束平台。在地板的定位孔处创建圆形凸台来模拟定位销，在夹紧位置上创建矩形凸台来模拟夹紧爪。如图 12.38 所示。

再进行网格划分。由于前处理所生成的曲面质量较高，网格划分顺利通过，其结果如图 12.39 所示。网格模型的节点数在 8 万级。

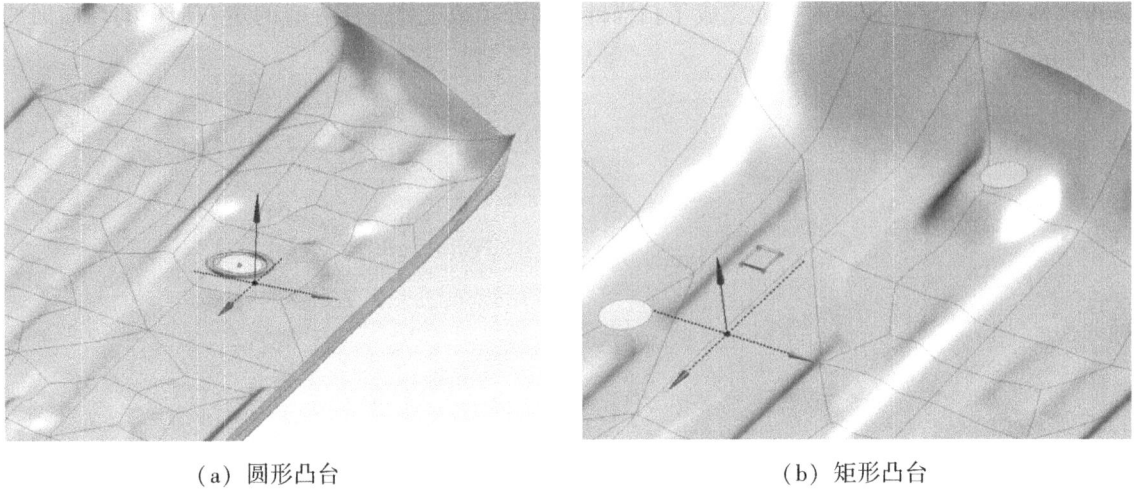

<table>
<tr><td>（a）圆形凸台</td><td>（b）矩形凸台</td></tr>
</table>

图 12.38　约束平台

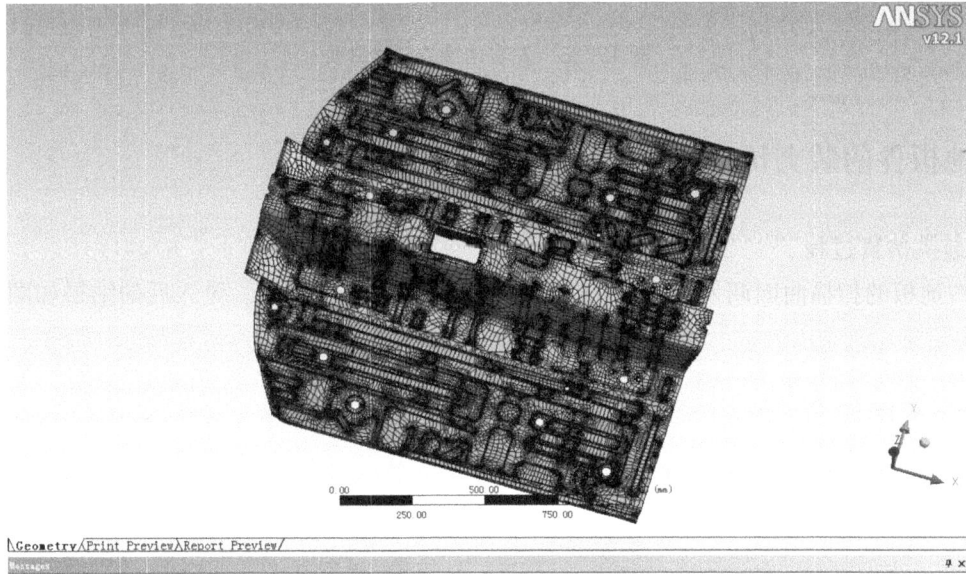

图 12.39　网格划分结果

网格划分完后，按夹具定位点模型施加固定约束。其装焊夹具点的分布情况如图 12.40 所示。

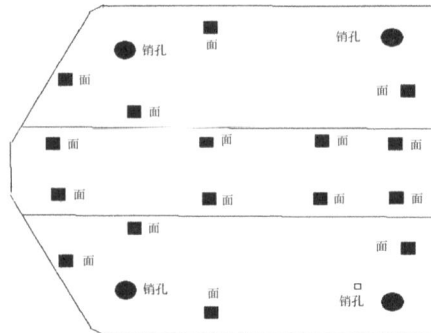

图 12.40　左右地板的装夹定位点

　　按图中的装夹位置为模型施加约束。其中：销孔处施加销孔约束，夹紧面施加面约束。以模拟其定位和夹紧状态。如图 12.41 所示。

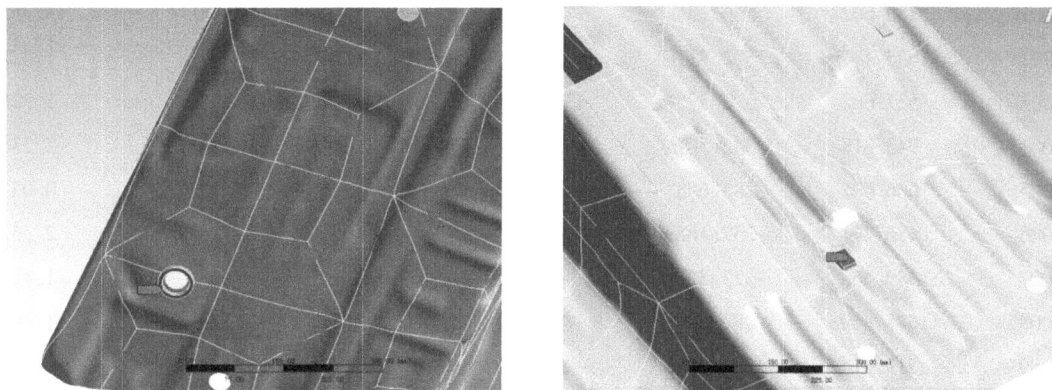

（a）孔约束　　　　　　　　　　　（b）面约束

图 12.41　按定位和夹紧位置添加约束

　　下面是本文装夹仿真的最关键部分：通过施加位移约束来实现夹具补偿仿真，即针对左右地板的偏差区域施加位移约束，仿真夹具调整直至消除偏差。首先提取地板的偏差信息，确定准备调整的夹具点位置。

　　图 12.42 是中地板总成的误差状态。其中右地板与中通道交接处有明显的超差现象，局部相对有接近 3mm 的 Z 向偏差。而工厂允许的焊接缝隙范围在 1mm 以内，因此需根据底板面夹具点偏差信息给予夹具点相应的位移约束，将凹凸现象消除。根据上图标出的夹具点三维偏差信息，将所有夹具点偏差值列于表 12.1。

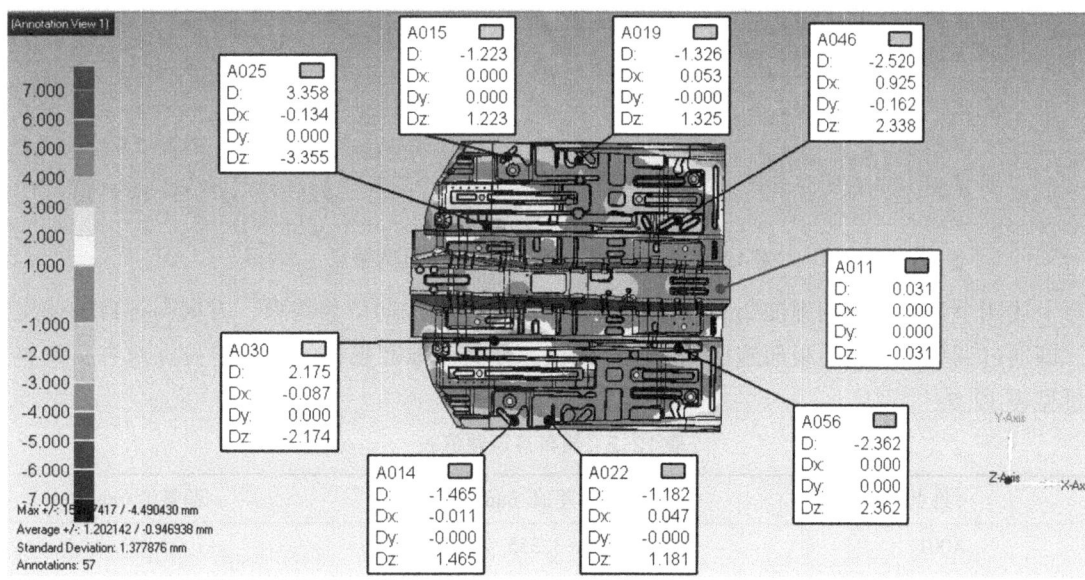

图 12.42　中地板总成的误差状态

表 12.1   夹具点的偏差值表

	X	Y	Z	dX	dY	dZ
A001	750.602	546.136	−46.167	−0.134	0.00	−3.355
A002	1650.441	502.812	−72.061	0.142	0.00	1.223
A003	527.662	372.375	−37.852	−0.053	−0.00	1.325
A004	943.818	345.507	−42.086	−0.925	−0.00	2.238
A005	1606.608	284.698	−67.938	0.00	0.00	0.031
A006	686.471	−237.168	−35.460	0	0	2.362
A007	989.468	−323.350	−40.495	0.047	0.00	1.181
A008	1684.879	−289.629	−72	−0.011	0.00	1.465
A009	719.814	−550.609	−42.2	−0.087	0.00	−2.174

从表 12.1 中可看出，2 个定位孔的偏差值较小，靠近中通道的四个装夹点 Z 向偏差比较大，A001 夹具点法向负偏差为 3.355mm，A006 夹具点法向负偏差达到 2.362mm，A004 夹具点法向正偏差为 2.238mm，A009 夹具点法向正偏差为 2.174mm。根据以上数据，将四个超差夹具点确定为调整点，如图 12.43 所示。通过对四个定位孔施加位移约束，减小夹具点偏差值，使其达到公差要求。

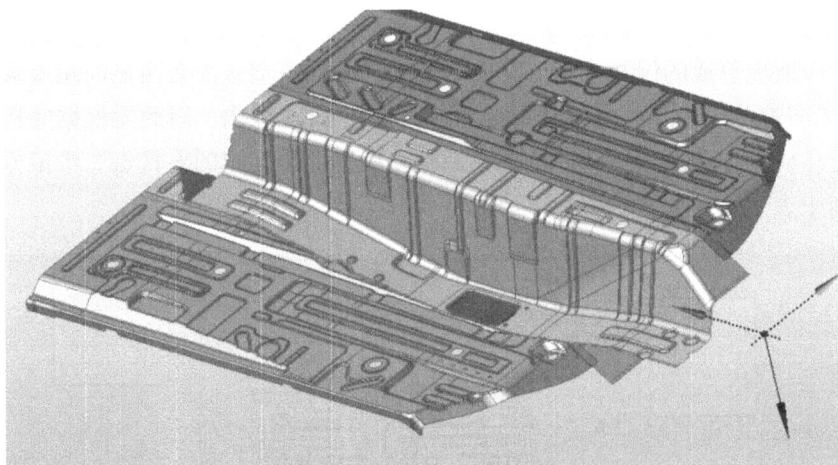

图 12.43   中地板总成上选择的夹具调整点

对上述四个装夹点分别施加 2mm、2mm、1mm、1mm 的法向位移约束，方向与各自的偏差方向相反。即通过调整夹具对地板面施加反向位移约束，使其向标准数模的夹具定位点对齐，调整点与调整量见表 12.2。

表 12.2   夹具点调整值表

夹具点	偏差值/mm	调整值/mm
A001	−3.355	2
A006	−2.362	2
A004	2.238	−1
A009	2.174	−1

至此，在 ANSYS Workbench 中，按照列表调整量对 A001、A004、A006、A009 夹具点进行位移约束。如图 12.44 所示。

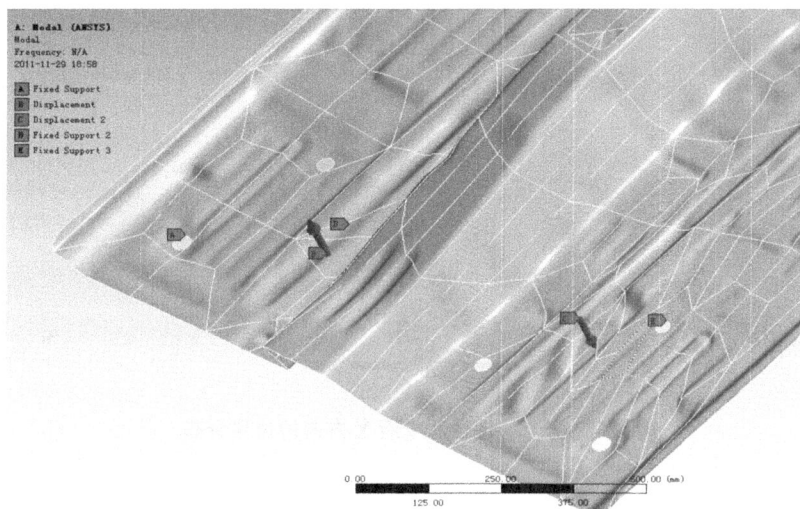

图 12.44　在中地板总成上施加的夹具补偿

添加完位移约束后，模型的所有边界条件设置完毕，可以进行仿真求解了。进入 ANSYS Workbench 计算分析模块，对该模型进行仿真分析。使用图形工作站（基本配置：CPU－i5－2300，内存8g）计算约半小时，求解成功。所得仿真结果如下：

图 12.45 为中地板总成的总体变形图。图 12.46~图 12.48 分别为中地板总成沿 X、Y、Z 三个方向的位移图。

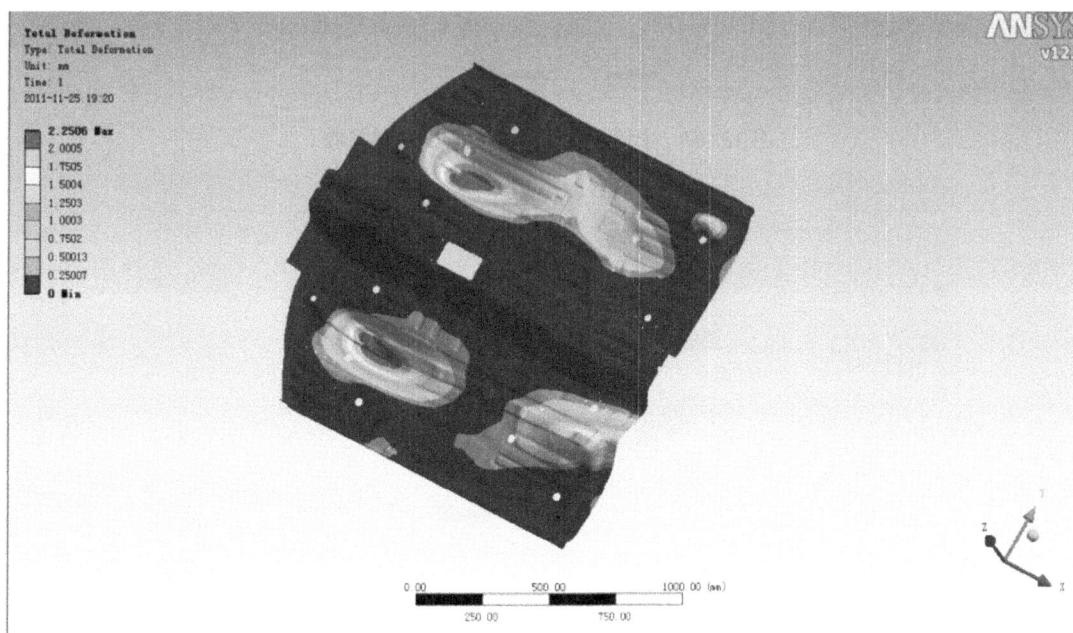

图 12.45　中地板总成的总位移图

上图为综合变形图，再依次创建 X、Y、Z 三个方向的计算文件，求解这三个方向的位移。计算完成后这三个方向变形结果分别如图 12.46~图 12.48 所示。

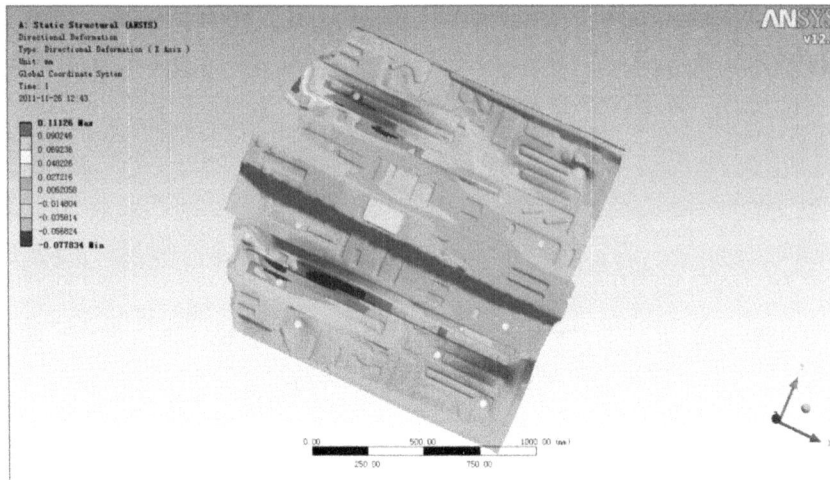

图 12.46   中地板总成沿 X 方向的位移分布

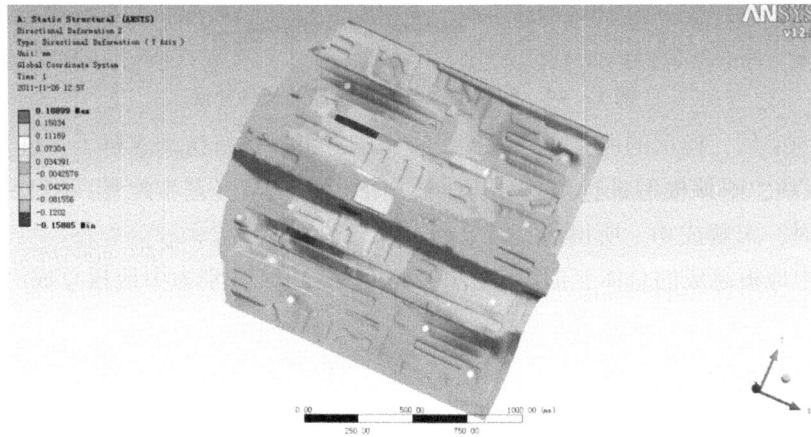

图 12.47   中地板总成沿 Y 方向的位移分布

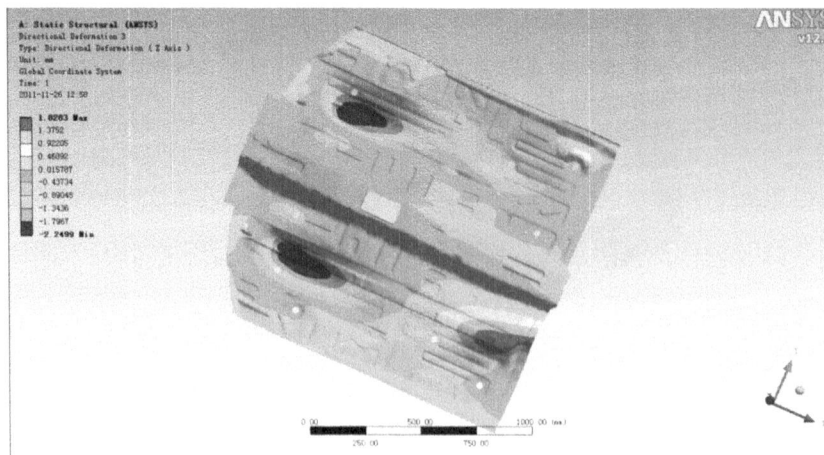

图 12.48   中地板总成沿 Z 方向的位移分布

观察上述四图，中地板总成沿 X、Y 方向的变形都很小，变形主要集中在 Z 方向，且其变形形态与总变形图一致。说明本次调整对中地板的影响主要集中在 Z 方向，这与实际情况是相符的。

12.6.2　装夹仿真效果评估

上述装夹仿真结束后，就可用 Qualify 软件对仿真的效果进行评价。使用 11.2.6 节中所介绍的方法导出 workbench 仿真模型中的数据，经处理后如图 12.49 所示。

zuobian - 记事本		
文件(F)　编辑(E)　格式(O)　查看(V)　帮助(H)		
2606.47899	-492.2807572	120.1568755
2604.35483	-510.6133919	120.2660755
2589.886542	-457.8833044	119.9920755
2638.425163	-453.5330771	120.0420755
2681.09909	-451.6985596	120.2540755
2975.441304	-451.7072894	121.8191455
2739.971769	-451.7125676	120.5573755
2798.840333	-451.7198308	120.8621755
2857.70897	-451.718001	121.1718455
2917.006568	-451.7106934	121.4843555
2975.443908	-508.653314	121.8370755
2913.117674	-508.0075013	121.5493355
2836.416802	-507.228241	121.2272255
2874.720832	-507.4167491	121.3889455
2697.097267	-517.419318	120.6908755
2789.838697	-508.491646	121.0346755
2743.365251	-511.8917726	120.8562755
2645.368338	-485.2190846	120.1410755
2603.532994	-515.1488914	120.3011755
2633.341009	-462.9546275	120.0033755
2632.583195	-464.5770218	120.0026755
2630.798437	-464.7316268	120.0014755
2629.773047	-463.2627456	120.0011755
2630.531727	-461.6407316	120.0021755
2632.315896	-461.4867659	120.0036755

图 12.49　中地板总成的仿真结果数据

这种数据的格式与点云相同，将其导入到 Qualiy 中，即得到了装夹仿真后中地板的偏差点云图，如图 12.50 所示。

图 12.50　中地板总成的装夹仿真误差点云图

将中地板总成的标准数模也导入到 Qualify 中，进行装夹仿真的效果评估。比对结果如图 12.51

所示。

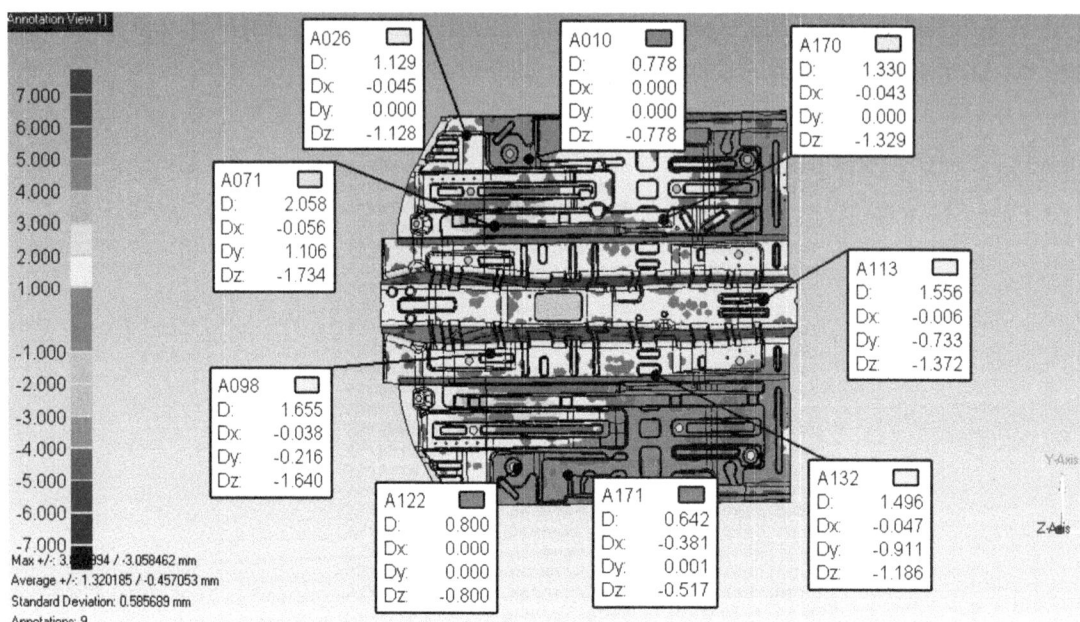

图 12.51   中地板总成装夹仿真调整后的效果评估

仿真调整前后中地板总成上各点的偏差及对比如表 12.3 所示。

表 12.3   调整前后各点的偏差

	X（前 mm）	X（后 mm）	Y（前 mm）	Y（后 mm）	Z（前 mm）	Z（后 mm）
A001	−0.134	−0.056	0.00	0.106	−3.355	−1.734
A002	0.142	0.045	0.00	0.00	1.223	−1.128
A003	−0.053	−0.00	−0.00	−0.00	1.325	−0.778
A004	−0.925	−0.043	−0.00	0	2.238	−1.329
A005	0.00	0.006	0.00	−0.733	0.031	−1.372
A006	0.00	−0.041	−0.091	−0.733	2.362	−1.186
A007	0.047	−0.381	0.00	0.001	1.181	−0.517
A008	−0.011	−0.00	0.00	−0.00	1.465	−0.800
A009	−0.087	−0.038	0.00	0.216	−2.174	−1.640

由上表可知，有限元仿真后各夹具点偏差显著减小。如 A003 点、A007 点、A008 点偏差值都降到 1mm 的公差范围内，解决了超差问题。原偏差较大的 A001 点、A004 点、A006 点、A009 点的偏差分别由原来的 3.355mm、2.362mm、2.238mm、2.174mm 减小为 1.734mm、1.186mm、1.329mm、1.640mm。说明夹具调整有效，且效果明显。

美中不足的是，后四个点的偏差虽然减小了，但还大于 1mm，仍在超差范围。由于到此阶段有限元的前处理工作已经完成，并通过了仿真计算，再进行一次计算所花费的人力很小，故可以对夹具点的位移约束数据进行调整，再进行装夹仿真分析。

12.7 地板件的二次装夹仿真

对第一次调整后的四个夹具点（A001、A004、A006、A009）再次添加位移约束，以 0.5mm 为调整量，在 ANSYS 求解后导出数据，再次导出重新调整的点云数据，在 Qualiy 中进行对比，提取二次仿真后中地板各夹具点三维偏差值对其进行二次评估。其调整结果如图 12.52 所示。

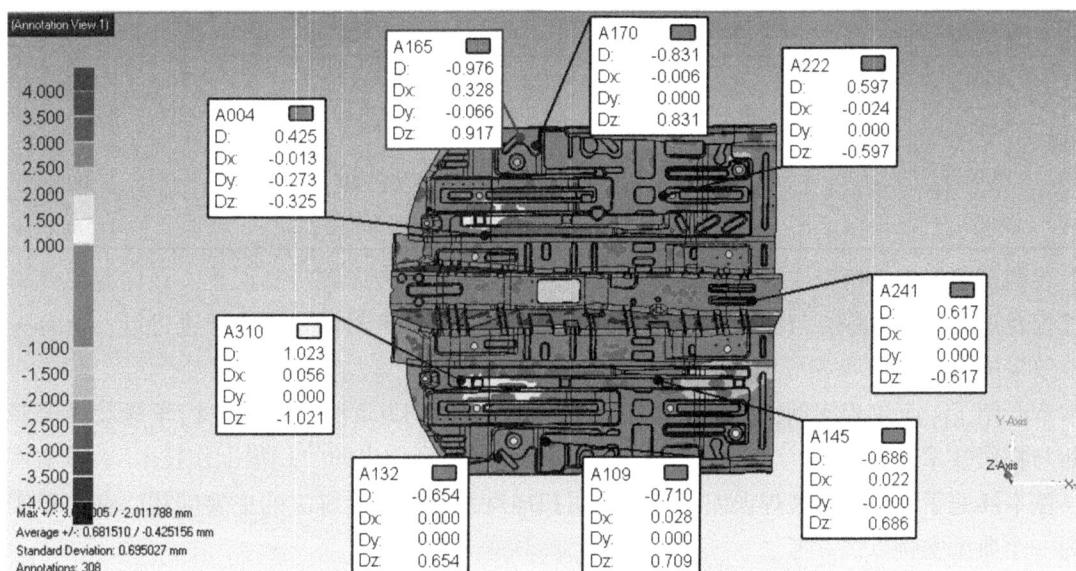

图 12.52 中地板总成装夹仿真的二次调整效果评估

将前后两次装夹仿真的结果列于表 12.4，检验二次仿真的效果。

表 12.4 精调前后各点偏差

	X（前 mm）	X（后 mm）	Y（前 mm）	Y（后 mm）	Z（前 mm）	Z（后 mm）
A001	−0.056	−0.013	0.106	0.273	−1.734	−0.325
A002	0.045	0.328	0.00	0.066	−1.128	−0.917
A003	−0.00	−0.006	−0.00	−0.00	−0.778	−0.831
A004	−0.043	0.024	0.00	0.00	−1.329	−0.597
A005	0.006	0.00	−0.733	0.00	−1.372	−0.617
A006	−0.041	−0.022	−0.733	0.00	−1.186	−0.686
A007	−0.381	−0.028	0.001	0.00	−0.517	−0.709
A008	−0.00	0.00	−0.00	0.00	−0.800	−0.654
A009	−0.038	0.056	0.216	0.00	−1.640	−1.021

由上表可看出，夹具点偏差值都控制在 1mm 以内，二次仿真评估结果为"通过"。可以据此来提出夹具调整建议。

12.8 夹具调整建议

通过对中地板总成的装夹仿真，中通道与左右地板件焊装状态已接近标准数模，从而弥补了模具误差的缺陷。根据仿真结果，建议按表 12.5 的数据分两次调整夹具点。

表 12.5 夹具点调整方案

夹具点	第一次调整量	第二次调整量	累积调整量
A001	2mm	0.5mm	2.5mm
A006	2mm	0.5mm	2.5mm
A008	1mm	0.5mm	1.5mm
A009	1mm	0.5mm	1.5mm

上述调整建议中之所以建议夹具调整分两次进行，主要是考虑到仿真误差。该误差主要来源于扫描过程及点云处理过程，与实际的装夹变形可能不符。所以夹具调整应该渐进进行，留有一次观察调整效果的机会。

本章介绍了一个工程实例，完整地使用了本书第 8 至第 11 章所介绍的"白车身装焊误差的扫描诊断与补偿技术"，并结合实例介绍了由夹具补偿技术所延伸出的"扫描配作技术"。该实例内容丰富，基本涵盖了在白车身装焊误差治理中使用扫描点云数据所能解决的主要问题。在工程实践中可作为一个典型实例以供参考。

结　语

白车身装焊误差的治理工作是个老问题，从轿车的大批量生产开始后该问题就出现了。以前的装焊误差治理工作主要依靠现场技师的经验，目前这种状态在国内也没有太多的改善。本书作者受工厂委托，完成了三个项目的白车身装焊误差治理工作，有了一些实践经验。现将这些实践检验与理论相结合，完成此书献给读者。由于白车身装焊误差的治理是一种实践性很强的工作，因此本书在写作过程中立足于实用性和可操作性。

书中首先以装焊误差数据的获取方式为纲，将白车身装焊误差的治理技术分成两类：一类使用的是三坐标测量机所检测出的离散测点数据，另一类使用的是光学扫描仪所检测出的误差点云数据。这两套技术分别针对现生产阶段和产前调试阶段的两类白车身。

针对现生产阶段的白车身，本书使用的是基于多元统计分析的装焊误差治理技术。包括聚类分析、主成分分析、小波滤波、主成分滤波；针对产前调试阶段的白车身，本书使用的是基于逆向工程的装焊误差治理技术，使用的是 ANSYS、Geomagic Studio、Qualify 等大型工程软件。

这两种技术所依据的核心理论都是误差区域识别和装焊夹具补偿。这种理论是本书所提出的一种工程理论，是根据现场技师的误差治理思路而总结出来的。该理论在多个白车身装焊误差治理项目中都得到了证明。

书中还介绍了一种自主开发的"白车身装焊误差监控系统"软件，并使用其完成了现生产阶段白车身的多项装焊误差治理工作。书中所介绍的实例都经过了工程检验。

本书对从事白车身装焊误差治理的工程技术人员有一定的指导意义。对从事汽车设计及工装准备的相关工作人员也有一定的参考价值。由于作者水平有限，书中难免有不足和疏漏之处，敬请读者不吝赐教。

参考文献

［1］ 陈家瑞. 汽车构造［M］. 北京：人民交通出版社，2002：374-381.

［2］ 赵朝智，唐冲. 白车身质量的评价指标与评价方法［J］. 山东交通学院学报，2006，14（4）：6-9.

［3］ 宋晓琳，周水庭. 汽车车身制造工艺学［M］. 北京：北京理工大学出版社，2006：1-3.

［4］ 林忠钦. 汽车车身制造质量控制技术［M］. 北京：机械工业出版社，2005：1-10.

［5］ 洪浩祯. 面向精度稳定性的车身检具设计与结构优化方法研究［D］. 上海：上海交通大学，2005：25-33

［6］ 解希娟. 三坐标测量机在汽车检测生产线的应用［D］. 天津：天津大学，2004.

［7］ 朱平. 轿车白车身焊装质量控制关键技术及应用研究［D］. 上海：上海交通大学，2001.

［8］ Hu S J. Stream of variation theory for automotive body assembly. Annals of the CIRP［J］，1997，46（1）：1-6.

［9］ 王 华，陈关龙，朱平，等. 白车身焊装过程中的小样本采样误差分析［J］. 机械设计，2003，20（7）：48-50.

［10］ 庄明惠. 汽车制造2mm工程实施方法的探讨［J］. 汽车工艺与材料，2004（4）：11-14.

［11］ 傅向阳. 新投产车型车身的FE方法［J］. 汽车技术，1999（3）：24-28.

［12］ 佟静. RPS理论在车门上的应用［D］. 长春：吉林大学，2001.

［13］ 胡仕新. 美国汽车车体装配与焊接研究现状［J］. 中国机械工程，1997，8（1）：24-26.

［14］ S Roan，S J Hu，S M Wu. Computer Aided Identification of Root Causes of Variation in Automotive Body Assembly. ASME Transactions. Production Engineering Division［J］. 1993，64（28）：674-693.

［15］ Shing-kuo Wu，S Jack Hu，S M Wu. Optimal Door Fitting with Systematic Fixture Adjustment, International Journal of Flexible Manufacturing Systems［J］. 1994，6（2）：99-121.

［16］ Shing-kuo Wu，S Jack Hu，S M Wu. A Fault Identification and ClassificationScheme for Automobile Door Assembly Process. International Journalof Flexible Manufacturing Systems［J］. 1994，6（4）：261-285.

［17］ D Ceglarek，J Shi，S M W. Auto-body Assembly Diagnostic：A Knowledge-based Approach, ASME Transactions，Production Engineering Division PED［J］. 1993，68（28）：197-204.

［18］ D Ceglarek，J Shi，S M W. Knowledge-based Diagnostic Approach for the Launch of the Auto-body Assembly Process. ASME Transactions，Journal of Engineering for Industry［J］. 1994，116：491-

499.

[19] 唐寅. 两毫米工程与亚毫米冲压 [J]. 汽车技术，2000，3（03）：16-18.

[20] 陈猛，徐宗俊，郭钢. 基于相关性分析方法的车体尺寸精度控制 [J]. 重庆大学学报，2002，25（03）：6-9.

[21] 胡敏，来新民，林忠钦. 主成分分析方法在轿车装配尺寸偏差中的应用研究 [J]. 中国机械工程，2002，13（06）：462-463.

[22] 来新民，林忠钦，陈关龙. 轿车车体装配尺寸偏差控制技术 [J]. 中国机械工程，2000，11（11）：1215-1220.

[23] 陈丽. 三坐标测量机在汽车发动机质量控制中的应用研究 [D]. 长春：吉林大学，2008.

[24] 张娜. 小波分析在白车身装焊误差监控过程中的应用 [D]. 沈阳：沈阳理工大学，2009.

[25] 丰云秀. 主成分分析在白车身焊装误差监控方面的应用研究 [D]. 沈阳：沈阳理工大学，2010.

[26] 张欣. 基于 ObjectARX 的结构构件设计系统研究与实现 [D]. 成都：西南交通大学，2006.

[27] 刘良华，朱东海. AutoCAD 2000ARX 开发技术 [M]. 北京：清华大学出版社，2000.

[28] 李世国. AutoCAD2000 ObjectARX 编程指南 [M]. 北京：机械工业出版社，2000.

[29] 李世国. AutoCAD 高级开发技术：ARX 编程及应用 [M]. 北京：机械工业出版社，1999.

[30] Dietmar Rudolpph. AutoCAD2000 对象开发从入门到精通 [M]. 曾琦，译. 北京：电子工业出版社，2000.

[31] 邵俊昌，李旭东. AutoCAD ObjectARX2000 开发技术指南 [M]. 北京：电子工业出版社，2000.

[32] 李咏红. CAD 二次开发方法研究与实现 [D]. 成都：电子科技大学，2004.

[33] 王静龙. 多元统计分析 [M]. 北京：科学出版社，2008：401-413.

[34] Hathaway R J, Hu Y. Density-weighted fuzzy - means clustering [J]. IEEE Trans on Fuzzy Systems, 2009, 17 (1)：243-252.

[35] 潘玉奇. 基于聚类分析的水污染检测系统的应用研究 [D]. 济南：山东大学，2005.

[36] 王俊，王士同，邓赵红. 聚类分析研究中的若干问题 [J]. 控制与决策，2012，27（3）：321-328.

[37] 朱华. 小波分析及其在信号降噪中的应用研究 [D]. 武汉：武汉理工大学，2007.

[38] Mallat S, Hwang W L. Singularity detection and processing With wavelets. IEEE Trans on Information-Theory [J]. 1992, 38 (2)：617-643.

[39] Daubechies I. Ten lectures on Wavelet. Society for Industrial and Applied Mathematics，Philadelphia, PA [J]. 1992：365-378.

[40] Daubechies I. The wavelet transform，time-frequency localization and signal analysis. IEEE Trans Inform Theory，[J]. 1990，36：961-1005.

[41] 唐晓初. 小波分析及其应用 [M]. 重庆：重庆大学出版社，2006：5-8.

[42] 刘明才. 小波分析及其应用 [M]. 北京：清华大学出版社，2005：39-55.

[43] 刘涛，曾祥利，曾军. 实用小波分析入门 [M]. 北京：国防工业出版社，2006：113-120.

[44] 孟晋丽. 基于邻域相关性的小波域滤波算法研究 [D]. 西安：西北工业大学. 2006.

［45］金涛，童水光. 逆向工程技术［M］. 北京：机械工业出版社，2003：1-392.

［46］金涛，陈建良，童水光. 逆向工程技术研究进展［J］. 中国机械工程，2002. 13（16）：1430-1436.

［47］刘博，刘悦，王倩. 基于 UG/Imageware 的汽车反光镜的逆向设计［J］. 机械设计与应用，2012（5）：86-88.

［48］麻春英. 复杂曲面零件三维 CAD 模型构造方法研究［D］. 大连：大连理工大学，2006.

［49］郭勤静. 逆向工程关键技术研究及误差因素分析［D］. 昆明：昆明理工大学，2008.

［50］张寿鹏. 面向快速成型的复杂零件三维扫描方法及实验研究［D］. 沈阳：东北大学，2010.

［51］杨朝丽. 计算机辅助工程（CAE）发展现状及其应用综述［J］. 昆明大学学报，2003（2）：50-54.

［52］田兆青. 轿车车身装配偏差流的空间建模方法及应用基础研究［D］. 上海：上海交通大学，2008.

［53］王鑫. 一种新的自动路面车辙检测方法［J］. 计算机工程与应用，2008.（2）.

［54］杜丽杰. 基于逆向工程的复杂铸件的质量检测［D］. 沈阳：东北大学，2008：3-11.

［55］候跃谦，谭庆昌，史尧臣. 汽车后视镜的逆向造型设计与分析［J］. 工程与试验，2010.（3）.

［56］黄一心. 逆向工程中的 CAD 建模方法与应用研究［D］. 广州：广东工业大学，2009：5-12.

［57］Ming-chih Huang, Ching-Chih Tai. The Pre-Processing of Data Points For Curve Fitting in Reverse Engineering. The International Journal of Advanced Manufacturing Technology［J］. 2000. 16（9）：635-642.

［58］Samoni, Giovanna, Docchio, Franco. Three dimensional optical measurements and reverse engineering for automotive applications. Robotics and Computer-Integrated Manufacturing［J］. 2004. 20（5）：359-367.

［59］剑洁，王启付，黄运保，等. 逆向工程中曲面重建的研究进展［J］. 工程图学学报，2004，（4）：133-142.

［60］周雅. 基于 ANSYS Workbench 的精冲模具：压力机一体化结构分析［D］. 武汉：华中科技大学，2009：33-37.

［61］边萌. ANSYS 5.7 有限元实例分析教程［M］. 北京：机械工业出版社，2002：56-66.

［62］李伟. 无侧隙双滚子包络环面蜗杆传动系统动力学研究［D］. 成都：西华大学，2011：67-69.

［63］马钿英，王家林. 机械工程结构强度计算有限元基础［M］. 长春：吉林科学技术出版社，1990：45-50.

［64］罗来军. 基于焊装特征和偏差控制的车身柔性件焊装夹具设计方法研究［D］. 上海：上海交通大学，2002：47-65.